古代歷史文化研究輯刊

十九編

王明蓀 主編

第21冊

清代西北回族人口與回族經濟（中）

路偉東 著

國家圖書館出版品預行編目資料

清代西北回族人口與回族經濟（中）／路偉東 著 ― 初版 ― 新
北市：花木蘭文化事業有限公司，2018〔民107〕
目 8+220 面；19×26 公分
（古代歷史文化研究輯刊 十九編；第 21 冊）
ISBN 978-986-485-417-2（精裝）
1. 人口分布 2. 回族 3. 清代
618   107002319

ISBN-978-986-485-417-2

9 789864 854172

古代歷史文化研究輯刊
十九編　第二一冊
　　　　　　　　　　　　ISBN：978-986-485-417-2

清代西北回族人口與回族經濟（中）

作　　者　路偉東
主　　編　王明蓀
總 編 輯　杜潔祥
副總編輯　楊嘉樂
編　　輯　許郁翎、王筑　美術編輯　陳逸婷
出　　版　花木蘭文化事業有限公司
發 行 人　高小娟
聯絡地址　235 新北市中和區中安街七二號十三樓
　　　　　電話：02-2923-1455／傳真：02-2923-1452
網　　址　http://www.huamulan.tw 信箱 hml810518@gmail.com
印　　刷　普羅文化出版廣告事業
初　　版　2018 年 3 月
全書字數　506481 字
定　　價　十九編 39 冊（精裝）台幣 100,000 元
　　　　　　　　　　　　　　　版權所有・請勿翻印

清代西北回族人口與回族經濟（中）

路偉東 著

圖　次

第五章 清代西北回族聚落人口分佈

　　本章主要通過回族聚落這一借代指標，探討同治以前西北地區回族人口的空間分佈狀態。全章在定義回族聚落並概述聚落與人口分佈關係的基礎上，從三個邏輯上依次遞進的層面來展開討論，即：其一，由高陵十三村這樣一個回族聚落群展開高陵這樣一個縣域尺度的回族聚落復原；其二，由高陵一個縣擴展至關中三府二州這樣一個更大空間尺度的戰前回民核心聚居區聚落復原；其三，探討在開放的互聯網環境和數據共享的模式下，在更大空間尺度上，復原清代回族聚落的可能性與具體方案。在此基礎上，對聚落尺度的西北回族人口空間分佈格局特徵與規律等問題進行討論。

第一節　回族聚落與回族人口空間分佈

　　在傳統人口史的工作範式中，研究者一般都是從描述式的文字史料出發，通過歷史文獻學的方法，進行系統、全面而深入地梳理和分析，最終獲得某一特定人群在某一特定時間切面上的空間分佈狀態。或者是，某一特定時間序列中的人口空間變動的趨勢。這些傳統的文字性的描述史料，雖然可以比較宏觀地反映人口空間分佈的大體趨勢，或者，也可以比較微觀展現人口空間分佈的細部節點。但是，卻很難在一個特定的空間尺度裏，全面展示某一特定人群的全部空間分佈狀態。所以，尋找那些可以反映人口空間分佈狀態的借代指標，是研究歷史人口空間分佈的重要切入點。

　　聚落作為最典型的地表人文景觀，它是一種客觀存在的地理實體，是人類活動產物，也是人類活動的中心。同時，它更是一種複雜的社會政治、經

濟以及文化的載體。從這一層面來講，可以把聚落抽象的理解爲在一定地域
內發生的地域活動和社會關係的綜合體，是由某一共同人群組成的具有相對
獨立性的地域生活空間、生活方式和領域。〔註1〕實際上，無論從哪個角度來
定義聚落，它的核心要素都是人口，聚落的分佈變遷與人口的分佈變遷緊密
相關。也正因爲如此，聚落本身雖然不是人口史研究的直接對象，但卻是人
口史研究重要的切入點。

　　回族聚落是回族人口聚居的中心，對清代回族聚落的考證與復原，有助
於我們更加具體而且全面地瞭解同治以前西北回族人口的空間分佈態勢。有
關清代西北地區的回族聚落問題，學界很多前輩與同仁都進行過關注，相關
的論著也有很多。這其中，馬長壽應該最早進行大規模實地調查並在此基
礎上對相關問題進行分析研究的學者。自 1956 年 2 月至 1957 年 3 月，馬長
壽領導的調查小組，先後在關中及隴東一帶的 17 個市縣區域內，對與同治西
北戰爭有關的歷史信息，進行了深入而細緻的田野調查，搜集整理了大批珍
貴的民間史料，在此基礎上撰寫並出版了《同治年間陝西回民起義歷史調查
記錄》。〔註2〕該書主線雖是同治西北戰爭，但卻記載了大量同治以前的西北
回族聚落信息，尤其是對西安回族人口及聚落分佈狀況的調查與分析堪稱經
典。同時，該書也關注到了同治西遷回民在新的遷入地建立僑置聚落的現
象。這些珍貴的史料及初步研究，爲後續聚落視角的回族人口史研究奠定了
堅實可靠的基礎。

　　周偉洲著《陝西通史・民族卷》對清代同治以前陝西回族聚落進行過簡
略的概述。〔註3〕韓敏的研究則從更加微觀的角度，對同治以前關中地區，尤
其是西安及其周邊地區的回族聚落，進行了細緻而深入地梳理和考證。〔註4〕

〔註 1〕　余英：《中國東南系建築區系類型研究》，北京：中國建築工業出版社，2001
　　　　　年，第 16 頁。
〔註 2〕　此次調查工作，由馬長壽領導，參加者有馮增烈、劉士莪、王宗維、張大鵬、
　　　　　閻振維、張慶吉、許孝德、袁鴻欣、喬溫等九人。調查完成後，各調查者分
　　　　　頭整理筆記，撰寫記錄。然後由馬長壽統一校訂審核，並參考其他文獻從事
　　　　　整理，前後費時 4 個月之久。最後由馬長壽執筆於 1957 年撰寫完成《同治年
　　　　　間陝西回民起義歷史調查記錄》書稿。由於種種原因，該書稿被擱置 36 年之
　　　　　久，直到 1993 年才得以《陝西文史資料》（第 26 輯）的形式出版。該書是研
　　　　　究同治西北戰爭及清代回族人口的必備資料。
〔註 3〕　郭琦、史念海、張豈之主編，周偉洲著：《陝西通史・民族卷》，西安：陝西
　　　　　師範大學出版社，1997 年，第 271～277 頁。
〔註 4〕　韓敏、李希哲：《清代乾隆年間西安城四鄉回民六十四坊考》，《伊斯蘭文化研

在前輩學者工作基礎之上，筆者曾對同治以前陝、甘兩省的回族聚落，進行過較爲系統的考證。由於應對俗務，工作完成後匆忙付梓。現在看來，其中缺略頗多，訛誤亦不少。筆者對自己此前的工作極不滿意，自出版之後，亦始終忐忑不安。數年來，對這一工作進行重新的梳理和考證，始終壓在心頭。筆者希望，目前的修訂和補充可以彌補原稿缺漏，也可以更好的呼應學界的討論與批評。〔註5〕

實際上，對清代西北回族聚落的研究，研究者始終面臨兩個幾乎不可逾越的障礙。其一，缺乏足夠的史料。歷史聚落信息在傳統漢文文獻中本就不多，而關於回族聚落的記載更是少之又少。另一方面，回民自己又不善於記錄自己的歷史。史學研究，是建立在翔實可靠的史料，尤其是一手史料的基礎之上。沒有史料，研究就無從談起，這是研究者目前面臨的最大困難；其二，聚落問題本身過於複雜瑣碎。首先就是聚落規模過於龐大。以晚清甘肅聚落爲例，僅「地理調查表」記載的 320 萬人，就散佈在近 7,000 個聚落中。〔註6〕照此比例推算，戰前西北七八百萬回民分屬聚落要超過 17,000 個。實際上，由於戰前回族聚落形態絕大部分都是回漢雜居的，純回族聚落很少。所以，戰前西北實際的回族聚落規模可能多至數萬；其次，回族聚落名稱及其分佈的複雜性遠遠超出人們的想像。宣統人口調查距今不過百餘年，甘肅7,000 餘個聚落中的大部分都已經很難和現在地名對照起來，更何況經歷同治滄桑巨變之前的回族聚落。傳統文獻中記錄的回族聚落信息文本，除了地方史志，更多的是同治戰時地方督撫和統兵大員的奏報，這些官員和將領，在戰爭進行過程中，因爲他們本身往往對地方信息不夠熟悉，記載地名多有同音異字張冠李戴者，甚至異音異字完全訛誤者亦不少見。比如，龐閣村，就有記爲半閣村、蚌閣村者。喬店則訛爲喬天，八惡村訛爲八女村、八女井，賽會寺訛爲三會寺、散回子等。對後世研究者來講，試圖通過這樣的文獻解讀戰前聚落極不容易。此外，回族聚落中單姓聚落占相當部分，由此重名者

究》2001 年第 3 期；韓敏：《清代同治年間陝西回民起義史》，西安：陝西人民出版社，2006 年，第 1～14 頁。

〔註 5〕 楊風光：《清代關中回莊的社會變遷》（寧夏大學碩士學位論文，2014 年）對拙稿批評指正頗多，筆者在此深表謝意。同時，對拙稿訛誤缺漏之處，亦深表歉意。

〔註 6〕 路偉東：《清末民初西北地區的城市與城市化水平——一項基於 6,920 個聚落戶口數據的研究》，《歷史地理》第 32 輯，上海：上海人民出版社，2015 年，第 147～162 頁。

比比皆是。馬姓是回族大姓，俗語稱：「十個回回九個馬，剩下一個撒納哈。」戰前回族聚落中以馬姓命名者，幾乎無縣無之，更有甚者，一縣之內往往還不止一處，極易造成混淆。對這些各種來源的聚落信息進行考證，是一件相當困難的工作。而對可考聚落進行空間定位，更是困難重重。

基於以上原因，坦白地講，在經歷同治年間那樣一場滄桑巨變之後，試圖完全復原同治以前的西北回族聚落是不現實的，實際上，哪怕只是復原其中較有代表性的一小部分，都極不容易。和前輩學者相比，由於史料並沒有實質性的改變，在這種情況下，對這一問題的研究要想有質的飛越，是不可能的。實際上，在相當長的一段時期內，筆者一直爲這一問題是否眞的存在研究價值而深感困惑。同時，也常常對這一研究的必要性產生懷疑。之所以仍然要堅持並繼續這一工作，主要基於以下三點認識：

其一，沒有人懷疑，對同治戰前陝西回族人口及聚落分佈的研究，具有重要的學術意義和學術價值。因爲這一工作有助於更加全面、深入地瞭解清代西北地區回族人口及聚落分佈的眞實狀況，同時，對清代西北回族人口史的研究和同治西北回民戰爭史的研究，也都具有比較重要的理論意義，對瞭解西北人口及區域社會發展的歷史脈絡更具現實意義。

其二，從現有的研究成果來看，以往研究者對清代西北回族聚落的研究，多依賴地方史志和馬長壽的《同治年間陝西回民起義歷史調查記錄》等文獻，對戰爭前後，地方督撫大員和統兵將領的奏摺，挖掘不夠。實際上，與傳統文獻刻意忽略地方回族信息的偏向性記載不同，這些奏摺奏報的主要內容就是回族問題，因此記載了大量戰前回族聚落信息。清代官修《欽定平定陝甘新疆回匪方略》是編年體的清代涉回奏摺彙編，對這批文獻進行深入挖掘，是可以重新進行戰前回族聚落考證的重要史料基礎。

其三，研究戰前回族聚落的目的不是聚落本身，而是以聚落作爲借代指標探討同治以前西北回族人口峰值時期的空間分佈狀態。奏摺中涉及的回族聚落，一般是在戰爭中經歷過打鬥，發生過重要事件的聚落。從理論上講，這些聚落是戰前西北回族聚落的核心，可能擁有較大的規模和較多的人口，因此也具有較強的代表性；另一方面，基於戰前廣泛存在的大部分聚落都屬於回、漢雜聚這一事實，筆者認爲，在回族聚落與漢民聚落之間，仍然有一條雖然模糊，但卻具有普遍意義的分界線，那就是聚落的主體是回民還是漢民。因爲宗教的原因，在「大分散」的現實生活中，回民往往更注重追求一

種「小集中」的生活狀態。因爲只有聚居在一起，才能夠在漢地主體社會中，人爲營造一種可以保守自己的宗教習俗的現實環境。具體講，就是可以有足夠的能力去修建禮拜寺，方便進行禮拜儀軌、嫁娶結親、殯葬弔亡等。正是基於這種原因，凡回民居住之處，往往自成街巷和村落，如青海西寧城東區的東關街、北關街，大通的良教鄉，湟中的大才鄉，門源的麻蓮鄉等。因此，傳統文獻和口述史料中所見的回族聚落，一般也具有較強的代表性。

　　基於此，筆者認爲在深入挖掘文獻史料，如奏摺、方志、清人文集等基礎上，結合 20 世紀 50、60 年代的田野調查資料，至少可以部分復原戰前西北回族聚落中的那些具有代表性聚落。在前輩學者的基礎之上，哪怕只是一小步，對於探討戰前西北回族人口空間分佈問題，都是重要的支持。從具體的工作成果來看，雖然最終可考的回族聚落數量可能只不過是同治以前西北地區全部回族聚落中很小的一部分。但是，這一工作的價值不在於比前人多考證了幾個回族聚落，而在於通過較小空間尺度上的聚落復原，探索在更大空間尺度內，復原清代回族聚落的可能性與具體方式。同時，更可以通過這種聚落的復原，來探討同治以前西北回族人口聚落分佈的規律性與特徵，這是本書立論的重要基礎。

　　對於一個典型的回族聚落來講，圍寺而居的人口集聚形態是其最突出的外在特徵。圖 5.1 就顯示了在這樣一個典型回族聚落中，清眞寺所處的突出位置。

　　但具體什麼樣的聚落可以定義爲回族聚落，或者說「回族聚落」的概念是什麼？通過史料進行判斷顯然沒有這麼容易。因此，在進行下一步工作之前，首先需要進行界定和說明。通過對史料的搜集和判讀，經過綜合考量與權衡，筆者認爲可以把以下幾個方面的要素，作爲界定某一聚落是否爲回族聚落的指標：

　　其一，史料中明確記載爲回族聚落者。比如，華州的秦家灘、乜家灘，鳳翔麻家崖等。同治西北戰爭眞正開打，就是團練火燒秦家灘、乜家灘兩村開始。是以民謠有「事由先趕秦家起，火燒秦川八百里」之說。〔註 7〕麻家崖更爲有名，余澍疇的書中多次提到，該處是鳳翔回民的主要聚居點之一。其他如王閣村、喬店、倉頭等皆是戰前關中極有名的回族巨堡。多隆阿奏

〔註 7〕馬長壽主編：《同治年間陝西回民起義歷史調查記錄》，西安：陝西人民出版社，1993 年，第 420 頁。

圖 5.1 民國時期西北圍清真寺而居的典型回村

資料來源：王建平編著：《中國陝甘寧青伊斯蘭文化老照片：20 世紀 30 年代美國傳教士考察紀實》，上海：上海辭書出版社，2010 年，第 41 頁。

稱：「東路自大荔之王閣村起，至渭南之倉頭鎮止，老巢林立，悍賊皆總匯於此……自大荔之羌白鎮、王閣村起，至渭南喬幹村（喬店村）、孝義鎮等處，接數十里，均係賊巢」〔註8〕王閣村，由南、北兩村組成，即今之大荔縣八魚鄉南王閣村、北王閣村。同治以前，南王閣有一千數百戶，都是回回。〔註9〕倉頭是戰前渭南巨堡，回、漢雜居，漢人不少，回族人口更多。「鎮東門內不遠有十字路。此路以西從前皆爲漢民所居。自此路以東以南，直到城的東門和南門外，皆爲回民所居。」〔註10〕西安的沈家橋則原分爲沈家南橋、北橋二村，以橋爲界，橋南爲回民村，橋北則爲漢民村。〔註11〕此類回族巨堡，

〔註 8〕 同治元年（1862）十二月初九日丙戌、十一日戊子多隆阿奏，見〔清〕奕訢等編修《欽定平定陝甘新疆回匪方略》卷三〇。

〔註 9〕 馬長壽主編：《同治年間陝西回民起義歷史調查記錄》，西安：陝西人民出版社，1993 年，第 120、127 頁。

〔註10〕 馬長壽主編：《同治年間陝西回民起義歷史調查記錄》，西安：陝西人民出版社，1993 年，第 55 頁。

〔註11〕 馬長壽主編：《同治年間陝西回民起義歷史調查記錄》，西安：陝西人民出版社，1993 年，第 476 頁。

人口或全爲回民，或以回民爲主體，毫無疑問應該屬於回族聚落。

其二，史料中明確記載有禮拜寺、清眞寺之處者。回民繞寺而居是爲一坊，坊的大小民間傳說一般以聽到清眞寺的梆聲爲限；如離清眞寺較遠且又自然、人文條件較好的地方，他們就單獨蓋清眞寺，另成新點。〔註12〕因此，有禮拜寺之處，必爲一回族聚落。坊的周圍即爲回民分佈之區，從寺坊的分佈位置上，可以看出回族人口分佈的大體範圍。西北禮拜寺眾多，其中頗有修建於同治年間者。對於這部分禮拜寺所處聚落，是回民新的安置點，還是原聚居之處呢？需要仔細辨別整個同治年間，西北到處受戰爭波及，回民隨時受撫，就近安置者甚多，然戰後殘餘，生計尙且困難，修建新的禮拜寺更不可能。因此，除個別有所說明者外，如平涼市郊東北杜溝清眞寺，乃同治年間陝西回民起義失敗後，被左宗棠安置在杜家溝的涇陽、咸陽楊文治和禹彥祿義軍的餘部，於同治十年（1871）所建。〔註13〕此類情況，一般皆認定爲回民原有聚處，即同治以前即爲回族聚落。

其三，史料明確記載或根據史料可以推斷某人爲回民之處者。回民大多聚族而居，某人爲回民之處，一般情況下亦爲回民分佈之區，如明萬曆年間同州回民傑出人士馬自強，其家族原住同州沙苑，後遷馬坊頭，以後又遷至大荔城西門內，正南街南的馬家巷。其所遷居之處，皆爲回族聚落。又比如赫明堂是同州府赫冶家人，楊文治是涇陽塔底人，畢大才是涇陽畢家窯人，崔偉鳳翔府城南關崔家凹人。〔註14〕這些相關聚落都是回族聚落，應該沒有什麼疑問。另外，明清西北回族進士眾多，這些進士的原籍聚落也可以視爲回族聚落。楊大業有系列論文考證，可供參考。〔註15〕

其四，有僑置聚落者。同治戰後，很多被異地安置回民的新建聚落都沿用了原籍村名，如寧夏涇源回族自治縣（即清之化平廳）余羊村回民遷自陝西同州余羊村，九社回民遷自渭南涼天坡一帶六村九社，秦家回民遷自渭南秦家灘等，王閣村即陝西大荔南王閣村。〔註16〕追根朔源，根據此類史料，

〔註12〕 張天路、宋傳升、馬正亮著：《中國穆斯林人口》，銀川：寧夏人民出版社，1991年，第180頁。

〔註13〕 吳建偉主編：《中國清眞寺綜覽》，銀川：寧夏人民出版社，1995年，第340頁。

〔註14〕 韓敏：《董志原十八營元帥事蹟考》，《回族研究》1993年第2期。

〔註15〕 楊大業《明清回族進士考略》系列論文，從《回族研究》2005年第1期開始，連續刊載20篇。

〔註16〕 馬長壽主編：《同治年間陝西回民起義歷史調查記錄》，西安：陝西人民出版

可以找尋戰前原有回族聚落的蛛絲馬蹟。

其五，有回民社學或義學之處者。回民社學或義學是在回民聚居處創辦的以回民子弟爲教育對象的蒙學教育場所。社學、義學由紳民捐辦，教其子弟，資費皆取辦於地方，非有財力及人數較眾之處才有能力辦學，是以有回民社學或義學之處亦爲回民分佈之區。比如，洮州廳的回民義學在舊城西門外，〔註 17〕安定縣的回民義學在南關。〔註 18〕肅州最早的回民社學初建於明代，在城東北隅，原址本爲清眞寺，「因肅州城西漢回子同西域回夷夜聚曉散，指爲禮拜，俱謀不道，後因事發，遂拆禮拜寺爲之，仍擇年長學行生員二人教訓之。」〔註 19〕入清以後，歷次回民事變之後，清廷都會把在回民聚居之所設立義學作爲善後的重要措施之一。〔註 20〕所以，回民義學和社學是清眞寺之外，回族聚落最重要的外貌特徵之一，有回民社學或義學之處亦爲回民聚居之所。

其六，其他不確定可參考因素。比如，地方史志或其他文獻中，本地風俗記載中有涉及回民風俗者，亦視之爲回民分佈之區，如耀州「俗多屠牛，向給正署每日燭二斤，每季錢捌串文，本任內將此項裁汰，永禁屠牛。傳各保正給與木牌，告示格式，令有犯即稟，其風稍息。然自八月至次年四五月，無良者往往賭串偷宰，城內尤甚，是在嚴密查禁耳。」〔註 21〕回民俗多屠牛，耀州屠牛禁令可能說明此地回民較多。光緒《三原縣新志》的記載更爲直白，稱：「往者逆回日以宰殺爲事，而殺牛之風尤甚，今幸此輩殄滅，亂後漸有一二復習屠賣，邑侯余公嚴禁方止。」〔註 22〕漢地社會傳統，牛爲農業生產所必備，故常以耕牛稱之，歷朝多有屠牛禁令，故漢人以屠牛爲業者很少。回人則不然，操此業爲生者頗多。故某一地方如屠牛之風較盛，對該處情況要尤爲關注，以便參覈其他史料，詳爲考訂是否有回民聚居。

社，1993 年，第 435 頁。
〔註 17〕光緒《洮州廳志》卷八《學校下·義學在舊城》。
〔註 18〕道光《敦煌縣志》卷三《建置志·義學》。
〔註 19〕萬曆《肅鎮華夷志》卷二《學校》。
〔註 20〕楊文炯、樊瑩：《清代西北「回民義學」研究，《西北師大學報（社會科學版）》2013 年第 4 期。
〔註 21〕乾隆《續耀州志》卷四《田賦·風俗》。
〔註 22〕光緒《三原縣新志》卷八《雜記·邑侯李公瀛禁宰驢說》。

第二節　高陵十三村：回族聚落群與高陵回族聚落 人口

高陵地處關中腹地，地勢平坦，土壤肥沃，素稱關中「白菜心」，自古即爲農業發達之區。其縣轄區自清初直到今天，基本上沒有太大的變化。〔註23〕省城西安與涇陽、三原、富平、渭南以及臨潼等市縣環拱其周，涇、渭二水自西而東從縣南境穿行而過。根據現有史料推測，同治以前，高陵與蒲城、富平、臨潼、渭南等縣一樣，都是陝西省回族人口最集中的州縣之一，不但數量眾多，而且分佈廣泛，除了零星散佈的小村小莊外，更有成片集聚的回族聚落群。

一、高陵回族十三村與關中十三村回族聚落群

學界言回民十三村，一般都是指臨潼縣的回民十三村。臨潼十三村分佈的北原，位於臨潼城北十千米處的渭河北岸，原名「奉政原」，因龍頭爲白龍溝所斷，所以又名「破頭原」，或稱「普陀原」。〔註24〕雍正《陝西通志》載：「普陀原在渭河北岸，即高陵之奉政原。」〔註25〕因此，臨潼十三村又被俗稱爲「普陀原十三村」。同治二年（1863）三月陝西按察使張集馨奏稱：「臣查東路逆巢甚多，除羌白鎮、王閣村外，如雷化鎮、丁馬家村、秦家村、孝義鎮等處皆係逆回麕聚，此外尤難攻克者，如倉頭鎮、橋店、沙苑十七村、臨潼十三村，逆回不下億萬人……至省城難民數萬，聞撫巡意欲分散各屬以爲移民就粟之舉，免耗口食，計亦甚善。」〔註26〕所指即此。多隆阿在同年八月的一份奏摺中也曾奏稱：「臣馳赴渭北……合力痛剿十三村餘孽，一經得手，即進薄高陵，力圖攻取。」〔註27〕其所指渭北十三村，位於臨潼至高陵之間，從方位上看，應該就是臨潼十三村。臨潼縣知縣謝恩誥稱：「臨回如渭河南之三府（村）、馬坊（堡）、行者橋（三堡），（河）北之普陀原十三村，

〔註23〕 高陵縣轄境自中華人民共和國成立以後僅在縣屬東南、東北部稍有調整，詳見高陵縣地方志編纂委員會編，馬力勇、程勇主編：《高陵縣志》，西安：西安出版社，2000年，第44頁。

〔註24〕 乾隆《臨潼縣志》卷一《地理·山川》。

〔註25〕 雍正《陝西通志》卷九《山川二》。

〔註26〕 同治二年（1863）三月二十六日（壬申）陝西按察使張集馨奏，見〔清〕奕訢等編修《欽定平定陝甘新疆回匪方略》卷三八。

〔註27〕 同治二年（1863）八月二十六日（庚子）多隆阿奏，見〔清〕奕訢等編修《欽定平定陝甘新疆回匪方略》卷五二。

素稱狂悖。」﹝註28﹞渭河南的三府、馬坊及行者橋三村均在渭河河曲的頂部外側，距縣城不遠。而渭北普陀原十三村在雨金鎮西南一帶，正處於渭河河曲內部，與渭南回村隔河相望。

　　據光緒《三原縣新志》載：「蓋賊巢數處，去原不遠，一在涇陽永樂店、塔底；一在高陵十三村。自官軍駐原，十三村專擾邑東鄉及東北原。」﹝註29﹞三原縣城在高陵縣城西北 34 里處，臨潼縣城在高陵縣城的東南 44 里處。﹝註30﹞所以三原縣志所載專擾邑東鄉及東北鄉的高陵十三村顯然應該在三原縣城的東南邊，而不應該位於高陵縣城東南部。又據原三原縣原政協委員王樹樓講：「高陵縣回回的據點在縣之西北一帶，稱爲『十三村』。」﹝註31﹞高陵回族十三村在高陵縣的西北一段，距三原很近，這與《三原縣新志》所載「賊巢數處，去原不遠。」是完全相符的。據此推測，此高陵十三村應與臨潼十三村所指並非同一個地方，同治以前，高陵縣也有回民十三村。其大致方位，應該在高陵縣的西北，三原縣的東南，可能與涇陽永樂店不遠。詳見圖 5.2。

　　又據光緒《高陵縣續志》（以下簡稱《光緒志》）載：「欽差大臣多隆阿由東路進剿收復縣城，蕩平十三村，直搗涇陽賊巢，賊始西遁。」﹝註32﹞所謂收復縣城，當然是指收復高陵縣城，涇陽縣城在高陵縣城正西 45 里處。如果單由此條記載來看，此高陵十三村似乎就應該是上文考證的位於在高陵縣城以西，處於整個高陵縣西北的十三村。但是，進一步考證，就會發現實際情況並非如此簡單。在同治二年（1863）九月十一日的奏摺中，多隆阿亦奏報了此次戰況，稱：「臣於八月二十六七等日先後移營普陀原，並檄穆圖善統帶各營，過河會剿，一面飛飭雷正綰由三原進攻永樂店塔底賊巢，並嚴飭總兵馬升扼守咸陽以防西竄。二十八日……分隊伏於十三村之北……遂將大小十三村一律平毀。二十九、三十等日，移營進逼高陵。九月初一日黎明，官

﹝註28﹞〔清〕謝恩誥：《再生記》，見馬長壽主編《同治年間陝西回民起義歷史調查記錄》，西安：陝西人民出版社，1993 年，第 229 頁。

﹝註29﹞光緒《三原縣續志》卷八《雜記》。

﹝註30﹞三原、臨潼兩縣城距高陵縣城裏數，係根據 CHGIS V4 版縣級治所數據測量而來，下文及本書所有章節凡涉及具體空間距離，如無特別說明，均由 CHGIS 相關數據測量而得。

﹝註31﹞馬長壽主編：《同治年間陝西回民起義歷史調查記錄》，西安：陝西人民出版社，1993 年，第 229 頁。

﹝註32﹞光緒《高陵縣續志》卷六《人物傳下》。

圖5.2　高陵十三村與臨潼十三村

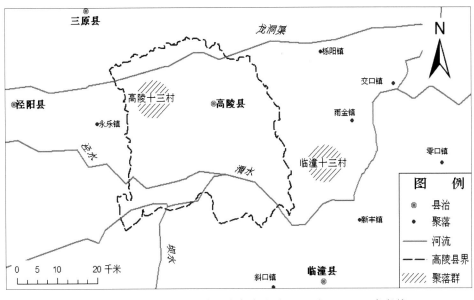

背景地圖數據使用中國歷史地理信息系統（CHGIS）V4 1820年數據。

軍直逼城下……該逆潛由南門遁出，麇聚於城五里外之南村……立將高陵縣城收復，擒斬不計其數，沿河數十里回村，次第踏平。初四日，追至涇河入渭之處，敗匪竄過涇河，我隊逐於涇河北岸紮營，該逆見我軍布置未定，在南岸用火炮抬槍轟擊。臣先令馬隊由上游十里過河預備截擊，遂督率各營兵勇一擁過河，賊眾敗竄。我軍分兩路追殺，臣督隊沿渭河邊前進，穆圖善沿沿涇河前進，尾追四十餘里，至長駝灣，該逆甫入村，圍閉不及，官兵奮力攻擊，遂將長駝兩村登時攻入。維時雷正縮於初一等日已次第將永樂店、塔底攻開，該逆仍在南岸抗拒。」〔註33〕

　　從進攻的時間和空間上來看，清軍應該是從先平普陀原臨潼十三村，然後北上直接攻佔高陵縣城。後又兵分兩路：一路雷正縮帶隊西行進攻涇陽永樂店一帶回軍；一路則由多隆阿親自帶隊往南追殺。雙方在涇、渭匯合處的沿河一帶有過激戰，回軍敗退，清軍又往西追殺40里，直到長駝灣等處。涇、渭匯合處的渭河南沿，是高陵回村最集中的地方。多隆阿稱：「沿河數十里回回村，次弟踏平」所指即此。長駝在高陵渭南回村的西邊40里處，從距離看，

〔註33〕　同治二年（1863）九月十一日（乙卯）多隆阿奏，見〔清〕奕訢等編修《欽定平定陝甘新疆回匪方略》卷五三。

可能已經進入咸寧或咸陽境內。總之，《光緒志》所稱：「收復縣城，蕩平十三村，直搗涇陽賊巢」中的十三村，時間空間上都有些模糊，無法確定具體所指。

1999 年出版的《明清西安辭典》（以下簡稱《辭典》）與 2000 年出版的《高陵縣志》（以下簡稱《新志》）均記載稱：「高陵上、下拜家禮拜寺，位於高陵縣渭河邊灘，轄上、下拜家十三村二百多戶回民。同治元年（1862），鄒阿訇主持教務。東府回民起義後，漢族團練放火燒了上、下拜家清眞寺，鄒阿訇召集各村回民起義。次年失敗，西遷至隴東董志原十社鎮，寺遂毀。」〔註34〕鄒阿訇帶領上、下拜家十三村回眾起兵一事，口述史料中多有記載，鄒阿訇即鄒玉龍。〔註35〕此上、下拜家十三村應該就是高陵十三村。但高陵邊灘在何處，不詳。兩書皆稱上、下拜家清眞寺在渭河邊灘，其意似指邊灘所處乃渭河邊角灘地，應距渭河不遠。果如是，那上、下拜家村應該位於高陵縣西南，而非高陵縣西北，這與前文論證相左。

關於上、下拜家等十三村回民寺毀人遷的故事，目前已知最早記載的應該是馬長壽主編《同治年間陝西回民起義歷史調查記錄》，當年在平涼縣訪問時，有一名叫拜長清的長者，年 61 歲，自稱是「高陵縣邊灘下拜家人」。據他講：「同治元年（1862）七月十三日晚上，漢人團練把上、下拜家的南禮拜寺用火燒了。當時鄒阿訇正在上、下拜家開學，立刻召集全社村民一面救火，一面清查損失人馬財物。這次損失太大了，鄒阿訇再也忍耐不下，決定在次日起事，這支回軍打仗打了多年，最後到了董志原。鄒阿訇年紀太大，不久老死。他的兒子鄒保和，是個麻子，正式掛帥，領導上、下拜家及十三村二百多戶，在各處打仗，最後到金積堡投了誠。」〔註36〕拜長清是拜家村人，他的這一說法，頗爲生動，也很鮮活。後世其他論著談及此事，大概都是引自拜長清的話。從其中透露的信息來分析，上、下拜家似乎不大，十幾個村子才二百多戶，最多也就一千多人。對於其原籍的記敘，則並未見有「渭河邊灘」之說，而只是稱「高陵邊灘」。

〔註34〕 張永祿主編：《明清西安辭典》，第 616 頁；高陵縣地方志編纂委員會編，馬力勇、程勇主編：《高陵縣志》，西安：西安出版社，2000 年，第 672 頁。
〔註35〕 西安市地方志編纂委員會編，王建廷主編：《西安市志》，西安：西安出版社，1996 年，第 551 頁。
〔註36〕 馬長壽主編：《同治年間陝西回民起義歷史調查記錄》，西安：陝西人民出版社，1993 年，第 410 頁。

　　根據《高陵地名志》記載的地名進行統計，高陵縣所有村落名稱中帶「灘」字的共有 7 個，其中張卜鄉夾灘、耿鎮鄉馬坊灘、王家灘以及馬家灣鄉的陳家灘，皆因村在渭河灘地上得名。〔註37〕但藥惠鄉的白馬寺灘、通遠鄉的徐家灘、宋家灘皆離河很遠，得名原因顯非地處渭河灘地，而是因爲地處內陸荒灘。〔註38〕因此，有「灘」字的地名，不一定就源於沿河灘地，也可能是遠離河叉的荒灘，如俗語稱關中回民多居於「三邊、兩梢、一溝」之處，就應該有這種陸地荒灘。《辭典》與《新志》在上、下拜家所處的「邊灘」前加「渭河」二字，可能出於作者主觀臆斷，並無根據。當年的拜家村可能並不在渭河的邊灘上，而是在內陸的荒地邊灘上。如此就可以解釋高陵十三村在高陵城西，整個高陵縣境的西北方位。

　　馬長壽認爲拜長清所稱上、下拜家十三村，應當是臨潼十三村。但拜長清把自己原籍搞錯的可能性是很小的。顯然，他所講的上、下拜家十三村應是高陵十三村而非臨潼十三村，馬長壽推斷或當有誤。總之，高陵十三村與臨潼十三村是兩個完全不同的回族聚落群，前者應該在高陵縣城以西，整個高陵縣境的西北部，而後者則在高陵縣城東南方向的臨潼境內。高陵十三村更確切的位置可能是在通遠鄉官路村以西靠近三原縣的灣子鄉境內，處於高陵至涇陽的大道上，或者離大道不遠處。

　　高陵十三村具體指哪些村落，是否眞的是 13 個回族聚落的總稱，目前尙無法確定，如前引拜長清所言，高陵回族十三村至少包括上、下拜家兩個回村。而臨潼普陀原十三村，也包括兩個拜家村，但完整的村名是南拜家和北拜家，而非上拜家和下拜家。〔註39〕以高陵縣城爲參照，兩個十三村，一個在城之西北，一個在城之東南，涇渭分明。高陵、臨潼兩回民十三村其地皆處渭北，又都包括兩個拜家村，馬長壽將高陵十三村誤指爲臨潼十三村，這可能是其中原因之一。

　　乾隆《西安府志》所記高陵七個鄉村市鎮中，無一個在縣之西北隅。〔註40〕

〔註37〕高陵縣地名工作辦公室編：《高陵縣地名志》，中國人民解放軍八七二八五部隊印刷廠，1984 年，第 62、65、77 頁。

〔註38〕高陵縣地名工作辦公室編：《高陵縣地名志》，中國人民解放軍八七二八五部隊印刷廠，1984 年，第 71、119、124、130 頁。

〔註39〕路偉東：《清代西北人口專題研究》，上海：上海書店出版社，2011 年，第 175 頁。

〔註40〕乾隆《西安府志》卷一〇《建置志中・鎮堡》。

雍正《重修高陵縣志》（以下簡稱《雍正志》）共記有坊、村、鎮、店 442
個，〔註41〕上、下拜家兩村均不在列。光緒《高陵縣續志》（以下簡稱《光緒
志》）記錄有村、堡共 421 個，〔註42〕其中也沒有上、下拜家。由此可見，高
陵縣西境北並無大村巨堡。按上、下拜家十三村僅二百餘戶人家，每村平
均不過一二十戶，皆爲小村、小莊。《雍正志》未見記載，可能是村落過小，
不足爲記，也可能是雍正時尚未有此村落。或者，方志作者刻意摒棄地方
上的回族人口聚落信息，也不是沒有可能。〔註43〕《光緒志》未見記載，則
很可能是戰後高陵回民盡數西遷，十三村原有村落已經焚毀廢棄，不再有人
居住。

　　除了高陵十三村、臨潼十三村，這一時期的相關文獻及口述史料中，還
有很多其他名稱的十三村，如據同治二年（1863）八月初穆騰阿等人奏稱：「光
太廟爲附省要隘，如沙河、牛東、蘇家溝十三村等處逆回窺伺省垣，皆在其
中伏匿。」〔註44〕蘇家溝十三村具體方位未知，高陵縣南有名蘇家村者，四
周回族聚落眾多。但更有名的蘇家溝在渭城以東，今三義村、張陳村一帶，
兩邊有兩條溝，西邊一條是山家溝，東邊一條是頭家溝，是同治戰時長安咸
陽間最重要的回民聚點之一。結合上下文意來看，蘇家溝十三村應該在長安
西北的渭城蘇家溝一帶。此外，大荔王閣村一帶也有名王閣十三村者，涇源
縣神女川的王閣村包括西大莊、大寺莊以及黑旗等十三個村，合稱爲王閣十
三村。〔註45〕涇源縣即清之化平廳，是同治戰後安置回民的最主要區域。王
閣等村名顯係僑置村落，得名與被安置回民原來在關中聚居的村落名一致。
由此推測，戰前大荔縣王閣村一帶，應該也有王閣十三村的說法。此外，華
亭縣同治以前還有十二堡的說法，同治十二年（1873）安置回民後改爲安良
鎮。十二堡其實並非眞有十二個堡子，而只是十二個村子。〔註46〕

〔註41〕雍正《重修高陵縣志》卷一《地理志》。
〔註42〕光緒《高陵縣續志》卷一《地理志》。
〔註43〕路偉東：《掌教、鄉約與保甲冊──清代戶口管理體系中的西北回族人口》，
　　　　《回族研究》2010 年第 2 期。
〔註44〕同治二年（1863）八月初三日（丁丑）穆騰阿、張集馨奏，見〔清〕奕訢等
　　　　編修《欽定平定陝甘新疆回匪方略》卷四九。
〔註45〕馬長壽主編：《同治年間陝西回民起義歷史調查記錄》，西安：陝西人民出版
　　　　社，1993 年，第 451 頁。
〔註46〕王秉賢：《涇源置縣之始與純回族縣的由來》，《華亭文史資料》第 3 輯，2006
　　　　年，第 181～184 頁。

從這些數字相稱的聚落命名格式來看，所謂某某回民十三村，大概是當年清人對關中回族聚落群的習慣性的他稱，或者也可能是回人的自稱。這些眾多的十三村，最初可能是以某一個，或者某幾個核心村落爲首的十三個純回民，或以回民爲主的村落群。後來隨著回族人口增加，村落數目或有所增加，所指範圍亦有所擴大，很有可能還包含了臨近的部分回、漢雜居，或以漢人爲主的村落。因此，回民十三村實際上是對以數個回村爲主的成片居住的回民村落群或回、漢雜居村落群的泛稱，所謂十三可能只是一個概略數字，並非眞正十三個。十三主要是要表達數量多，而且分佈比較集中之意。這與董志原「十八大營」的說法，如出一轍。所以，具體考證中非要湊足十三個村子是沒有意義的。從另一個方面來看，十三村這種俗稱的由來，也恰恰反映出，同治戰前關中地區的回族人口眾多，聚落連片密集分佈的眞實狀態。

二、同治以前高陵的回族聚落考證

同治以前，除了位於縣境西北部的十三村以外，高陵縣城及其他村鎮亦有爲數眾多的回族人口分佈。史載回民於倉渡起事後，「涇陽、高陵之回均執器仗赴約而東。」〔註 47〕《光緒志》記稱，知縣梁書麟「咸豐八年（1858）知縣事，秉性敦厚端正，毫無私苛，縣故漢、回錯處，先生一體視之，遇有雀角，據理執法，故人皆輸服，而回尤戴德。」〔註 48〕戰前高陵回民集聚的村落，目前知之甚少。馬長壽當年調查陝西回民起義歷史時，亦未有對高陵縣進行過專門調查。通過對零星史料的搜集、整理與分析，筆者作如下考證：

1、高陵縣城

高陵縣城有回民，人數不詳。《高陵縣鄉土志》（以下簡稱《鄉土志》）及民間口述史料中均稱城內有回民。同治元年（1862）五月二十九日瑛棨奏稱：「漢、回互鬥情形，目下滋蔓愈大……高陵城內，漢、回亦各起事，雖未殺官劫庫，城中已騷亂不堪。」〔註 49〕城內回民敢於起事，人數應該不少。

在西安光大門馬氏祖塋碑記載的 64 坊中，當年的調查者無法判讀或判讀錯誤的 7 坊，即馬五十二堡、白家灘、白家咀、西撒家、東撒家、東全子頭

〔註 47〕光緒《高陵縣續志》卷八《綴錄》。
〔註 48〕光緒《高陵縣續志》卷四《官師傳》。
〔註 49〕同治元年（1862）五月二十九日（庚戌）瑛棨奏，見〔清〕奕訢等編修《欽定平定陝甘新疆回匪方略》卷一三。

和抵家村 7 坊，經韓敏考證，這些回村實際上多分佈在高陵縣渭河以南耿家集，也就是今天耿鎮一帶。〔註 50〕耿家集各回村東與臨潼三府、馬坊、行者橋等回民相連，西南則與長安沙河以東的回村相連，這和馬氏祖塋碑的記載是一致的，也和當年調查者的推斷相符。

2、馬伍什

馬伍什村位於今耿鎮政府駐地西約 1.8 千米處，西南與灞橋區水流鄉北鄭村、劉家村為鄰，南與灞橋區新合鄉買家村相接，即碑文所載馬五十二堡。《雍正志》記為「馬五十家」，《光緒志》記作「馬五十堡」，民國《高陵縣區保總圖》（以下簡稱《民國圖》）始記為今名，「伍十」當「五十」訛誤。該村名稱源起有兩種說法：一說因初有回民名馬五十者在此居住；一說村處五路交叉十字路旁，又有馬姓回民聚居。〔註 51〕該村雖名馬伍什村，今無一戶姓馬。蓋戰時回族全部遷走，現村民為同治戰後外來移民。

3、白家嘴

白家嘴村位於今耿鎮政府駐地東約 1.3 千米處，南接灞橋區新合鄉馬坊村。村處地形延伸突出，形狀如嘴，遂結合村民姓氏得名白家嘴……據《高陵縣地名志》（以下簡稱《地名志》）載，清代即有此村，原為回民聚居點。《雍正志》記作「東白家村」、「西白家村」兩村。《光緒志》所載與今名同。〔註 52〕

4、白家灘

位置不詳，可能在白家嘴附近，屬於渭河南耿鎮一帶回族聚落群。

5、西撒家村

《光緒志》卷首《縣壤分圖三》有西馬坊、王家村、西白家村、算劉村、東耿家村、西耿家村、撒家村。東馬坊、東白家村，撒白二姓村、泉子頭、王家村。馬氏祖塋碑所言西撒家村應為撒家村，位於耿鎮政府駐地西北約 0.9 千米處，西禹公路西側，即今之耿鎮沙家村。《雍正志》記為「撒家村」。撒

〔註 50〕 韓敏：《清代同治年間陝西回民起義史》，西安：陝西人民出版社，2006 年，第 8 頁。

〔註 51〕 高陵縣地名工作辦公室編：《高陵縣地名志》，中國人民解放軍八七二八五部隊印刷廠，1984 年，第 64 頁。

〔註 52〕 高陵縣地名工作辦公室編：《高陵縣地名志》，中國人民解放軍八七二八五部隊印刷廠，1984 年，第 63 頁。

為典型的回姓，該村當為回村。傳說初以居民沙姓得名沙家。清末，沙姓他遷，易為葛姓，故又更名葛家。中華人民共和國成立以後恢復原名。〔註53〕「沙」當係「撒」之誤，沙家建村之說，可能是望文生義，也可能是同治戰後新遷移民誤傳。

6、東撒家村

韓敏先生推斷，東撒家村可能係《光緒志》所載撒白二姓村，今無村，應該在耿鎮以東，具體位置不詳。

7、東全子頭

該村應該是《光緒志》卷首《縣壕分圖三》所載東泉子頭村，今無村，位置不詳，韓敏先生推斷應在今耿鎮以東。〔註54〕

8、邸家村

《雍正志·地理志·鄉里》篇載：咀頭有抵家村。咀頭在渭河北渭橋東原上，即今高陵縣張卜鄉嘴頭村，位於鄉政府駐地東偏南約4.1千米處，奉正原東端，涇惠九支渠北側。邸家村在咀頭附近。「抵」與「邸」音同，抵家應為「邸」家村，今無村。據多隆阿奏言：「回逆在三府里迤東築壘六座，由白鴨觜起至壩河止……將三府里攻破……又將白鴨嘴賊巢登時攻破……十三日，命馬步隊進攻馬烏什，該處十餘村堡皆係回眾麇集之所，巢穴最大，經各隊苦戰，竟日將各村堡全行平毀。」〔註55〕馬烏什即馬五十，即今之高陵縣渭河以南耿鎮西的馬伍什村，文中「十餘村堡皆係回眾麇集之所」所指即高陵渭河以南耿鎮一帶回族聚落群。

9、半個城

半個城位於今耿鎮政府駐地東約3.0千米處，東臨渭河……據《地名志》載，清朝末葉即有此村。相傳曾有回民為村築城，因故中輟。村僅有半個城堡，故名。《光緒志》載有此村名。〔註56〕同治戰後，高陵回民根株盡絕，西

〔註53〕高陵縣地名工作辦公室編：《高陵縣地名志》，中國人民解放軍八七二八五部隊印刷廠，1984年，第65頁。

〔註54〕韓敏先生對自己早先發表的《清代乾隆年間西安城四鄉回民六十四坊考》一文中「東馬坊即臨潼縣之馬坊堡，東泉村為東全子頭」的說法，認為可能有誤，待考證。

〔註55〕同治二年（1863）七月二十日（甲子）多隆阿奏，見〔清〕奕訢等編修《欽定平定陝甘新疆回匪方略》卷四八。

〔註56〕高陵縣地名工作辦公室編：《高陵縣地名志》，中國人民解放軍八七二八五部

遷回民就地安置，嚴格管控，原有回民不太可能返回原籍建村立戶，此村應該建於同治以前。即使有回民戰後重新建村之事，也很可能是舊址重建。因此，半個城戰前應該就是回村。

10、虎家莊

虎家莊位於今耿鎮政府駐地東約 2.6 千米處，東臨渭河。據《地名志》記載，村建於清末葉。得名原因不詳。《光緒志》載有此村名。〔註57〕從字面上分析，村名應源於村民姓氏。如建村於清末，且莊內有虎姓村民，村名源流不太可能無人知曉。如無虎姓村民，那清末建村以虎家命名就著實令人費解。馬長壽 20 世紀 50 年代調查時發現，同治戰後很多回村被外地遷來者佔據，這些後來者很多對本村的歷史都不瞭解。虎家村得名不詳，有可能屬於這種情況，估計該村應該建於同治戰前，虎姓較為少見，回民屬此姓者較多。〔註58〕虎家莊所處的耿鎮一帶，為回民聚居之區，該村為回村的可能性很大。

11、蘇家村

蘇家村位於今耿鎮政府駐地西約 0.8 千米處，西禹公路西側。南與灞橋區新合鄉於家村、寇家村為鄰。清初有回民蘇萬興最早居住此得名，《雍正志》記為蘇家村。同治以後，原住居民西遷，新遷入的居民曾用名為同福村。《光緒志》記為「同福村」。《民國圖》始記為今名。〔註59〕蘇家村是關中回民村落戰後為外遷移民佔據並更改村名的一個典型樣本，雖名蘇家村，今無一戶姓蘇。同治二年（1863）夏瑛棨奏稱：「自四月以來，東路賊匪紛紛西竄，愈聚愈多，從前僅有沙河、高陵蘇家溝等處老巢二三萬人，其餘四鄉賊巢雖係林立，每處不過一兩千人或數百人不等，已有遍地皆賊之勢。」〔註60〕高陵蘇家溝或即指此蘇家村。

隊印刷廠，1984 年，第 63 頁。

〔註57〕 高陵縣地名工作辦公室編：《高陵縣地名志》，中國人民解放軍八七二八五部隊印刷廠，1984 年，第 63 頁。

〔註58〕 魏德新編著：《中國回族姓氏溯源》，烏魯木齊：新疆大學出版社，1999 年，第 47 頁。

〔註59〕 高陵縣地方志編纂委員會辦公室編：《高陵名村》，內部發行，2008 年，第 36 頁。

〔註60〕 同治二年（1863）六月二十日（乙未）瑛棨奏，見〔清〕奕訢等編修《欽定平定陝甘新疆回匪方略》卷四七。

12、渭橋里〔註61〕

《光緒志》卷六《科貢開傳》:「舉人,明萬曆丙午科三人:⋯⋯秒良翰,渭橋里人,初任陽城教諭,歷官至徐州知州。」根據楊大業先生的考證,秒良翰為回族。〔註62〕嘉靖《高陵縣志》(以下簡稱《嘉靖志》)載:清眞寺,在渭河南渭橋里,元至正間建。〔註63〕韓敏先生認為渭橋里當為今榆楚鄉渭橋村,渭橋村地處渭橋渡的坡頭上,在渭水之陽,與記載不符,韓說或有誤。《辭典》稱,高陵渭河南清眞寺,位於高陵通西安渭河南大路旁。〔註64〕其位置大體應在渭橋以南,耿鎮以北,渭水之陰的大道旁。《鄉土志》載:「除漢族外,僅有回民。自唐肅宗時助兵平安史之亂,其不欲回國者安插涇渭間,縣南之太華村,渭橋渡西之來家灘、韓村、米家崖皆為彼族生聚之地,後延及於城內,據父老云,戶止五百奇,其口不詳,習尚獷悍,歲轉販牛馬,往往賤食民禾,與漢民積釁,遂成前清同治元年(1862)之變,今轉徙他境,無遺類矣。」

13、太華村

太華村位於榆楚鄉政府駐地東北約 2.7 千米處,西禹公路西側,即今之榆楚鄉團莊村。民國年間,因村周圍築有圍牆,居住集中,改稱團莊。《光緒志》載有此村記為太華北、太華南二村。〔註65〕太華村有禮拜寺,建築年代無考。〔註66〕

14、韓村

韓村在今姬家鄉政府駐地南偏東約 2.5 千米處,南臨涇河。韓村建有清眞寺,據楊大業先生考證,咸豐年間,西安化覺巷米萬選曾在此任教。〔註67〕同治戰後,人遷寺毀,村名亦改為「興隆村」。民國年間始改為今名。今之村民遷自湖北和陝西的山陽、柞水等處,雖沿用原村之名,但無人知其含

〔註61〕樂成顯:《明代里甲編制原則與圖保劃分》,《史學集刊》1997 年第 4 期。

〔註62〕楊大業:《明清回族進士考略(九)》,《回族研究》2007 年第 2 期。

〔註63〕嘉靖《高陵縣志》卷二《祠廟》。

〔註64〕高陵縣地方志編纂委員會編,馬力勇、程勇主編:《高陵縣志》,西安:西安出版社,2000 年,第 616 頁。

〔註65〕高陵縣地名工作辦公室編:《高陵縣地名志》,中國人民解放軍八七二八五部隊印刷廠,1984 年,第 87 頁。

〔註66〕高陵縣地方志編纂委員會編,馬力勇、程勇主編:《高陵縣志》,西安:西安出版社,2000 年,第 672 頁。

〔註67〕楊大業:《明清回族進士考略(九)》,《回族研究》2007 年第 2 期。

義。〔註68〕

15、米家崖

米家崖應該是今馬家灣鄉米家崖村,在鄉政府駐地西約 0.3 千米處,鹿苑原北麓,渭水之陽。得名當地處崖下,米姓回民聚居。同治後回民西遷,後遷入者仍沿用原名。《民國圖》始載有此村名。〔註69〕

16、來家灘

來家灘今地何指不詳,從《鄉土志》行文上看,來家灘應該皆在渭橋渡以西,韓村以東,渭水以北的灘地上。《新志》稱:「明時縣境內的來家集(今耿鎮附近)、梁村、米家崖、韓村、太華村(今團莊村)、關馬寺等村居住著大量回民。」〔註70〕

17、來家集

來家集今地何指不詳,今耿鎮附近並無來姓村莊,亦無由來姓村改名者,同治戰後村已廢棄,湮沒無聞。

18、梁村

梁村應該是今馬家灣鄉梁村,位於鄉政府駐地西南約 2.2 千米處,瀕臨渭河北岸,鹿苑原南麓。相傳最初為梁姓所居,得名。村民多沿原窯居,呈長帶形,故有十里梁村之稱。村西南渭河上設有渡口,為早年通往西安之要津。《嘉靖志》即以大村載之,記為「良村」,《光緒志》將村分為三段,並改「良」為「梁」,記作「東梁村」、「中梁村」和「西梁村」。〔註71〕梁村是一個較大的村落,瀕臨渭河邊灘,又處渡口要津,同治以前,可能是一個回、漢雜居的村子,應該是回民在高陵的重要聚居點之一。

19、官馬寺

官馬寺村位於張卜鄉政府駐地東北約 3.5 千米處,涇惠七支渠以南。相傳,村建於官家牧馬的地方,初名官馬村。後來回民關、馬兩姓在村旁修建

〔註68〕 高陵縣地名工作辦公室編:《高陵縣地名志》,中國人民解放軍八七二八五部隊印刷廠,1984 年,第 102、103 頁。

〔註69〕 高陵縣地名工作辦公室編:《高陵縣地名志》,中國人民解放軍八七二八五部隊印刷廠,1984 年,第 69 頁。

〔註70〕 高陵縣地方志編纂委員會編,馬力勇、程勇主編:《高陵縣志》,西安:西安出版社,2000 年,第 671 頁。

〔註71〕 高陵縣地名工作辦公室編:《高陵縣地名志》,中國人民解放軍八七二八五部隊印刷廠,1984 年,第 70 頁。

了一所清眞寺，乃改名關馬寺。〔註72〕20 世紀 70 年代，曾在該村附近發現刻有回、漢文字的《法規常昭》碑一通。〔註73〕該村係回村應無疑問，關、馬兩姓建寺之說亦較可信，村建於官家牧馬之地，似屬望文生義，不足爲據。《光緒志》始載此村，名「官馬寺」，並注明爲客戶所居，顯然該村當建於同治戰前。

20、七留村

七留村位於榆楚鄉政府駐地西約 0.8 千米處，涇惠八支渠北側，即今之榆楚鄉西劉村。據傳，七留村以七戶劉姓留居於此得名，一說以七戶人家留居於此得名。後以諧音衍稱七流、西劉等。〔註74〕七留村有洪教院，明正統年間（1436～1449）重修，該村屬回村。〔註75〕《嘉靖志》以大村載入，並言「〔唐〕〔于志寧〕宅在縣西南七里七流村。」〔註76〕七流村即七留村。由此可見，七留村不但歷史悠久，而且規模較大。估計同治以前的七留村，可能不是一個純回民的村落。而從七流村的稱謂來看，後世所稱村名源於七戶留居顯係望文生義，不足爲據。

21、喇叭莊

喇叭莊在渭橋附近，即今之耿鎮喇叭莊，位於鄉政府駐地北約 1.9 千米處，西禹公路西側，北臨渭河。據傳初爲回民所居，是以村民喇叭的名字而得名的。據臨潼馬坊頭米遇春說：「行者橋、回回道、三府、蔡家莊一直到高陵的喇叭莊，各村都有回回。」〔註77〕

22、買家村

平涼買家灣買德明講：「我們姓買的祖籍是高陵人，趕井家的集。」〔註78〕

〔註72〕高陵縣地名工作辦公室編：《高陵縣地名志》，中國人民解放軍八七二八五部隊印刷廠，1984 年，第 79 頁。

〔註73〕高陵縣地方志編纂委員會辦公室編：《高陵名村》，內部發行，2008 年，第 44 頁。

〔註74〕高陵縣地名工作辦公室編：《高陵縣地名志》，中國人民解放軍八七二八五部隊印刷廠，1984 年，第 86 頁。

〔註75〕高陵縣地方志編纂委員會編，馬力勇、程勇主編：《高陵縣志》，西安：西安出版社，2000 年，第 672 頁。

〔註76〕嘉靖《高陵縣志》卷七《邸宅陵墓》。

〔註77〕馬長壽主編：《同治年間陝西回民起義歷史調查記錄》，西安：陝西人民出版社，1993 年，第 145 頁。

〔註78〕馬長壽主編：《同治年間陝西回民起義歷史調查記錄》，西安：陝西人民出版

西遷甘肅的陝西回民現居村莊名稱很多都以原村相稱，高陵耿家集西南有買家村，即今灞橋區買家村，買德明所稱買家灣之名很可能源於此，果如此，買家村當為回村。

以上合上、下二拜家村，高陵縣同治以前的確考回村實共 24 處。

23、高度疑似回村：關市、來家村、耿鎮

除以上確考的回村外，有一些村落可能也是回民聚居之所，渭河南回族聚落群以耿鎮為首，鎮上是否有回民聚居雖無史料佐證，但該鎮四圍盡皆回村，鎮上有回民聚居的可能性極大。又如灣子鄉的關市，相傳明中葉，村旁有關家修建寺院一所，人稱關家寺，村以寺名。後簡稱關寺，又以同音寫為官寺，諧音寫為關市。〔註 79〕該村得名與張卜鄉官馬寺村相似，很有可能是回村。高陵縣有來姓回民聚居，渭橋西來家灘與耿鎮來家集均為回村，通遠鄉有來家村，相傳，清初因來姓居此而得名，該村有可能是回村。〔註 80〕

24、疑似回村：10 個馬姓村。

高陵村名中有「馬」字，且源於姓者，現有 10 處，分別是馬家灣鄉的馬家灣、張卜鄉的今古渡馬家、馬家溝、馬家〔註 81〕、馬家、〔註 82〕崇皇鄉的三馬白、姬家鄉的康橋馬、藥惠鄉的馬家、馬家窰、通遠鄉的吳鄭坊馬家等。馬姓為回族首姓，俗有「十個回回九個馬之說」，高陵城鄉回民眾多，這 10 個村落雖然無法準確判斷哪個是回村，但其中可能有部分，甚或大部分是回村。

以上信息匯總，同治以前高陵回村 37 個，其中確考的回村有 24 個，高度疑似回村 3 個，疑似回村 10 個。見圖 5.3。

三、同治以前高陵的回族人口規模

同治以前高陵縣回族人口的具體數量，目前沒有看到有確切的記載。但高陵位居關中腹地，是戰前陝西省回族人口最多的州縣之一。高陵回民，有

社，1993 年，第 402 頁。
〔註 79〕高陵縣地方志編纂委員會辦公室編：《高陵名村》，內部發行，2008 年，第 78 頁；高陵縣地名工作辦公室編：《高陵縣地名志》，中國人民解放軍八七二八五部隊印刷廠，1984 年，第 138 頁。
〔註 80〕高陵縣地名工作辦公室編：《高陵縣地名志》，中國人民解放軍八七二八五部隊印刷廠，1984 年，第 128 頁。
〔註 81〕鄉政府駐地東偏南 3.15 千米處。
〔註 82〕鄉政府駐地西北約 2.5 千米處。

圖5.3　同治以前高陵縣回族聚落

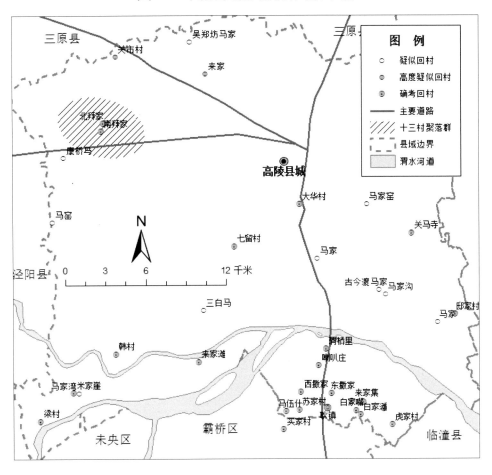

一部分聚居縣城之內，但人數不多。西北十三村，雖然村落數目不少，但從前引文來看，十三村不過二百餘戶，人數大概也就千餘人。更多的則分佈在涇渭交界的渭河以南地方。浙江海寧人吳紹龍康熙四十九年（1710）任高陵知縣，志書中對他的記載只有簡單的一句話，即「清灘田，理鹽法，分漢、回，民便之。」〔註83〕這段記載表明，吳紹龍主政高陵時，他為地方上做的最主要的事情，就是比較好的處理了回、漢之間爭奪灘田的糾紛。因此頗有政聲，民皆便之。不管這是不是溢美之詞，所謂「清灘田、分漢、回」恰恰顯示了清初高陵鄉村生活中的一個側面，回、漢之間，為爭奪這些邊角灘地，極易產生糾紛；另一方面，這恰恰也說明，在高陵這些地方，自清初以來，

〔註83〕光緒《高陵縣續志》卷四《官師傳》。

回民不但有一定規模，而且人數顯然不少。

　　陝西巡撫畢沅曾在西北爲官 20 餘年，對關中民情相當熟悉。他在乾隆四十六年（1781）六月份的一份奏摺中稱：「陝省各屬地方，回民居住較他省爲多。而西安府城及本屬之長安、渭南、臨潼、高陵、咸陽及同州府屬之大荔、華州，漢中府屬之南鄭等州縣，回民多聚堡而居，人口更爲稠密。」〔註 84〕他的說法應該比較可靠，戰前高陵回族人口眾多，沒有什麼疑問。筆者在本書第四章對戰前陝西回族人口峰值的研究中，綜合各家說法，把高陵列爲全陝西回族人口數量最多的 19 個州縣之一。

　　多隆阿在同治二年（1863）冬天的一份奏摺中稱：「陝西回類不下數十萬眾，如大荔、渭南、高陵等處，回戶十居其七，餘可類推。」〔註 85〕同治戰前，高陵縣總人口大約有六萬多。〔註 86〕如果多隆阿所奏屬實，回族人口在全縣人口中占比高達七成，那麼其人數就有 4 萬多口。但從第四章研究來看，包括高陵在內的關中回族人口數量最多的十幾個州縣中，戰前其人口占比最高大概也就在三四成左右。從同治二年（1863）冬天關中的戰爭態勢來看，清軍面臨比較大的壓力，作爲統領的多隆阿在奏報中有刻意誇大回民人數之嫌，以便爲自己作戰不利尋找藉口。筆者認爲，其所言高陵回戶十居其七之數，不太可信。

　　《鄉土志》稱清代高陵縣內回民共有 500 多戶，〔註 87〕以此估計，高陵回族人口僅有兩三千人。對於這一數據，原書沒有說明是同治戰前還是戰後。如指戰前回族人口，回族人口兩三千人僅及全縣人口的 5% 左右，顯然與事實不符。如指戰後人口，那與事實相去更遠。戰後高陵回民盡族西遷，幾近絕跡，1982 年全國第三次人口普查時，全縣回族人口也僅 49 人。前引文高陵西北上、下拜家十三村回眾有二百餘戶。南部的耿鎭一帶回族聚落更多，人口更眾。500 戶之數，顯然並非眞實的人口數。這大概與《秦疆治略》言之鑿鑿稱渭南縣回民 3,000 人一樣，有刻意隱瞞之嫌。或者就是作者不瞭解實情，途

〔註84〕　乾隆四十六年（1781）六月十四日署理陝西巡撫畢沅奏摺，〔清〕劉智編：《天方至聖實錄年譜》。

〔註85〕　同治二年（1863）十一月初六日（戊申）多隆阿奏，見〔清〕奕訢等編修《欽定平定陝甘新疆回匪方略》卷五六。

〔註86〕　〔清〕盧坤：《秦疆治略·高陵縣》。

〔註87〕　高陵縣地方志編纂委員會編，馬力勇、程勇主編：《高陵縣志》，西安：西安出版社，2000 年，第 672 頁。

聽途說或隨意編造之詞。同樣的記載還見於其他地方官員的奏摺。比如，同治元年（1862）夏西安將軍托明阿等奏稱：「大荔回匪竄到同州府城，圍攻八晝夜……城中兵少糧缺，若日久無援，恐難力保危城，其咸陽、涇陽、三原、臨潼、高陵各縣，均有回匪數千。」〔註88〕此時渭南戰事甫起，同州以西各處尚未受到嚴重波及，作爲西安將軍，托明阿對戰爭態勢及地方回人口狀況完全不瞭解。

高陵是戰前關中回族人口最多的 19 個廳縣之一，以前文研究實踐來看，戰前高陵回族人口占比，至少也應該在一兩成左右，據此估計，高陵回民或許有一萬人左右。即使再多一些，亦非不可能。與周圍各縣相比，高陵縣戰前回族人口數量較少，這可能與其自然環境有一定關係。高陵號稱「關中白菜心」，其地處關中腹地，自古農業發達，漢民世居墾殖，邊角灘地較少。馬長壽先生在分析西安城郊回族人口分佈格局時稱：「回民遷來時，這裡的熟地、好地早已爲漢民種植經營，回民爲了生活，只能在村外依附，或在河灘、湖邊披荊斬棘，開出一片片土地，進行生產。」〔註89〕高陵的情況恐怕與之類似，回民落腳之地少，人口自然就少。清人盧坤稱，高陵「地係平原，邑甚偏小，無山川險阻之區……南鄉回民雜處，頗爲強悍，宜徹戒之。」〔註90〕涇、渭穿行高陵南境，沿河一帶多邊角灘地，是以南鄉臨渭一帶回族人口相對較多，這與前面的分析是相符的。

第三節　同治以前關中回族聚落：一個較大區域的嘗試

陝西爲中國回回教門之根，是西來的回回先民最初的目的地和落居地。而關中地區則是全陝精華所在，同治以前陝西全省一百數十萬回民中，有近 80%的人口都集中在關中渭河兩岸。清人稱，陝西省回民本居於三府二州沃壤之地，指的就是這一區域。三府二州，即西安、同州、鳳翔三府和乾和邠二州。因此，選擇這樣一個區域來考證戰前回族聚落，具有很強的代表性。

〔註88〕 同治元年（1862）六十五日（雨寅）托明阿、瑛棨孔廣順奏，見〔清〕奕訢等編修《欽定平定陝甘新疆回匪方略》卷一三。

〔註89〕 馬長壽主編：《同治年間陝西回民起義歷史調查記錄》，西安：陝西人民出版社，1993 年，第 477 頁。

〔註90〕 〔清〕盧坤：《秦疆治略·高陵縣》。

同時，這一區域空間範圍大小適中，保留的文獻也相對較多，對於研究工作的開展比較有利。

一、西安府回族聚落考證

同治以前，西安府共包括西安省城和長安縣（附廓）、咸寧縣（附廓）、咸陽縣、興平縣、臨潼縣、藍田縣、富平縣、三原縣、盩厔縣、渭南縣、涇陽縣、高陵縣、鄠縣、醴泉縣、同官縣、耀州、孝義廳、寧陝廳等 19 個州、縣、廳。西安府地處關中平原中部，東界同州，西鄰鳳翔，渭水自西徂東，穿境而過。同治西北戰爭以前，西安府是陝西省回族人口最多，分佈最集中的地區之一，尤其是省城西安及其東西兩翼渭河南北兩岸的狹長地帶，回族人口數量尤眾。王宗維指出，戰前西安府的回民主要分佈在渭河兩岸以及從南向北流入渭河的灃、皂、滻、灞下游，特別是諸水入渭的地區，其說當是。〔註 91〕從行政區的角度來看，省城之外，咸寧、長安、渭南、富平、臨潼、咸陽等縣回族人口最多，高陵、涇陽、藍田等縣次之，三原、興平、醴泉、鄠縣、盩厔、耀州及其他各州縣再次。

1、省城西安

同治戰前西安城內回族人口大約在兩萬人左右，至於回坊的數目，則或曰 7 坊，或曰 13 坊，頗有不同，如馬光啓《陝西回教概況》中即稱舊傳城內禮拜寺共 7 處，即 7 坊，〔註 92〕舊時確指為何時，馬氏並未言明，後世或以其所指為同治戰前，實為誤讀。城內 7 坊禮拜寺之說或源於署理陝西巡撫畢沅《查禁新教苛撫激變疏》中所稱：「省城西安，回民不下數千家，城中禮拜寺七座，其最大者係唐時建立」等。〔註 93〕化覺巷清真寺《畢老大人德政碑》亦稱：「西安省城有禮拜七寺，相沿故事，持誦經文。」〔註 94〕畢沅在乾隆三十五年（1770）後先後署理陝西按察使、陝西布政使以及陝西巡撫等職，而《畢老大人德政碑》為回民官員米天成等人於乾隆四十六年（1781）十月所立，因此 7 坊之說反映的應當是乾隆中後期西安城內回民的狀況。實際上，7

〔註 91〕 王宗維：《清代中葉前西安地區回民的分佈和經濟生活》，《西北歷史研究》1988 年號，第 109 頁。

〔註 92〕 馬光啓：《陝西回教概況》，見馬長壽主編《同治年間陝西回民起義歷史調查記錄》，西安：陝西人民出版社，1993 年，第 219 頁。

〔註 93〕 蕭一山：《清代通史》，上海：商務印書館，1928 年，下冊，第 624 頁。

〔註 94〕 馬長壽主編：《同治年間陝西回民起義歷史調查記錄》，西安：陝西人民出版社，1993 年，第 187 頁。

坊以外還有 1 坊，即城東南隅之小清眞寺，因規模極小，不爲人所重視。合而計之，乾隆中後期，西安城內回民共有 8 坊。

13 坊之說以左宗棠所言較有影響，左氏奏摺中曾稱，西安城內回民世居西北，有 13 坊。〔註95〕民間口述史料中亦有此說法，如原西安市民委副主任馬平甫就曾講，西安城內有回民 13 坊，在城內西北角，現在的北院叫宣平坊，其家就是宣平坊的馬伯齡家。〔註96〕由此可見，同治戰前，西安城內實際的回坊數是 13 個，而非 7 個。韓敏、周偉洲兩位先生皆認同此說，〔註97〕從乾隆中後期的 7 坊增加到同治戰前的 13 坊，這是近百年間城內回族人口不斷發展壯大的結果。

根據民國馬光啓先生的記載和其他資料匯總分析，戰前 13 個禮拜寺中目前僅知曉其中 10 個禮拜寺的確切名稱及方位。這 10 個禮拜寺基本上以今西安城鼓樓爲中心，以南、北大街爲分，東西各 4 坊，南部 2 坊。現將這 10 坊禮拜寺名稱、方位具體分述如下：

○西部 4 寺：（1）大學習巷禮拜寺，寺在大學習巷街的北端，相傳係唐中宗乙巳年（705）創建之禮拜寺，此說實誤，據馮增烈考證，該寺應當創建於宋代；〔註98〕（2）小學習巷禮拜寺，寺在小學習巷街的南端往西，號「營里寺」，始建於乾隆甲午年，即公元 1774 年；（3）灑金橋禮拜寺，寺在灑金橋街的中部，即今灑金橋，在大學習巷的西北，據父老相傳，其寺建於清康熙年間，具體無考；（4）宣平禮拜寺，寺在北院街。

○東部 4 寺：（5）化覺巷禮拜寺，寺在化覺巷街的南端，即今西安鼓樓西北的化覺巷內，又稱：「化覺巷清眞大寺」，因在大學習巷清眞寺以東，故又稱爲「東大寺」。相傳創建於唐天寶年間，歷經宋元明清諸朝，迭經敕修，又稱「清修寺」；（6）廣濟院禮拜寺，寺在本街南端中部，俗稱「小寺」，或建於清初，具體年無考；（7）大皮院禮拜寺，寺在本街之西南端，俗稱「大皮院寺」，建於明代，具體無考；（8）小皮院禮拜寺，寺在本街南端中部，俗

〔註95〕〔清〕左宗棠：《左文襄公奏疏續編》卷三一。

〔註96〕馬長壽主編：《同治年間陝西回民起義歷史調查記錄》，西安：陝西人民出版社，1993 年，第 168 頁。

〔註97〕韓敏：《清代同治年間陝西回民起義史》，西安：陝西人民出版社，2006 年，第 5 頁。

〔註98〕馬長壽主編：《同治年間陝西回民起義歷史調查記錄》，西安：陝西人民出版社，1993 年，第 186～187 頁。

稱「小皮院寺」，亦建於明代，具體無考。

　　○南部 2 寺：(9) 南城西禮拜寺，寺在回回巷西口內，俗稱南城寺，又稱西寺，係清初漢軍八旗中回教人所建。(10) 南城東寺，寺在清涼寺附近。東寺建置時間不詳，據西安趕車出身的 73 歲回民老漢馬金榜講：「西安城內的回民雖然未經上陣，逃了一條活命，但城內的日子很不好過⋯⋯那時回民晨禮連喚拜都不敢高呼，只用梆敲打。回回當時埋人埋不下了，有的走大街到南城去埋。南城一共有兩座清眞寺，一座在清涼寺附近，稱東寺。另一座即今南城寺，稱西寺。」馬金榜所述之事，在回民事變之後，當時的回民顯然沒有條件在城內建立新的禮拜寺，故，東寺當建於同治以前應無疑問。

　　清人余澍疇稱，同治以前省城西安「節署前、後、左、右、迤北一帶，教門煙戶數萬家，幾居城之半。教堂經樓，高矗雲天，氣勢雄壯。紳富三分之一，樂業安居，自成風俗。」〔註 99〕節署是官署或官衙的別稱，所指當爲陝西藩臺衙門和西安府衙，前者在今鼓樓東北的糧道巷，後者在其附近，即現在的鐘鼓樓之間的社會路東側。戰前回族人口的分佈，即以此爲中心，這一點從禮拜寺的分佈上可以得到印證。如以清西安城牆爲界，從方位上來看，節署鼓樓一帶，應該位於西安城的西南部，也就是說，清代西安城內的回民主要集中在城西南一帶。然而世言清代西安城內回民之分佈，皆言其在西北一隅，如前引原西安市民委副主任馬平甫講宣平坊所在的北院街，實際上就在鼓樓西北部。產生這種偏差的原因，可能主要是清代滿城佔據西安城的東北大片區域，清人及後人描述城內回民分佈時，或以鼓樓爲城之中心，城內回民多在鼓樓西北之區。

　　同治西北戰爭前後西安城內回民坊數及回族人口數的變化亦頗多爭議，馬光啓在《陝西回教概況》一書對戰後城內回民人數、坊數及分佈有相當明確的記載，11 坊中有 8 坊即乾隆中後期 8 坊，其餘 3 坊爲民國時所建，回教居民，大約不過一千餘戶。然戰前城內 13 坊回民，人數多至數萬，戰時城內回民未受波及，人口損失有限，又有大批四鄉回民入城避難，如此戰後城內回民人數應當更多。1953 年第一次全國人口普查數據顯示，西安市回民有19,330 人，〔註 100〕馬光啓所說或有誤。

〔註 99〕　〔清〕余澍疇：《秦隴回務紀略》卷一，見中國史學會編，白壽彝主編《回民起義》第 4 冊，上海：神州國光社，1952 年，第 219 頁。
〔註 100〕　中央人口調查登記辦公室：《中華人民共和國一九五三年人口調查統計彙編》，北京：國家統計局人口統計司，1986 年翻印，第 169 頁。

根據已有史料，同治以西安城內可考的城鄉回民寺坊共 10 處，即：大學習巷寺、小學習巷寺、灑金橋寺、宣平寺、化覺巷寺（東大寺、清修寺）、廣濟院寺（小寺）、大皮院寺、小皮院寺、南城西寺、南城東寺。

2、西安城外四鄉（咸寧、長安兩縣城外部分）

咸寧、長安同為西安府附廓，兩縣縣衙均在西安城內，以鼓樓為界，分治東西，號稱東縣、西縣。西安城外，北鄉、東鄉隸屬咸寧縣，南鄉、西鄉劃歸長安縣。民國三年（1914）咸寧縣併入長安縣，民國十九年（1930）後，西安開始設市，縣不再管理西安城關。〔註 101〕同治以前，西安城外四鄉為回民聚居之所，不但人口眾多，而且分佈廣泛。僅乾隆二十四年（1759）西安四鄉八鎮回民公立馬氏祖塋碑上就記載了 64 個回民村坊，從方位來看，〔註 102〕這 64 個村落的記載順序從西安南關開始，經過西南郊、西郊、西北郊、北郊、東郊，最後至西安東北郊與臨潼交界處。〔註 103〕這些回村大部分都分佈在長安西南鄉和咸寧東北鄉，也就是西安城的西南和東北兩個方向上。馬氏祖塋碑所載回坊並非同治以前西安四鄉回坊的全部，這一點當年的調查者及後來的研究者都已指明。

嘉慶《重修咸寧縣志》記稱：「北鄉當渭水濱，土地平衍，尚節儉。東北諸社，土宜藍，沙河則皆回民，設條教，立義塾，涵儒既久，蒸蒸向化焉。」〔註 104〕民間口耳相傳的知識亦稱，北鄉回民「從西安北門外馬家堡直達涇陽塔底下，這一帶有大、小清真寺百餘所，人口達五十萬之眾。」〔註 105〕又據

〔註 101〕傅林祥、鄭寶恒：《中國行政區劃通史・中華民國卷》，上海：復旦大學出版社，2007 年，第 398 頁。

〔註 102〕該碑立於光大門村南馬氏祖塋上的石碑總共兩塊，其中一塊除上半部的阿文外，下半部以漢文注明了咸、長各村公立碑石的村坊名，這塊石碑民國十八年（1929 年）由馬靜山掌教發現，在研究西安回民教坊及聚落分佈上，具有極其重要的史料價值。1956 年西北大學馬長壽先生、馮增烈先生等人在進行清西北回民起義歷史調查時，對碑的內容進行了詳細的記錄和考訂。馬長壽主編《同治年間陝西回民起義歷史調查記錄》（第 173 頁）所載馬氏祖塋碑回坊數為 63 坊。韓敏認為「廣大門馬氏祖塋乾隆二十四年石碑記載：西安城四鄉回民有六十四坊。」（韓敏、李希哲：《清代乾隆年間西安城四鄉回民六十四坊考》，《伊斯蘭文化研究》2001 年第 3 期）比原文多出的一坊似將長條村二坊解讀為 2 個坊，其說當是。

〔註 103〕郭琦、史念海、張豈之主編，周偉洲著：《陝西通史・民族卷》，西安：陝西師範大學出版社，1997 年，第 274 頁。

〔註 104〕嘉慶《重修咸寧縣志》卷一〇《地理志》。

〔註 105〕馬長壽主編：《同治年間陝西回民起義歷史調查記錄》，西安：陝西人民出版

馬繼昭（《陝西回教概況》作者馬光啓之子）講，回民大多分佈在西、北二鄉，南鄉偏東南從八里坡到鯨魚溝也有回民……曲江池東南東高橋有一清眞寺遺址。〔註106〕當年調查者馮增烈認爲，這許多寺坊可能是當時咸、長四鄉較大的坊寺，而且它們和光大門坊可能有更多的宗教聯繫。但總的來說，咸、長四鄉的回村以東北、西南兩鄉爲最多，是完全可以肯定的。

馬氏祖塋碑是當時四鄉八鎮回民爲馬氏高祖先賢「三圪塔爸」公立的，其最初的目的可能出於紀念或歌頌功德，每一村坊的名稱下面有「三位掌教及閣坊人等」〔註107〕字樣，雖然碑文注明爲「四鄉回民公立」，但參與立碑的63 坊，實際上只是西安四鄉回坊中和光大坊馬家關係較密切者或者宗教上有較多聯繫者，從這個角度出發，也就很容易理解爲什麼參與立碑者又有平涼、靈臺、咸陽普家灣以及同州、涇陽等地的人員。很顯然，這似乎與坊的大小並無關係。但如此眾多的回坊爲同一人立碑說明，馬氏是當地回民中的望族，在咸、長兩縣及臨近地區有較大的影響力。

據化覺巷老阿訇安志傑講：「西安城外有回民六十四坊，或云八十餘坊，人民多以務農爲業。」〔註108〕果如其所言，咸、長兩縣四鄉的大多數回坊都參與了這一活動。另外，從時間上看，這些教坊及聚落名稱代表的也僅僅是乾隆前中期的狀況而非同治戰前。從乾隆中期至同治以前的這段時間，是陝西回族人口大發展的時期。因此，至同治戰前，咸、長兩縣回坊及村落分佈，遠較乾隆中期更爲密集。〔註109〕據此大略可以鳥瞰戰前西安四鄉回族聚落密集分佈，尤以北鄉、東北鄉和西南鄉爲最的繁盛情形。

值得注意的是，回坊數與回族聚落數並不是同一概念，後者顯然要遠多於前者。戰前回族聚落分佈密集，規模大都較小，往往有數村爲一坊者，如廣大門實際上包括五村，「從南而北是馬家灣、上堡子、窯場、什字、後街。全村舊制共有十甲，回民是第七甲和八甲，其餘均爲漢人。當時回民一部分住於馬家灣，計二十四戶，全是窯洞；一部分住於上堡子村南三分之一處，

社，1993年，第163頁。

〔註106〕馬長壽主編：《同治年間陝西回民起義歷史調查記錄》，西安：陝西人民出版社，1993年，第195頁。

〔註107〕「閣」字行文不通，似當爲「各」字，可能原書出版時校勘錯誤。

〔註108〕馬長壽主編：《同治年間陝西回民起義歷史調查記錄》，西安：陝西人民出版社，1993年，第185頁。

〔註109〕馬長壽主編：《同治年間陝西回民起義歷史調查記錄》，西安：陝西人民出版社，1993年，第175頁。

和漢人同村，亦有二十四戶，共四十八戶。漢人全村有八十餘戶。」〔註110〕因此，廣大門坊實際上包括馬家灣和上堡子兩個回民自然村。〔註111〕當然，亦有一村分為數坊者，如長條村二坊這一名稱。從碑文格式每一村坊名稱下都有「三位掌教及閣坊人等」字樣來看，長條村二坊顯然不是聚落名稱，而是坊名，即指長條村的二個坊。由此可見，長條村很可能是一個回族人口較多的村子，且至少應該有兩個坊。就整體上來看，戰前西安城外四鄉的回族聚落，相當一部分地區表現為成片分佈。

　　現以馬氏祖塋碑所載村名為綱，輔之以其他零星的史料如方志、官方奏摺以及調查記錄等，對戰前西安城外四鄉回族聚落或回、漢雜居聚落的名稱及大體方位梳理。

　　○光大門馬氏祖塋碑所載回族聚落：南關村、解家村、糜家橋、上馬村、下馬村、杜城村、方橋頭、沈家橋、河灣村、鋪上、曹呂村、三會寺、皂河村、東北石橋、西北石橋、涼樓灘、灣子里、八家村、劉家寨、城角里、長條村、北關廟、西荣園、東荣園、午門村、八府莊、石碑寨、井而上、大梁村、石家洼、東劉村、草灘里、橋上、牛而寺、方村、東鋪上、米家崖、沙家莊、新莊里、水窰堡、團莊里、洛家堡、溝上、疙瘩寺、西草店村、八家里、馮家灘、杏園頭東堡、杏園頭西堡、東沙西堡村、沙河老堡村、東草店、唐家村、上班家村、下班家村、南擺村、北擺村、寇家東堡、寇家西堡、蘇家堡、光大門馬家灣、光大門上堡子：以上光大門馬氏祖塋碑所涉及屬咸長兩縣者，總計 62 個回族聚落。馬氏祖塋碑所載村坊合而計共 64 個回坊，其中長條村一村分為二坊，因此，64 坊實際只涉及 63 個聚落名稱，共 72 個回民村。〔註112〕其中馬五十東西二堡、東全子頭、東撒家村、白家灘、白家咀、

〔註110〕馬長壽主編：《同治年間陝西回民起義歷史調查記錄》，西安：陝西人民出版社，1993 年，第 210～211 頁。

〔註111〕馬長壽先生當年調查時，據一位楊姓老人講，光大門的高堡子原來是半回半漢地住者，在馬氏祖塋東北五十步的高檯子上，曾是當日的清真寺，此高堡子顯然是指上堡子。馬長壽主編：《同治年間陝西回民起義歷史調查記錄》，西安：陝西人民出版社，1993 年，第 192 頁。民國《咸寧長安兩縣續志》，光太廟（即光大門）四村，馬家灣在光太廟四村內。

〔註112〕周偉洲在前引書中指出：「根據調查者的研究，此碑共列 71 坊名。」實際上，如上文所言，調查者當年所記述的是 63 坊，而非 71 坊。周先生所言 71 坊或為碑文載 64 坊所涉及的回族聚落數。64 坊中長條村二坊一村分為二坊，又有 8 個坊為數村為一坊者，這 8 坊涉及的村落分別是：東、西北石橋，杏園頭東、西二堡，東沙河二村，上、下班家，南、北擺鐵二村，寇家

西撒家村、抵家村等 7 個坊，共計 8 個回族聚落，韓敏考證認爲應在高陵縣渭河以南的耿家集一帶，其所屬高陵縣當無疑問。行車橋顯然係行者橋之誤，當爲臨潼著名回族聚落之行者橋。蘇家堡，馬長壽、韓敏均無考證。從方位上看，馬氏祖塋碑 64 坊大多在西安城的東北鄉及與之接壤的高陵東南鄉一帶，西安西北有蘇家堡，即今之西安市未央區蘇家堡村，該村東臨灞河，東距臨潼很近，北距高陵亦不遠，碑文所載蘇家堡似是該村。以上合計總共 8 個坊，9 個回族聚落。因此，馬氏祖塋碑所載 64 個回坊中，屬於咸、長兩縣者共 56 坊，62 個回族聚落。

以上回族聚落作如下說明：河灣村即三河灣；曹呂村即曹里村；鋪上即西鋪上，同治元年（1862）五月十五日，馬德興將解家村等處回民男婦聚於西鋪上，以求自保，即此處。〔註 113〕解家村在西關出西稍門偏南，有回民200 餘戶，是個大村，內有中馬家、東馬家等自然村；〔註 114〕河灣、曹呂、鋪上 3 村屬長安河池廒，在城南 20 里；三會寺俗稱賽會寺、散回子，屬長安郭杜廒，在城西南 30 里；東北石橋、西北石橋 2 個回村分屬魚化和五寺二廒，在城西 20 里；劉家賽即劉家寨，八家里又稱八家灘，這 2 村與皁河村同屬長安葉馬廒，在城西北 10 里；北關廂即北關；石碑賽即石碑寨；井而上或稱轆轤井；水窯堡即水腰堡；光大門內有 4 個村子（一說 5 個村子），其中馬家灣和上堡子兩村爲回村。民國《咸寧長安兩縣續志》載：「光太廟四村、馬家灣（在光太廟四村內）……按前志，菜園前村、張家堡俱係回民所居，自同治後，已無村落，菜園前村今爲回民墳。」〔註 115〕5 村之說見前文正文處所引。推測廣大門應爲一個總稱，或僅爲坊名而非村名。以上北關廂、石碑寨、井而上、水窯堡及光大門兩村與灣子里、西菜園、東菜園、午門村、八府莊、洛家堡同屬咸寧午門倉，在城北 3 里；十里鋪俗稱東十里鋪，同治西北戰時村民入城避難，故西安城內回民有祖籍於此者。十里鋪與溝上同屬白花倉，在城北 10 里。城角里即城角村；長條村原碑文爲長條村二坊，當年

東、西二堡，馬五十東、西二堡以及廣大門的兩個回村，合而計之總計 71個村落。

〔註113〕馬長壽主編：《同治年間陝西回民起義歷史調查記錄》，西安：陝西人民出版社，1993 年，第 166 頁。

〔註114〕馬長壽主編：《同治年間陝西回民起義歷史調查記錄》，西安：陝西人民出版社，1993 年，第 205 頁。

〔註115〕民國《咸寧長安兩縣續志》卷四《地理志》。

調查者無考，後世亦多以此稱之，但長條村二坊顯然不是村聚名稱，而是立碑時的該村坊數，一村獨有二坊，回民人數可能較多。以上 2 村與涼樓灘同屬長安楊善廠，在城北 15 里。團莊里的具體位置不詳，馮增烈先生根據碑文順序推測似在咸寧午門倉，但又因民國《咸寧長安兩縣續志》於東陵下注云：「馬坊團莊，今無考，」故不知孰是。個人傾向於前者，即屬咸寧午門倉，在水窯、洛家兩村之間。八家里或稱八家馬，與西草店村同屬咸寧北辰倉，在城北 20 里。馮家灘在城北 30 里的馬廠。東鋪上、米家崖、新莊里 3 村屬咸寧幹兒垛倉，在城東北 7 里。牛而寺即南北牛珥寺，屬咸寧沙谷堆倉，在城東北 13 里。橋上據楊姓老人談，即灞橋鎮；方村即方家村。此 2 村屬咸寧路家灣倉，在城東北 25 里。杏園頭東西兩堡即杏園老堡和南堡，屬咸寧新築鎮倉，在城東北 30 里，胡太師一傳弟子馮阿訇〔註116〕即西安城東 30 里杏園頭人。東沙河二村即沙河西堡村、老堡村，屬咸寧沙河倉，在城東北 35 里。唐家村即回回唐家；上下班家即班家堡或八軍堡；南北拜錢二村即南擺村、北擺村。此 3 村與東草店、寇家東西二堡同屬咸寧中原倉，在城東北 45 里。疙瘩寺在城東北 45 里，民國《咸寧長安兩縣續志》載曹渠倉有疙瘩廟，或即此村。沙家莊具體方位不詳，馮增烈先生認為，從方位上，沙家莊可能在咸寧幹兒垛倉。石家挖或稱石家道，「挖」字用在地名中極為罕見，疑「挖」字應為「洼」字，原書出版校勘有誤；草灘里即草灘村。此 2 村與東劉村同屬咸寧曹家堡倉，在城東 20 里。大梁村具體方位不詳，馮增烈先生認為，從方位上看，大梁村或屬於咸寧曹家堡。

　　○木塔寨北堡、查張村西堡、塔坡、海家村、普家壕、呂家壕、西堡、雙樓子、高橋、雙橋頭：據西安趕車出身的馬金榜講：「西安當時有十八廠……回村計五十四，我記得的有木塔寨北堡、查張村西堡、鋪上、塔坡、杜城、沈家橋、雙橋頭、西堡、糜家橋、海家村、北石橋、三會寺、劉家寨、雙樓子、高橋、普家壕、呂家壕、長條村、東西荣園、北草灘、井上、石碑寨等，東北上我不清楚。」〔註117〕從地圖上看，以上村落的方位，大體是在西安城的西南、南、東南及北部。與馬氏祖塋碑所載村坊名名相對照，去其重複者，略作考證：木塔寨北堡、查張村西堡，在城西南。雙橋頭，在城南，長安區

〔註116〕生卒時間約為 1550～1640，排行二，俗稱老二巴巴，也稱馮二阿訇。
〔註117〕馬長壽主編：《同治年間陝西回民起義歷史調查記錄》，西安：陝西人民出版社，1993 年，第 200 頁。

橋頭村。西堡，城東南，長安區西堡村。高橋在東南。普家壩未知待考。呂家壩在城西北一帶。塔坡在城南 15 里，屬長安姜村廠。又北草灘一村，似與呂家壩臨近，亦應在城西北一帶，似即碑文中所載的東西草店子。海家村與糜家橋北石橋等村鄰近，應在城西 20 里左右。民國《咸寧長安兩縣續志》載：「海家村係回民村，同治後已無村落。」

○海家坡、拜家村、計家村、馬務北堡、赫家村、南場：據灃西馬壬廠馮村人山啓瑋講：「我們灃西有海家坡、拜家村、計家村、馬務北堡、赫家村以及南場等地，皆是回民所居。此一帶回民為馮集廠的柏景偉鄉團所殺洗，後來斗門鎮一帶所埶的回軍，則與此處漢團隔灃河對峙。」〔註 118〕灃西在今西安市灃河以西的馬王鎮一帶，上述回村當即在此附近。斗門鎮在其東北的灃河以東，相距不遠。這與山啓瑋所講斗門鎮柏景偉鄉團洗殺該處回民的情節相脗合。

○劉家寨、葉家寨、小白楊、大白楊、張家村：這些村落在徐家堡以南一帶，徐家堡，即今西安市北郊未央區徐家堡老村。〔註 119〕民間口述相傳，這一帶以同治以前都有回民居住。

○東留村、西留村：據馬仲良講：「長安南郊有紅溝岸、塔坡、杜城和東西留村諸戰役。除紅溝岸外，其他諸地都是回村，現仍有被屠回民的墳墓云。」〔註 120〕東、西留村具體位置待考。

○泥河子、皀河灣、焦家村、鐵鎖村：據調查：「六村堡在三橋東北約十里處，距城約二十里，其西、南兩面環繞之回村有泥河子、八家灘、皀河灣、焦家村、鐵鎖村、劉家寨等……八家灘有一座清真寺；焦家村有一處回民公墓地。」〔註 121〕六村堡舊圍牆的北、西兩面是利用漢故城舊牆修築而成。相傳此故城西北角名「拐角城」，蓋因地築牆，至此達一高阜，故名「拐角」。六村堡即今西安市西北未央區之六村堡，以上諸回村皆在六村堡的西、南兩面。

〔註 118〕馬長壽主編：《同治年間陝西回民起義歷史調查記錄》，西安：陝西人民出版社，1993 年，第 204 頁。

〔註 119〕馬長壽主編：《同治年間陝西回民起義歷史調查記錄》，西安：陝西人民出版社，1993 年，第 205 頁。

〔註 120〕馬長壽主編：《同治年間陝西回民起義歷史調查記錄》，西安：陝西人民出版社，1993 年，第 181 頁。

〔註 121〕馬長壽主編：《同治年間陝西回民起義歷史調查記錄》，西安：陝西人民出版社，1993 年，第 202 頁。

○草陽下頭：草陽下頭臨近解家村，在西安西稍門偏南一點，僅有回民20餘戶。〔註122〕

○茱園前村、張家堡：據民國《咸寧長安兩縣續志》載，茱園前村、張家堡俱係回民所居，自同治後已無村落；茱園前村今爲回民墳。茱園前村似即在否碑文所載東西茱園村一帶，茱園村至今仍存。

○八里坡、鯨魚溝：兩村位於南鄉偏東南，來源見上引文馬繼昭先生所講。

○黃家莊：據平涼桂井鄉文書黃登舉講，他的家現居大岔河，原籍是陝西長安南邊黃家莊人。〔註123〕

○漁化寨：城西20里，據一位被稱爲楊八爺的老人講：「魚化寨這一帶過去漢、回雜居，常因細故打架，後來便鬧成大禍。」〔註124〕漁化寨在城西南一帶，即今西安市雁塔區魚化寨。

○回回營：據馬繼昭（馬光啓先生之子）講：「從（澄城縣）大北寺起南下經王閣、倉頭、耒化、馬家店、故市一直到藍田的泄湖鎮一帶和長安的回回營，都有回民居住。」〔註125〕回回營具體位置不詳，但從馬先生描述的諸村順序及方位來看，長安的回回營似乎應在西安東南鄉。

○灞橋東黃家村：據灞橋東黃家村楊姓老人講：「東黃家村回回已搬到董志原去了，我們是高陵來的。我記得三十年前還有人來這一帶上墳。廣代門的高堡子原來是半回半漢地住著。在馬氏祖塋東北五十步的高櫃子上，曾是當年的清眞寺。」〔註126〕廣代門即光大門，楊姓老漢對於光大門馬氏祖塋碑一帶的情況描寫述是正確的，且其早年亦曾見有回民回來上墳，故黃家村爲回村當無疑問。

○馬家村、回回曹家：據原陝西人民出版社的余海波講：「我們柳樹（新

〔註122〕馬長壽主編：《同治年間陝西回民起義歷史調查記錄》，西安：陝西人民出版社，1993年，第205頁。

〔註123〕馬長壽主編：《同治年間陝西回民起義歷史調查記錄》，西安：陝西人民出版社，1993年，第400頁。

〔註124〕馬長壽主編：《同治年間陝西回民起義歷史調查記錄》，西安：陝西人民出版社，1993年，第196頁。

〔註125〕馬長壽主編：《同治年間陝西回民起義歷史調查記錄》，西安：陝西人民出版社，1993年，第195頁。

〔註126〕馬長壽主編：《同治年間陝西回民起義歷史調查記錄》，西安：陝西人民出版社，1993年，第172頁。

築鎮以北）余家分南、西、北三村，住的全是漢人。從柳樹余家向北去近渭河一帶，由東向西是東西寇家、上下班家、馬家、回回曹家，再往南是擺家，都是回村。」〔註127〕

○卞家村：卞家村有座半阿文半漢文的石碑，嘉慶年間該村爲紀念范品超、馬文高兩人義行所立。村在西安東北鄉東十里鋪滻水以東，地近米家崖。〔註128〕

○丁家橋、老鴉寨、首巴掌、郭村、橋村、子午鎮、張村：據西安民主人士馬正卿講：「我的祖籍是長安縣姜村廠安定里解家村第二家人……五月十五日，馬德興把解家村、糜家橋、葉護塚、張家村、丁家橋、老鴉寨、北石橋、曹里村、首巴掌、郭村、橋村、子午鎮、張村等地的回回男婦老幼聚在西鋪上，以便於保護……十七日……馬德興見安不住，逃回西鋪上，這時各村老幼已被漢團所焚斃，他悲憤交集，才一氣走向渭河北搬兵。」〔註129〕以上村落應該都在西鋪上一帶，但具體方位不清楚，待考。

○葉護塚：據西安大皮院白雲壽的母親稱：「我今年九十二歲，城南葉護塚人，是逃難以後到城裏生的。小時常聽我母親說，我們村上有四五十戶人家，都是回回。臨近葉護塚的回村還有糜家橋、北石橋、鋪上、曹里村灘和賽會寺等。」〔註130〕當年西安四鄉回、漢百姓避難省城者，大都在西安城附近，葉護塚應該距西安城南不遠。賽會寺應該就是三會寺。

○杜曲：據同治元年（1862）閏八月初五日勝保、瑛棨等人奏稱：「自西安省城解圍之後……灞橋、杜曲等處賊仍盤踞……將該處巢穴焚毀。」〔註131〕杜曲即今西安市長安區杜曲鎮駐地，同治以前屬長安縣。

○沙窩、半閣村：據多隆阿奏稱：「十三日，命馬步隊進攻馬烏什……十四日，四更傳令馬步進攻沙窩老巢……敗匪向壩河一路西竄，諸軍追至河

〔註127〕馬長壽主編：《同治年間陝西回民起義歷史調查記錄》，西安：陝西人民出版社，1993年，第196～197頁。

〔註128〕馬長壽主編：《同治年間陝西回民起義歷史調查記錄》，西安：陝西人民出版社，1993年，第176頁。

〔註129〕馬長壽主編：《同治年間陝西回民起義歷史調查記錄》，西安：陝西人民出版社，1993年，第166頁。

〔註130〕馬長壽主編：《同治年間陝西回民起義歷史調查記錄》，西安：陝西人民出版社，1993年，第177頁。

〔註131〕同治元年（1862）閏八月初五日（乙酉）勝保瑛榮奏，見〔清〕奕訢等編修《欽定平定陝甘新疆回匪方略》卷二一。

邊……沙窩老巢即時焚毀……查南岸灞河迤東賊巢一律肅清，僅存近省之半閣村、光太廟等處小巢，易於藏事。」〔註132〕從行文上看，多軍進攻路線自西徂東，馬烏什即今之高陵縣渭河以南耿鎮西的馬伍什村，沙窩當即指沙河村，在馬烏什以西，屬西安府屬之長安縣。光太廟即西安光大門，半閣村位置不詳，但應該和光大門一樣，在西安城附近，二村皆在灞河以西，屬西安府長安縣。

根據已有史料，同治以前臨潼縣可考的城鄉回族聚落共 112 處，即：光大門馬氏祖塋碑所載回族聚落（南關村、解家村、糜家橋、上馬村、下馬村、杜城村、方橋頭、沈家橋、河灣村、鋪上、曹呂村、三會寺、皂河村、東北石橋、西北石橋、涼樓灘、灣子里、八家村、劉家寨、城角里、長條村、北關廂、西茱園、東茱園、午門村、八府莊、石碑寨、井而上、大梁村、石家洼、東劉村、草灘里、橋上、牛而寺、方村、東鋪上、米家崖、沙家莊、新莊里、水窯堡、團莊里、洛家堡、溝上、疙瘩寺、西草店村、八家里、馮家灘、杏園頭東堡、杏園頭西堡、東沙西堡村、沙河老堡村、東草店、唐家村、上班家村、下班家村、南擺村、北擺村、寇家東堡、寇家西堡、蘇家堡、光大門馬家灣、光大門上堡子）、木塔寨北堡、查張村西堡、塔坡、海家村、普家壕、呂家壕、西堡、雙樓子、高橋、雙橋頭、海家坡、拜家村、計家村、馬務北堡、赫家村、南場、劉家寨、葉家寨、小白楊、大白楊、張家村、東留村、西留村、泥河子、皂河灣、焦家村、鐵鎖村、草陽下頭、茱園前村、張家堡、八里坡、鯨魚溝、黃家莊、漁化寨、回回營、壩橋東黃家村、馬家村、回回曹家、卞家村、丁家橋、老鴉寨、首巴掌、郭村、橋村、子午鎮、張村、葉護塚、杜曲、沙窩、半閣村。

3、臨潼縣

臨潼縣即今之陝西西安臨潼區，清時與富平、渭南及同州府蒲城號稱「陝省四大縣」，東北連同同州府附廓首邑大荔縣，五縣犬牙交錯，回莊居其大半。渭水自西而東貫穿臨潼全境，西來西北渭水入臨潼後有一個向南突出的河曲。同治戰前，在臨近渭河的南北兩岸之中，很多村鎮都有回民雜居其間，其中尤以渭北河曲地帶最為集中。同治戰爭爆發後，臨潼縣知縣謝恩誥稱：「臨回如渭河南之三府（村）、馬坊（堡）、行者橋（三堡），（河）北之普

〔註132〕同治二年（1863）七月二十日（甲子）多隆阿奏，見〔清〕奕訢等編修《欽定平定陝甘新疆回匪方略》卷四八。

陀原十三村，素稱狂悖。」〔註133〕謝氏所指應該是戰前臨潼回族人口最多、影響力最強的回族聚落群。渭河南的三府、馬坊及行者橋三村均在渭河河曲的頂部外側，距縣城不遠。而渭北普陀原十三村在雨金鎮西南一帶，正處於渭河河曲內部，與渭南回村隔河互應。

臨潼著名經師很多，亦為回民繁盛之明證。據趙燦《經學繫傳普》記載，臨潼經師有馬行五、陸衝霄、馬揆卿，普陀原經師有高祥吾、蘇淩軒、蘇敬山等，著名經師舍蘊善亦曾在普陀原設經講學，更有名的張少山亦為臨潼人。臨潼清真寺很多，同治滄桑巨變之後，目前仍然所知的清真寺名目仍有新集、普陀原、新豐、零口、八里坤、三府莊 6 處，足可以證明當年臨潼回民之繁盛，有清真寺者當為較大的回族聚落，由此可以鳥瞰當年回民分佈的概貌。〔註134〕新編《臨潼縣志》在述及本縣回民歷史時稱：「陝西的回族，聚居於渭水流域的交通線上，多以經商生。本縣是回族聚居區之一，至清代人口達數萬，分佈於行者鄉的海家莊（即古時的回回道〔註135〕）、零口鄉的大寨村、田市鄉的八里坤、關山鄉的清寺村（古時有清真寺）以及雨金鎮一帶的鹽店、走馬、原頭等 13 村，均為回民居住點；今天的新市鄉址古稱新集，是回民專設的集市貿易場所。」〔註136〕這一描述和史料記載基本是一致的。

○普陀原十三村聚落群：官路鄭、北拜村、南拜村、新集、茶園、郭壕、原頭、馬家堡、古宋村、狐子溝、楊家窪、原南村、南馬村、北馬村、白龍溝、鹽店廟、上寨子、坑溝、雙寨：以上 19 個回村均在渭北普陀原十三村範圍內，臨潼渭北十三村分佈的北原，初名「降駕原」，因龍頭為白龍溝所斷，故又名「破頭原」，或稱「普陀原」，十三村因此得名「普陀原十三村」，又因其中的拜家村最有名，故又稱「十三村拜家」。十三村名字的來歷最初可能是因為分佈於雨金鎮西南一帶普陀原的十三個純回民村，後來隨著回族人口增加，村落數目亦有所增加，有可能還包括了臨近的部分回、漢雜居的村落。但資料顯示，同治戰前，十三村並不僅僅只有十三個回村。因此，所謂普陀

〔註133〕〔清〕謝恩誥：《再生記》，見馬長壽主編《同治年間陝西回民起義歷史調查記錄》，西安：陝西人民出版社，1993 年，第 155 頁。

〔註134〕張永祿主編：《明清西安詞典》，西安：陝西人民出版社，1999 年，第 769 頁。

〔註135〕原書寫為「回覆道」，當校勘有誤，「回覆道」實為「回回道」。

〔註136〕陝西省臨潼縣志編纂委員會編，睢卯民主編：《臨潼縣志》，上海：上海人民出版社，1991 年，第 990 頁。

原十三村實際上是對渭北普陀原上以這十三個村爲主的成片居住的回民村落
或回、漢雜居村落的泛稱。多隆阿奏言「臣馳赴渭北……合力痛剿十三村餘
孽，一經得手，即進薄高陵，力圖攻取。」〔註137〕所指即此。

　　普陀原十三村具體包括哪十三個回村，說法不一，據臨潼縣政協秘書高
維垣同志講，十三村的具體村名爲：「官路鄭、北拜村、南拜村、新集、茱園、
郭壕、原頭、馬家堡、八姓村、古宋村、狐子溝、楊家窪、原南村，此外還
有白龍溝和鹽店廟也在十三村附近，是否屬於十三村就不知道了。現在原十
三村的範圍內又發展出一些村落來，例如新和村，是由北拜分出來的。吉慶
鄉原名『坑兒』或『坑溝』，恐原來不在十三村之內。太平村原名狐子溝，八
姓村大致也是後起的。原上還有一個上寨子，今已廢。」〔註138〕在原縣貿易
公司劉月雲經理的描述中則稱：「十三村的確在雨金鎮的西南，周圍約有十方
里，包括北拜、南拜、新和屯、郭家壕、茱園、八姓村、北馬、南馬、原頭
村等十三村，原來都是回村。」〔註139〕相較之下，劉月雲所說多出了北馬、
南馬兩個村子。此外，被其稱爲回村的新和屯顯然即係新和村，該村爲後出，
似非同治以前的回村。

　　同治以前，普陀原有禮拜大寺，該寺「位於臨潼縣北普陀原頭。縣北有
一道原，稱普陀原，又稱破頭原、降駕原，原在此處爲白龍溝中斷，因稱原
頭，附近居民多是回民，故修建清眞寺，進行宗教活動。同治二年（1863）
陝西回民起義失敗後西遷，漢人把寺改爲『多隆阿將軍廟』。辛亥革命後，改
爲學校。」〔註140〕又原縣人民委員會委員朱國超講：「原頭本來有一清眞寺，
後來回回西逃，漢人就把清眞寺改爲多將軍廟，即現在的完小……勝保率兵
曾攻回村雙寨，回眾守之甚力，勝保敗退。」〔註141〕原頭多將軍廟所指即此。
雙寨即今陝西省西安市灞橋區新築鎮上雙寨村，在新築鎮西南，亦應在渭北
十三村回族聚落群範圍之內。

〔註137〕同治二年（1863）八月二十六日（庚子）多隆阿奏，見〔清〕奕訢等編修《欽
　　　　定平定陝甘新疆回匪方略》卷五二。
〔註138〕馬長壽主編：《同治年間陝西回民起義歷史調查記錄》，西安：陝西人民出版
　　　　社，1993年，第148頁。
〔註139〕馬長壽主編：《同治年間陝西回民起義歷史調查記錄》，西安：陝西人民出版
　　　　社，1993年，第140頁。
〔註140〕張永祿主編：《明清西安詞典》，西安：陝西人民出版社，1999年，第616頁。
〔註141〕馬長壽主編：《同治年間陝西回民起義歷史調查記錄》，西安：陝西人民出版
　　　　社，1993年，第149頁。

新集即今新市鄉駐地，有清眞寺，爲回民重要聚落。該寺「位於臨潼縣北新集東。此處回民原來趕雨金集，但因雨金鎮是漢人村鎮，集市上漢、回之間經常發生矛盾，漢紳不許回民趕集，回民自己別立集市，稱新集。新集日益繁榮，村東坑兒（又稱坑溝）的清眞寺也興盛起來，參加宗教活動的群眾很多。同治元年（1862）陝西回民起義，這裡曾是東、西府回民的交通要塞。起義失敗後，寺毀。」〔註142〕官路鄭即今官正村，在西安市雨金工商所以西。郭壕即郭家壕。坑溝即今吉慶鄉，在新集村的西面，舊時北原有一清眞寺。

　　○八里坤：地處渭北十三村通行渭南的大道上，在北緱村以東，即今渭南市田市鎮八里村，同治以前，是前臨潼縣渭北一個重要的回族聚落。同治西北戰爭期間，八里坤是渭南縣倉頭等處回民西退的必經之地，地理位置相當重要。據北緱村民主人士劉靄如先生講：「昔年臨潼縣渭河以北回回，主要居住於八里坤和雨金以西的十三村。八里坤係回村，原有回回一百多家。」〔註143〕八里坤有清眞大寺，該寺「位於臨潼渭河以北八里坤，因當地居民主要是回民，又稱『回回莊』，寺轄回民一百多戶，主要從事農業，也有兼營販運業的。同治二年（1863）陝西回民起義失敗，寺遂毀。」〔註144〕

　　○古堡子、三府莊、五府、下宣村、八角廟、羅家寨、上於家、回回道、行者橋：據民間口述史料相傳，以上村落都曾有回回居住，有些是純回村，有些是回、漢雜居的。據劉風五老漢講，行者橋包括三堡，即北堡、東堡、西堡，合爲一社，在各堡之內絕大多數都是漢人。〔註145〕又據光緒《臨潼縣續志》記載：「行者橋西，舊有回民五百餘戶，距城僅六里。」〔註146〕由此可見，行者橋在臨潼城北六里，同治以前是一個以漢人爲主的回、漢雜居的村落；三府莊又叫三府村，清眞寺有十間庭房，規模相當大，調查時遺跡尚在，〔註147〕由此可見當年該村回族人口之繁盛。該寺「位於臨潼城西北三府

〔註142〕張永祿主編：《明清西安詞典》，西安：陝西人民出版社，1999年，第616頁。
〔註143〕馬長壽主編：《同治年間陝西回民起義歷史調查記錄》，西安：陝西人民出版社，1993年，第137頁。
〔註144〕張永祿主編：《明清西安詞典》，西安：陝西人民出版社，1999年，第616頁。
〔註145〕馬長壽主編：《同治年間陝西回民起義歷史調查記錄》，西安：陝西人民出版社，1993年，第141頁。
〔註146〕光緒《臨潼縣續志》卷上《劉文煜傳》。
〔註147〕馬長壽主編：《同治年間陝西回民起義歷史調查記錄》，西安：陝西人民出版社，1993年，第146頁。

莊村。明清這裡是回民聚居區之一，與西安新築等回民分佈區連接，因是大村，故修清眞寺。同治二年（1863）回民起義失敗西遷，寺遂毀」；〔註 148〕回回道即今之海家莊，位於行者橋西三里，在當年臨潼通高陵、涇陽的大路上，分東、西二道和中間一個梁子，住戶以回民爲主，亦有一二十戶漢人。回回道的北邊，近鄰渭河。在渭河南岸，有良田數百畝，都是所謂的水澆地……清眞寺在梁子上。〔註 149〕以上村落都在行者橋附近，即都城北一帶。

　　○蔡家莊、馬坊頭：據馬坊頭米遇春老人講：「行者橋、回回道、三府、蔡家莊一直到高陵的喇叭莊，各村都有回回。」〔註 150〕蔡家莊具體地點不詳，從行文上來看，該村應該位於三府莊以北一帶。馬坊頭即馬坊堡，亦即臨潼縣知縣的謝恩誥所稱馬坊者。馬坊村在渭河以南五府村與白廟之間，距離渭河灣很近。

　　○白廟寨、西倉頭、馮里村嘴上、零口、大寨村、八尖：據臨潼縣樓子張村耆老張銘爾講：「自回回道以東，白廟寨、行者橋、西倉頭、馮里村嘴上、零口、大寨村都有回回，這都在渭河以南的。在渭河以北，八里坤、尖角、十三村，回回更多。」〔註 151〕尖角在今西安市雨田派出所以東尖角村，在渭北十三村範圍內。零口即今臨潼東北零口鎮，有清眞大寺，在大寨子，「寺位於臨潼縣東北零口鎮東，與渭南縣交界處。同治元年（1862）陝西回民起義失敗前，大寨子回民曾在寺集合，研究起義事。次年，起義失敗西遷，寺遂毀。」〔註 152〕馮里村具體位置不詳，韓敏標注其在行者橋以東。並且和周偉洲一樣都將馮里村嘴上分爲兩個回村，即馮李村和咀上。馬長壽當年調查時本地老鄉講：「在馮里村嘴上原來也住有回民。」〔註 153〕推測馮李村似是一個回、漢雜居的村子，僅在嘴上，也就是村頭部分有少量回民居住，因此，將馮李村嘴上判讀爲兩個村並認爲馮李村亦是回村可能不妥。

〔註 148〕張永祿主編：《明清西安詞典》，西安：陝西人民出版社，1999 年，第 616 頁。
〔註 149〕馬長壽主編：《同治年間陝西回民起義歷史調查記錄》，西安：陝西人民出版社，1993 年，第 144～145 頁。
〔註 150〕馬長壽主編：《同治年間陝西回民起義歷史調查記錄》，西安：陝西人民出版社，1993 年，第 145 頁。
〔註 151〕馬長壽主編：《同治年間陝西回民起義歷史調查記錄》，西安：陝西人民出版社，1993 年，第 147 頁。
〔註 152〕張永祿主編：《明清西安詞典》，西安：陝西人民出版社，1999 年，第 616 頁。
〔註 153〕馬長壽主編：《同治年間陝西回民起義歷史調查記錄》，西安：陝西人民出版社，1993 年，第 142 頁。

○新豐村：據馬長壽當年調查時的本地老鄉講：「渭河以南新豐的嘴上，原來也有一清真寺。」〔註154〕該寺「位於臨潼縣東北新豐鎮。同治初年陝西回民起義失敗後，寺毀。」〔註155〕該村可能和馮里村一樣，僅在村嘴上有回民分佈，主體人口還是漢民。

○斜口、關山：余澍疇《秦隴回務紀略》載：「渭屬之辛市、倉頭、官道，臨潼之斜口、關山、新豐，富平之美原、康橋等處次之。」〔註156〕斜口在臨潼西南，即今之西安市臨潼區斜口。關山即今西安市閻良區關山鎮，地在臨潼東北渭河以北。

○賈村里：乾隆《臨潼縣志》卷六《選舉・甲科》載：「明萬曆三十五年，張國祥，賈村里人。」又順治《臨潼縣志》載，張志尹，「賈村里人，現任廣西道御史。」張國祥，萬曆三十年進士，三甲七十二名；張志尹，順治九年進士，三甲三百一十名。據楊大業考證，二人皆為回民，〔註157〕是賈村里為回村當無疑問。乾隆《臨潼縣志》卷三《陵墓》：「張給事中國祥墓，縣西斜口鎮口。」同書地圖亦標注賈村里在縣城西。又康熙《臨潼縣志》賈村里下轄窯村、賈村二村。據新編《臨潼縣志》所載西泉鄉下轄賈村委員會，下轄賈北、賈南兩個自然村。從方位上判斷，賈村里或即在今西泉鄉賈村一帶。

○郭下里：乾隆《臨潼縣志》卷六《選舉・甲科本朝》：「乾隆七年壬戌金榜，米步青，郭下里人，山西稷山知縣。」同治《稷山縣志》卷三《職官・知縣》：「乾隆，米步青，臨潼縣進士，十六年任。」米氏來自西域，遍佈全國之米姓皆為回民，故郭下里當為回民聚居之處。據乾隆《臨潼縣志》地圖標注，郭下里屬關廟，在縣城以北。

○白鴨觜：據多隆阿奏言：「回逆在三府里迤東築壘六座，由白鴨觜起至壩河止……將三府里攻破……又將白鴨嘴賊巢站時攻破……十三日，命馬步隊進攻馬烏什，該處十餘村堡皆係回眾麋集之所，巢穴最大，經各隊苦戰，竟日將各村堡全行平毀。十四日，四更傳令馬步進攻沙窩老巢……我軍縱橫

〔註154〕馬長壽主編：《同治年間陝西回民起義歷史調查記錄》，西安：陝西人民出版社，1993年，第149頁。
〔註155〕張永祿主編：《明清西安詞典》，西安：陝西人民出版社，1999年，第616頁。
〔註156〕〔清〕余澍疇：《秦隴回務紀略》卷一，見中國史學會編，白壽彝主編《回民起義》第4冊，上海：神州國光社，1952年，第220頁。
〔註157〕楊大業：《明清回族進士考略（八）》，《回族研究》2007年第1期。

截殺，敗匪向壩河一路而竄，諸軍追至河邊，該逆搶渡不及，撲水死者約數千人，河水為之塞流，沙窩老巢即時焚毀……查南岸灞河迤東賊巢一律肅清，僅存近省之半閣村、光太廟等處小巢，易於藏事。」〔註158〕從行文上看，白鴨嘴應該在今西安市臨潼區西北西泉鄉三府村附近。

根據已有史料，同治以臨潼縣可考的城鄉回族聚落共 43 處，即：普陀原十三村聚落群（官路鄭、北拜村、南拜村、新集、荣園、郭壕、原頭、馬家堡、古宋村、狐子溝、楊家窪、原南村、南馬村、北馬村、白龍溝、鹽店廟、上寨子、坑溝、雙寨）、八里坤、古堡子、三府街、五府、下宣村、八角廟、羅家寨、上於家、回回道、行者橋、蔡家莊、馬坊頭、白廟寨、西倉頭、馮里嘴上、零口、大寨村、八尖、新豐村、斜口、關山、賈村里、郭下里、白鴨觜。〔註159〕

4、渭南縣

渭南縣與臨潼、富平及同州府蒲城號稱「陝省四大縣」，東北連同同州府附廓首邑大荔縣，五縣犬牙交錯，回莊居其大半。同治以前，渭南縣是陝西省回族聚落最集中的州縣之一，同時也是回、漢衝突最為嚴重的地區之一。渭南縣回族聚落在渭河南北都有分佈，尤以渭北辛市、官道及東部與大荔縣相鄰的倉頭、喬店、耒化、禹家莊、邱家莊一帶最為集中。《平回志》載：「回巢之巨者……在渭南曰禹家莊，曰倉渡，曰邱家莊……其餘星羅棋佈，不下數百邱堡。」〔註160〕縣志稱：「清同治元年（1862），本縣有回民 3 萬餘人，約占總人口的 11%，主要聚居於渭河兩岸和沙窩一帶。渭河以南有良田坡、藍家坡、金花坡、西大寨、麻李灘、惠家村，渭河以北有孝義、倉渡、耒化、藺店、洪家崖等村鎮。集中區還設有交易市場（回民稱為『花市』）及宗教活

〔註158〕同治二年（1863）七月二十日（甲子）多隆阿奏，見〔清〕奕訢等編修《欽定平定陝甘新疆回匪方略》卷四八。

〔註159〕周偉洲先生將油坊街歸為回村，似不妥。油坊街即今油槐，因當年張苿等人前往調解回、漢紛爭，於此處被回民擒拿掠走，故而名氣很大。油坊街初名吳凌鎮，後因本地多產菜油而得名，鎮址在今耿度口，諺語講：「先有吳凌鎮，後有油房街。」所指即此（見馬長壽主編《同治年間陝西回民起義歷史調查記錄》，西安：陝西人民出版社，1993 年，第 138 頁）。當年張苿等人之所以前往油坊街主要是該處乃渭北商業繁盛之區，地近臨潼，又離回村不遠，可以方便的把渭南大荔一帶的回回頭目招來，可見當年油坊街似乎是漢人的勢力範圍，不應歸之於回村。

〔註160〕〔清〕楊毓秀：《平回志》卷一，見中國史學會編，白壽彝主編《回民起義》第 3 冊，上海：神州國光社，1952 年，第 60 頁。

動場所──『清眞寺』。回民起義失敗後，渭南回民全部隨軍流離，於同治二年（1863）八月進入甘肅，個別未走者，皆隱藏埋名。直到民國二十年（1931），有幾戶趕車運貨、兼做小商的回民從河北倉縣、河南洛陽徒居本縣，在渭南打包廠以做苦力爲生。當時，不敢顯露回民身份，至二十八年（1939）回民邊長青開起清眞飯館，才公開。」〔註161〕實際上，同治以前回族人口數量遠不止 3 萬，所佔比例亦遠不止 11%。從倉頭南門起直到渭河邊上，包括今倉頭寨在內都是回民所居。從倉頭東關至洪家崖這一帶是倉頭回民的中心。再由洪家崖向北經趙家崖、赫家崖、閃家崖，直到孝義鎮，沿途村落都有回民居住。這其中不少都是人戶上千的回民巨鎮，如倉頭、喬店等。渭河南岸的回族聚落主要集中在縣城以西涼天坡、赫家窯、閔家、藍家坡、金花莊、薛馮村、藍王村一帶，即口述史料中反覆提到的「六村九社」一帶。〔註162〕同治以前，渭南縣城內是否有回民聚居目前不詳，待考。從渭南四鄉及周邊各州縣回族人口分佈態勢及回喜經商貿易的民族特性來看，不排除這種可能。根據已有史料，同治以前可考的渭南縣回族聚落如下：

〇辛市、官道、倉頭、喬店、耒化、邸家莊、洪家崖、趙家崖、赫家崖、閃家崖、孝義鎮：以上 11 村落據上引文整理，辛市在渭南縣北，即今渭南市臨渭區辛市鎮辛市村。官道在辛市西北，即今渭南市官道鄉駐地。倉頭或稱倉度，據何根保老人講，倉頭東門內不遠有十字路，此路以西從前皆爲漢民所居，此路以東以南，直到城的東門和南門外，皆爲回民所居，回民的聚居中心不在城內，而在城外的東部和南部一帶。但其又稱，倉頭鎮的西城壕相傳爲回回造兵器處，這一帶原爲回回富戶詹大成和馬明輝所居，倉頭鎮的西南角亦有一回文碑，〔註163〕這一敘述明顯與前此所稱十字街以西無回民的說法自相矛盾。估計，同治以前，回民主要聚居於倉頭鎮的東部、南部及東鄉南鄉一帶，但西部可能亦有少量回民居住。喬店在渭南縣東與大荔交界外，詳細考證見大荔縣喬店。

〔註161〕渭南縣志編纂委員會編，楊樹民主編：《渭南縣志》，西安：三秦出版社，1987年，第 756 頁。

〔註162〕清代地方基層組織除了保甲制度及里甲制之外，亦有「社」。大約以數十戶設一社，作爲勸農的機構。可見，社是一種很小的基層單位，大約與現在的行政村相似。是由鄰近的數個較小的自然村組成的具有共同的賦稅義務的基層單位。

〔註163〕馬長壽主編：《同治年間陝西回民起義歷史調查記錄》，西安：陝西人民出版社，1993 年，第 55 頁。

○白楊寨、涼天坡、赫家窯、藍家坡、藍王村、金花莊、殷城村、馬里灘、盛店鎮、薛馮村、閔家、趙家坡、龐閣莊：以上村落在渭河以南，即六村九社一帶回族聚落群。據馮盛彥老人講：「渭河南邊的團練，最初是白楊寨教師的徒弟們領導的。這些團練曾住在縣城東關的蔡郎廟裏，爲回民打敗。回回住在白楊寨之南的涼天坡、赫家窯、藍家坡、金花莊、殷城村、馬里灘、盛店鎮和薛馮村各村。」〔註164〕據原統戰部劉志毅講：「渭南縣西邊渭河以南住回民的村莊，有白楊寨、閔家、涼天坡等村。同治年間，那一帶回、漢鬥爭甚烈。」〔註165〕估計白楊寨當年是以漢人爲主的回、漢雜居的村落。又據原瑞泉中學一位張姓歷史教員講：「從前回民村落在今西同公路西段的南北村莊。距零口鎮十里有盛店，從前亦爲回民區。在涼天鎮西北，汽車路北邊，舊有回文碑。」〔註166〕盛店即盛店鎮，距零口十里。

據涇源縣（即清化平廳）回民藍映林講：「祖父說，我們老家是陝西渭南縣良天坡附近的藍家莊。」〔註167〕又據涇源六村九社藍子文講：「我們絕大部分的祖籍都在渭南縣的渭河以南。姓藍、姓趙的，原籍在渭南的趙家坡；姓陳的在殷陳村；姓常的在涼天坡，這三個村距離都很近，只有姓馬的是來自興平縣。」〔註168〕殷陳村即殷城村。涼天坡又稱良田坡，或稱良天坡，原以回民爲主。今蘭州西固區陳官營的馬姓回民，原籍即在陝西渭南縣良田坡。〔註169〕閔家村原爲回、漢雜居村，但閔姓是漢人，估計戰前該村是一個漢人爲主的村子，只有少量回民雜居其間。〔註170〕藍家坡或稱藍家莊，又俗稱「倉頭南」，藍家莊屬九社，實在渭南縣城的西邊，距倉頭尚遠，回民以倉頭爲重

〔註164〕馬長壽主編：《同治年間陝西回民起義歷史調查記錄》，西安：陝西人民出版社，1993年，第39頁。

〔註165〕馬長壽主編：《同治年間陝西回民起義歷史調查記錄》，西安：陝西人民出版社，1993年，第35頁。

〔註166〕馬長壽主編：《同治年間陝西回民起義歷史調查記錄》，西安：陝西人民出版社，1993年，第38頁。

〔註167〕馬長壽主編：《同治年間陝西回民起義歷史調查記錄》，西安：陝西人民出版社，1993年，第396頁。

〔註168〕馬長壽主編：《同治年間陝西回民起義歷史調查記錄》，西安：陝西人民出版社，1993年，第454頁。

〔註169〕陳作貴、馬金良：《略談陳官營馬姓回民》，《西固文史資料》第 2 輯，2004年，第301～302頁。

〔註170〕馬長壽主編：《同治年間陝西回民起義歷史調查記錄》，西安：陝西人民出版社，1993年，第35頁。

鎮，所以把藍家莊稱爲「倉頭南」。原來那裡有二個坊，一爲南寺，一爲北寺，共幾千戶人，內有藍馬兩姓。〔註171〕

　　○盛天溝：據董效初先生講：「我家在原上，距城三十里。聽老人們說，從前縣西盛天溝、涼天坡、藍王村、藍家坡各村都有回回。」〔註172〕盛天溝在涼天坡、藍家坡等村附近，在渭南縣城西渭河以南六村九社範圍內。

　　○南禹家莊、北禹家莊、侯家、三家莊、老莊子、馬家窪、十里灘、青池、樊家堡子、權家：據孝義鎮皮影藝人張萬盛講：「孝義趙老五（權中）是一個財東，招回回爲兵去打長毛，當時南、北禹家、侯家、喬店都是回回村窩。沙裏頭的三家莊、老莊子、馬家窪、十里灘、青池、樊家堡子、權家，都是回村。」〔註173〕南北禹家在渭南東與大荔交界處，是亦有將其歸之於大荔者。

　　○洪家村：洪家村在渭南倉頭鎮北，果園之東。〔註174〕東路回軍首領洪興（降清後改稱洪忠孝）即此村人。

　　○冶家村：據涇源白面鄉南營冶登瀛老人講：「冶家在渭河北，對面渭河南就是秦家。」馬長壽先生據此推斷冶家原在渭南縣孝義鎮的南邊。〔註175〕

　　○赫冶家：涇源六村九社藍子文講：「閻興春阿訇是渭南河北赫冶家人，因爲在九社開學，所以就作了我們的首領，投降以後，閻阿訇帶我們來到化平。」〔註176〕

　　○車村：據平涼96歲的吳德正老人講，其祖籍爲陝西渭南車村人。車村具體位置不詳。〔註177〕

〔註171〕馬長壽主編：《同治年間陝西回民起義歷史調查記錄》，西安：陝西人民出版社，1993年，第48、396、449～450頁。

〔註172〕馬長壽主編：《同治年間陝西回民起義歷史調查記錄》，西安：陝西人民出版社，1993年，第48頁。

〔註173〕馬長壽主編：《同治年間陝西回民起義歷史調查記錄》，西安：陝西人民出版社，1993年，第51頁。

〔註174〕馬長壽主編：《同治年間陝西回民起義歷史調查記錄》，西安：陝西人民出版社，1993年，第438頁。

〔註175〕馬長壽主編：《同治年間陝西回民起義歷史調查記錄》，西安：陝西人民出版社，1993年，第444頁。

〔註176〕馬長壽主編：《同治年間陝西回民起義歷史調查記錄》，西安：陝西人民出版社，1993年，第454頁。

〔註177〕馬長壽主編：《同治年間陝西回民起義歷史調查記錄》，西安：陝西人民出版社，1993年，第423頁。

　　○葉家灘、楊家灘、記家莊、呂家村、橋尖村、庾家村、清滋：據光緒《富平縣志稿》載：「同治元年（1862）等壬戌三月，渭南葉家灘回民葉三元率其黨赴華州小漲村購竹竿，園主漢民王老售之，定價每觔銅錢二十枚，次日葉往砍竹，適王老有子外歸，阻之，不服，遂起爭鬥……三元歸，邀同葉家灘、楊家灘、記家莊、呂家村、倉頭各回將王老園竹砍盡……適渭南橋尖、庾家、倉頭回眾鳴鑼與嚴家、西里、十里各村漢民械鬥，安潘、驛鎮、拗村漢民亦入清滋村殺回民溫繼太全家，於是金家、呂家、陳昌、後橋尖四村回民亦入秦家村殺擄漢民。」〔註178〕葉家灘確切地點不詳，但從行文上來看，似應在倉頭附近。又小漲村應為今華縣西北辛莊鄉小漲村，渭南回村葉家灘或與其臨近，似應在渭南縣東近華州處渭河邊。同州府大荔縣有清池村，著名回族財東溫紀泰即住此村。光緒《富平縣志》所稱「清滋村溫繼太」估計可能即「清池村溫紀泰」。

　　○康家村：據渭南縣耆老李元興講，康家墳左近有個回民禮拜寺，回民逃跑時把銀子都扔在寺內井裏，光緒年間，還有人來挖過。當時這裡的回民財東姓洪。〔註179〕康家墳似為同治戰後改名，其地在倉頭附近。

　　根據已有史料，同治以前渭南縣可考的城鄉回族聚落共45處，即：辛市、官道、倉頭、喬店、耒化、邸家莊、洪家崖、趙家崖、赫家崖、閃家崖、孝義鎮、白楊寨、涼天坡、赫家窯、藍家坡、藍王村、金花莊、殷城村、馬里灘、盛店鎮、薛馮村、閔家、趙家坡、龐閣莊、盛天溝、南禹家莊、北禹家莊、侯家、三家莊、老莊子、馬家窪、十里灘、青池、樊家堡子、權家、洪家村、冶家村、赫冶家、車村、葉家灘、楊家灘、記家莊、呂家村、橋尖村、庾家村。

5、高陵縣

　　高陵縣地處渭北，南與咸寧、臨潼相鄰，北與富平、三原、涇陽接壤。地處三府二州沃野之區，同治以前，是陝西省回族人口眾多的州縣之一。根據已知史料來看，高陵縣的回族聚落可能主要分佈在東南鄉、南鄉及西北鄉一帶。盧坤《秦疆治略》高陵縣下記載：「南鄉回民雜處，頗為強悍，宜儆戒之。」高陵縣南鄉實際上也就是高陵縣靠近渭河的部分地區。周偉洲稱高陵

〔註178〕光緒《富平縣志稿》卷一○《故事表》。
〔註179〕馬長壽主編：《同治年間陝西回民起義歷史調查記錄》，西安：陝西人民出版社，1993年，第58頁。

縣除城內有回族外，鄉間較少，此說不確。〔註180〕

　　根據已有史料，同治以高陵縣可考的城鄉回族聚落共 34 處，詳細考證見前節。34 個回村中確考的回村有 22 個，高度疑似回村 2 個，疑似回村 10 個。回村分別是：確考回族聚落（縣城、馬伍什、白家嘴、白家灘、西撒家村、東撒家村、東全子頭、邸家村、半個城、虎家村、蘇家村、渭橋里、太華村、韓村、米家崖、來家灘、來家集、梁村、官馬寺、七留村、喇叭莊、買家村）、高度疑似回族聚落（關市、來家村）、疑似回族聚落（馬家灣鄉的馬家灣、張卜鄉的今古渡馬家、馬家溝、馬家、馬家、崇皇鄉的三馬白、姬家鄉的康橋馬、藥惠鄉的馬家、馬家窯、通遠鄉的吳鄭坊馬家）。

6、涇陽縣

　　涇陽縣在渭河以北涇水之陽，故名。同治以前是陝西回族人口最多的州縣之一，回族聚落不但數量眾多，而且有成片集中分佈的聚落群。涇陽縣城有回民分佈，縣城以外，回族聚落主要在東北、東部及東南一帶。永樂店東與高陵十三村回族聚落相連，往南經崇文塔過渭河直至長安城北門一帶，有大小清眞寺百餘座，回村密佈，回族人口多至數十萬。崇文塔往西沿渭河兩岸一帶，亦有不少回族聚落。由此往南，則與咸陽東北鄉及西安北鄉回村連成一片。部分村堡，如永樂店、塔底下等處，在全陝都稱得上回民巨村大堡。涇陽營田（與咸陽、高陵兩縣一樣）是同治初年的叛回產業查充入官的。「原有中級荒地九千九百六十一畝，下級荒地三千六百九十七畝，共計一萬三千六百五十八畝。」〔註181〕由此也可窺視當年涇陽回族人口之盛。縣志對回民信息語焉不詳，僅在宗教部分稱：「佛教、基督教、伊斯蘭教、道教在本縣均有傳播……同治年間回民起義後，本縣伊斯蘭教徒較前減少。」〔註182〕1953年第一次全國人口普查數據顯示，全縣回民僅 8 人。〔註183〕現據有限史料考證如下：

　　○縣城（秀水巷、姚家巷）：回回在縣城內有住宅，也有清眞寺。城東南

〔註180〕郭琦、史念海、張豈之主編，周偉洲著：《陝西通史・民族卷》，西安：陝西師範大學出版社，1997 年，第 275 頁。

〔註181〕宣統《重修涇陽縣志》卷三《貢賦志》。

〔註182〕涇陽縣縣志編纂委員會編，何平主編：《涇陽縣志》，西安：陝西人民出版社，2001 年，第 738 頁。

〔註183〕中央人口調查登記辦公室：《中華人民共和國一九五三年人口調查統計彙編》，北京：國家統計局人口統計司，1986 年翻印，第 169 頁。

秀水巷以西的舊縣公署大堂，原來就是回回清眞寺的原址。原來那一帶的回民很多……此外，還有城東的姚家巷有一段街從前也住的是回回。〔註184〕

　　○南鐵門、魏家灣：據涇陽縣馮子明先生講：「縣城西關外的南鐵門和魏家灣，原來都有回回居住。」〔註185〕兩村在西關外，應爲近城聚落。

　　○縣城東北角多個回族聚落：據原省戲劇學院李靜慈主任講：「我年輕時還聽涇陽南屯某鄭姓老人對我說：『涇陽原是西北大碼頭，回民在這裡以馱運爲業……城東北角有幾處回村。』」〔註186〕鄭姓老人對涇陽經濟地位的描述是符合歷史事實的，戰前回民務農以外，多以販運爲業，也是事實。據此來看，鄭姓老人對本地歷史掌故比較熟悉，他對城西北角有幾處回村的描述應該也是比較可信的。這幾處聚落和西關外南所門、魏家灣一樣，屬於近城的聚落，但見名稱不詳。

　　○永樂店、塔底、坡底回族聚落群：據富平縣令同治二年（1863）的奏報：「逆回巢穴就職所知，河北最大者如大荔之沙苑、王閣村，渭南之倉頭，臨潼之普陀原，涇陽之塔下、永樂店，共六處，」〔註187〕賀瑞麟：《三原縣新志》亦載：「賊巢數處，去原（三原）不遠，一在涇陽永樂店、塔底；一在高陵十三村。」〔註188〕沙苑、普陀原及高陵十三村等皆爲泛指，即成片聚居的回民聚群，由此推測，著名的涇陽永樂店、塔底下兩處回民巨堡所指的很可能也是以他們爲代表的，或以他們爲中心的涇陽東部地區回族聚落群。永樂店在涇陽城東，即今涇陽縣永樂鎮。塔底下即崇文塔，今涇陽縣崇文鄉，在永樂店以南。據《明清西安詞典》記載，涇陽有3座清眞寺，分別是：坡底、塔底及城內秀水巷。〔註189〕坡底即今陝西涇陽縣坡底村。塔底與咸陽西安高陵相連，爲涇陽回民主要居處。敦悅堂《馬氏宗譜》記載，該族始祖馬依澤自宋代入華落籍陝西涇陽縣永安鎮李尙書塔旁，所指即此。

　　○口子頭、雲陽鎮：同治二年（1863）四月初四日多隆阿奏稱：「據雷正

〔註184〕馬長壽主編：《同治年間陝西回民起義歷史調查記錄》，西安：陝西人民出版社，1993年，第252頁。

〔註185〕馬長壽主編：《同治年間陝西回民起義歷史調查記錄》，西安：陝西人民出版社，1993年，第252頁。

〔註186〕馬長壽主編：《同治年間陝西回民起義歷史調查記錄》，西安：陝西人民出版社，1993年，第189頁。

〔註187〕光緒《富平縣志稿》卷一○《兵事》。

〔註188〕光緒《三原縣新志》卷八《雜記》。

〔註189〕張永祿主編：《明清西安詞典》，西安：陝西人民出版社，1999年，第617頁。

縮報稱,本月十九日探知,回逆分股在涇陽之口子頭,三原之泓水鋪,耀州之小坻鎮及北原一帶盤踞……賊即四出,永樂店老巢勢必空虛……攻雲陽鎮逆回巢。」〔註190〕口子頭應該是涇陽西北之口子鎮,即今之口鎮駐地。雲陽鎮在涇陽縣北,即今之涇陽雲陽鎮駐地。

○木家溝、馬家臺、高陽莊:據馬長壽當年調查稱,從咸陽蕭家村坐火車到涇陽永樂店,沿火車道左邊木家溝、馬家臺、高莊,右邊崇文塔下各村,昔年皆為回民所居。〔註191〕高莊在縣東南,一名高陽莊,即今高莊鎮駐地。高陽莊在渭水以北涇水以南。地處涇陽、高陵、臨潼、咸寧四縣交界處,同治以前,為著名的回民聚居之所。又根據馬長壽先生的調查,從咸陽北原往東翻過嶺便是涇陽縣屬的高莊、從前名高陽莊。木家莊也屬涇陽,翻過嶺便是,距高家莊三四里,原來都是回村。〔註192〕從方位上來看,木家溝或即木家莊。

○赫家村:赫家村一名黑家村,在寨頭村以西靠近玉皇廟一帶,又名黑家灘,傳說村裏黑姓回回在那裏的土地共有兩頃零七十畝。〔註193〕

○大茱壕、小茱壕、茱楊村:按《重修涇陽縣志》瑞安鄉圖,在崇文塔西北有大茱壕、小茱壕及茱楊等村,馬長壽先生認為,此當即茱家壕所在,一般官書只名之「塔底下」,過於含糊。據平涼茱明發老人講,其祖籍是涇陽塔底下大茱園,大茱園當為大茱壕。以上三村或總稱為茱家壕,在永樂店以南,崇文塔以北。〔註194〕

○馬家莊:馬長壽等人當年調查時,平涼蘇梅軒老人自稱祖籍是涇陽縣馬家莊,馬家莊今地何指,不詳。〔註195〕

○寨頭村:寨頭村在涇陽西南原,具體位置不詳,回民住村西及村南,

〔註190〕同治二年(1863)四月初四日(庚辰)多隆阿奏,見〔清〕奕訢等編修《欽定平定陝甘新疆回匪方略》卷四〇。

〔註191〕馬長壽主編:《同治年間陝西回民起義歷史調查記錄》,西安:陝西人民出版社,1993年,第251頁。

〔註192〕馬長壽主編:《同治年間陝西回民起義歷史調查記錄》,西安:陝西人民出版社,1993年,第283頁。

〔註193〕馬長壽主編:《同治年間陝西回民起義歷史調查記錄》,西安:陝西人民出版社,1993年,第252頁。

〔註194〕馬長壽主編:《同治年間陝西回民起義歷史調查記錄》,西安:陝西人民出版社,1993年,第407頁。

〔註195〕馬長壽主編:《同治年間陝西回民起義歷史調查記錄》,西安:陝西人民出版社,1993年,第408~409頁。

是一個回漢雜居的村子。〔註196〕

　　○回回溝：據咸陽毛虞卿講：「（北）原上的回村有高莊，在涇陽東境……回回溝，在涇陽。」〔註197〕高莊即上文所考證的高陽莊，今涇陽縣東南高莊鎮，回回溝在高陽莊附近，具體位置待考。

　　○畢家窯：胡太師十傳弟子馬永成（1834～1924，人稱窯裏馬老爺，師從米三爺，學傳西安、平涼、涇源、張川等地）原籍即陝西涇陽畢家窯。具體位置不詳。

　　根據已有史料，同治以涇陽縣可考的城鄉回族聚落共21處，即：縣城（秀水巷、姚家巷）、南鐵門、魏家灣、縣城東北角回族聚落、永樂店、坡底村、塔底下村、口子頭、雲陽鎮、木家溝、馬家臺、高陽莊、赫家村、大茱壕、小茱壕、茱楊村、馬家莊、寨頭村、回回溝、畢家窯。

7、三原縣

　　三原地處關中平原中部，古稱池陽，因境內有孟侯原、豐原、白鹿原三個原而得名。三原地處三府二州之區，同治以前，回族人口極多，尤其縣城內回民眾多，引人注目。四鄉雖亦有回民，但限於史料，具體情況目前尚不得而知。同治以前，三原縣宰牛業相當發達，聞於關中，操此業者多為回民。光緒《三原縣新志》載：「原之人有習宰驢以為業者，遠近販取之，頗獲其利，且馳名於四方，詢其故則曰，清河水美而割剝得宜，醃貯如法，他產不及也。邑之南關日有集，凡鄰邑之驢有老疲不勝任者，率驅而過焉，屠者賤值市之，群鼓刀而屠，日或且數十，秋冬為最多……往者逆回日以宰殺為事，而殺牛之風尤甚，今幸此輩殄滅，亂後漸有一二複習屠賣，邑侯余公嚴禁方止。」〔註198〕

　　余庚陽同治年間任三原縣令，親身經歷了當年的戰爭，督令城守，並承辦善後事宜。他在一首《查產》詩稱：「一千餘載星居久，四十雙田露積空……惟餘三五花門籍，良善仍編五保同。」〔註199〕可見，三原縣是關中最早的回回先民留居地，戰前人數較多，同治戰後亦有極個別存留。新編《三原縣志》

〔註196〕馬長壽主編：《同治年間陝西回民起義歷史調查記錄》，西安：陝西人民出版社，1993年，第253頁。

〔註197〕馬長壽主編：《同治年間陝西回民起義歷史調查記錄》，西安：陝西人民出版社，1993年，第274頁。

〔註198〕光緒《三原縣新志》卷八《雜記・邑侯李公瀛禁宰驢說》。

〔註199〕〔清〕余庚陽：《查產》，見〔清〕余庚陽著《池陽吟草》卷一。

稱：「伊斯蘭教約在明末清初傳入本縣，時城內有大量回民居住，伊斯蘭教也隨之帶到三原。」〔註200〕這種說法顯然是錯誤的。1953年第一次全國人口普查數據顯示，全縣回民僅88人。〔註201〕

○縣城（興和巷、姚家巷、水津巷）：據光緒《三原縣新志·張潛傳》記載：「同治壬戌夏四月，髮逆由南山竄陝，既東颺，回變作。三原城內回民數百家洶洶蓄異謀。」〔註202〕民間口述史料中亦有三原城內回民幾百家之說，故三原縣城內回民多至數百家當無疑問。三原城內回民聚居處以興和巷（俗稱回回巷），即今之太平巷一帶最為集中，〔註203〕姚家巷和水津巷也不少。〔註204〕在興和巷北口的王匯賓住宅，原是一座回回禮拜寺。附近回回以安姓、馬姓為最多。

○西關、北城、半個城：據原三原清眞寺阿訇賈子奇稱：「『三原城內回民數百家』。約兩千餘人左右，大多居住在太平巷，有些回民散居於姚家巷、水津巷及西關民治學校附近。太平巷北口有明代建築風格清眞寺一座。（遺址：中華人民共和國成立初期為王姓住宅），根據過去三原回民分佈縣城的特點，與西安回民居住的特點一樣，同在城市的西北角落，他們從事經商者居多，少有田產，比較關中其他縣分回民多居農村的時間年代上要早一些。」〔註205〕又據三原西關農民陳壽山講，西關民治小學原來也是回回的地方，是回回買下漢人的。〔註206〕由此推測，戰前西關有回民聚居當無疑問。民間口述史料亦稱：「三原南城內有回回巷，即現今的太平巷；西關，北城、半個城

〔註200〕三原縣志編纂委員會編，梁思法主編：《三原縣志》，西安：陝西人民出版社，2000年，第984頁。

〔註201〕中央人口調查登記辦公室：《中華人民共和國一九五三年人口調查統計彙編》，北京：國家統計局人口統計司，1986年翻印，第169頁。

〔註202〕光緒《三原縣新志》卷六《人物上》。

〔註203〕民間口述相傳，同治回民事變時城內有安姓回回，到縣府告密稱，城內外回回聯合造反，城內回民後被民團剿殺殆盡，興和巷亦改稱太平巷。馬長壽：《同治年間陝西回民起義歷史調查記錄》，西安：陝西人民出版社，1993年，第232頁。

〔註204〕馬長壽：《同治年間陝西回民起義歷史調查記錄》，西安：陝西人民出版社，1993年，第229頁。

〔註205〕賈子奇：《三原回族的歷史變遷》，《三原文史資料》第9輯，1992年，第161～177頁。

〔註206〕馬長壽：《同治年間陝西回民起義歷史調查記錄》，西安：陝西人民出版社，1993年，第235頁。

等地區，皆是回民比較集中的地方。」〔註207〕

○泓水鋪：同治二年（1863）四月初四日（庚辰）多隆阿又奏言：「據雷正縮報稱，本月十九日探知，回逆分股在涇陽之口子頭，三原之泓水鋪，耀州之小坵鎮及北原一帶盤踞……賊即四出，永樂店老巢勢必空虛……攻雲陽鎮逆回巢。」〔註208〕民間口述相傳，三原縣城外村鎮沒有回民，可能有誤，但同治以前，三原縣四鄉回族人口可能較少，應當屬實。

根據已有史料，同治以三原縣可考的城鄉回族聚落僅7處，即：縣城（興和巷、姚家巷、水津巷）、西關、北城、半個城、泓水鋪。

8、富平縣

富平縣與臨潼、渭南及同州府蒲城號稱「陝省四大縣」，東北連同同州府附廓首邑大荔縣，五縣犬牙交錯，回莊居其大半。從浦、富、臨、渭四大縣與同州府附廓大荔縣的位置來看，富平的回族聚落可能大部分集中在縣域東部和東南部，尤其是四大縣與大荔縣包圍的矩形區域內。同治以前，富平縣是陝西省回族聚落最集中的州縣之一，同治戰後回民絕跡。由於已知史料中相關記載非常有限，抑或是修志有意隱瞞，目前對戰前富平回族聚落的具體情況知之甚少。新修縣志對本縣歷史上的曾經存在大量回民的史實閃爍其詞，語焉不詳。如人口構成部分僅概稱：「回族，歷史上散居關中各地的不少。清末，回民起義失敗後，悉數逃離。抗日戰爭時期，有少數回族同胞從河南逃難來富平，但未長居。」宗教部分則載稱：「本縣宗教主要有佛教、道教、天主教、基督教、伊斯蘭教，其中佛教、道教傳入較早，天主教、基督教次之，伊斯蘭教則始於建國後……本縣伊斯蘭教始興於1954年兩戶來此地以屠牛宰羊謀生的回民。1957年於連城花園後街建起清真寺。」〔註209〕這種說法顯然是錯誤的。

○美原、康橋、道賢：戰爭爆發之初，陝撫曾數次札令富平縣令將本縣回民人數姓名及村落仔細繪圖具實上報，據富平知縣報稱：「查卑縣東北與蒲城，東南與臨潼、渭南，南與高陵、三原，西與三原，北與耀州、同官等州

〔註207〕賈子奇：《回族及伊斯蘭教在三原》，《三原文史資料》第3輯，1987年，第117～133頁。

〔註208〕同治二年（1863）四月初四日（庚辰）多隆阿將軍奏，見〔清〕奕訢等編修《欽定平定陝甘新疆回匪方略》卷四〇。

〔註209〕富平縣地方志編纂委員會編：《富平縣志》，西安：三秦出版社，1994年，第163、838頁。

縣犬牙相錯，界址毗連。除正北一面距城五十里接壤同官地方，向有頻山底店石窩等山外，凡東、西、南三面蒲城臨渭三原交界處所，俱屬平原……逆回自六月三十，七月初一等日攻撲縣城，燒搶南關擊退後，數月以來，陸續竄擾各鄉美原、道賢等村堡，因卑縣城鄉素無回民戶籍，是以該逆等來去飄忽，迄無定蹤，間或有時於漢民村堡踅行盤踞，旋即奔逸。卑境委無匪徒巢穴，其逆首姓名，屢經訪查，莫能得實。」〔註210〕富平知縣所奏本縣素無回民，顯然並不屬實，奏文中所提及數月以來，陸續被回民襲擾各鄉有美原、道賢等處。如此文所述，美賢實為重要的回民聚居之所，由此推測，道賢可能亦為回民聚居之所。道賢即今富平縣東北之到賢鎮，正好位於富平、蒲城一線以東地區，這和上面的推斷是相脗合的。

又根據盧坤《秦疆治略》記載，富平回民聚居之所有美原、康橋兩處。美原即今富平東北之美原鎮，在富平、蒲城一線以北。康橋具體位置不詳，是否為富平東南之張橋鎮，亦或是富平、臨潼一線以南之康橋村，尚未可知。美原、道賢戰前皆為鎮一級的行政村，規模較一般村子為大，當年可能是回民聚居的巨村，亦或以其代表該鎮為回民聚居之所。

根據已有史料，同治以前富平縣可考的城鄉回族聚落僅3處，即：美原、康橋、道賢。

9、耀州

耀州即今之陝西耀縣，其地處在西安府北部。《明史》載，萬安人蕭廪萬曆九年為陝西巡撫時，「境內回回部常群行拾麥，間或草竊，耀州以變告。廪撫諭之，戮數人，變遂定；令拾麥毋帶兵器，儕偶不得至十人。」〔註211〕由此可見，同治以前耀州有回族人口分佈，但其人口規模及分佈詳情不甚明瞭。

○城關：據乾隆《續耀州志》記載：「（耀州）俗多屠牛，向給正署每日燭二斤，每季錢捌串文，木任內將此項裁汰，永禁屠牛。傳各保正給與木牌，告示格式，令有犯即稟，其風稍息。然自八月至次年四五月，無良者往往賭串偷宰，城內尤甚，是在嚴密查禁耳。」〔註212〕屠牛宰羊為回民專有特色產業，由此推測，耀州操此業者可能多半為回民。如是，則耀州城鄉均有

〔註210〕光緒《富平縣志稿》卷一○《兵事》。
〔註211〕〔清〕張廷玉等纂：《明史》卷二二七《列傳第一一五·蕭廪》。
〔註212〕乾隆《續耀州志》卷四《田賦志·風俗》。

回民分佈。

○寺溝：據乾隆《續耀州志》記載：「寺溝里，村內雜處回紇，曾建禮拜寺溝口，因以爲號。」〔註 213〕因此，寺溝里建有禮拜寺，當爲回民聚居之處，寺溝又稱寺溝堡。據《平定關隴紀略》載：「耀州、富平等處漢民亦藉端至耀屬之寺溝堡，殺斃回民數十人，且焚其禮拜寺，復至同官之韓家原開放槍炮，圍剿搜殺。」〔註 214〕又同治元年（1862）五月十八日（己亥）托明阿、瑛棨、孔廣順、張芾奏：「渭南趙姓招募回勇，在華州峪口滋事，華陰縣漢民復將秦家莊等處回莊焚毀，河北大荔、渭南所屬漢、回各莊亦互相燒殺……耀州、富平等處漢回（民）突至耀州所屬之壽溝堡殺斃回民數十人，焚毀禮拜寺，復至同官縣屬之韓家原開放槍炮，圍攻摎殺。」〔註 215〕此壽溝堡當即寺溝堡之誤。

○廟灣：據清人楊毓秀著《平回志》記載廟灣一帶建有清眞寺，是亦爲回民聚居之所。〔註 216〕

○小坵鎮：同治二年（1863）四月初四日（庚辰）多隆阿又奏言：「據雷正綰報稱，本月十九日探知，回逆分股在涇陽之口子頭，三原之泓水鋪，耀州之小坵鎮及北原一帶盤踞……賊即四出，永樂店老巢勢必空虛……攻雲陽鎮逆回巢。」〔註 217〕小坵鎮即今之小丘鎮，在耀州城西。

根據已有史料，同治以前耀州可考的城鄉回族聚落僅 4 處，即：城關、寺溝、廟灣、小坵鎮。

10、同官縣

同官縣即今之陝西銅川市，其地處西安府的最北端。同治以前，同官縣有回族人口分佈，但其人口規模及分佈詳情不甚明瞭。

○韓家原：同治元年（1862）五月十八日托明阿、瑛棨、孔廣順、張芾奏：「耀州、富平等處漢回（民）突至耀州所屬之壽溝堡殺斃回民數十人，焚

〔註 213〕乾隆《續耀州志》卷一《地理志・村堡》。

〔註 214〕〔清〕易孔昭：《平定關隴紀略》卷一，見中國史學會編，白壽彝主編《回民起義》第 3 冊，上海：神州國光社，1952 年，第 250 頁。

〔註 215〕同治元年（1862）五月十八日（己亥）托明阿、瑛棨等奏，見〔清〕奕訢等編修《欽定平定陝甘新疆回匪方略》卷一三。

〔註 216〕〔清〕楊毓秀：《平回志》卷二，見中國史學會編，白壽彝主編《回民起義》第 4 冊，上海：神州國光社，1952 年，第 86 頁。

〔註 217〕同治二年（1863）四月初四日（庚辰）多隆阿將軍奏，見〔清〕奕訢等編修《欽定平定陝甘新疆回匪方略》卷四〇。

毀禮拜寺，復至同官縣屬之韓家原開放槍炮，圍攻摻殺。」〔註218〕韓家原，在同官縣西鄉，僅有回民數十家，無清眞寺。

根據已有史料，同治以前同官縣可考的城鄉回族聚落僅 1 處，即：韓家原。

11、咸陽縣

咸陽縣即今陝西咸陽市，其地處於秦川腹地，縣治在省城西安以西的渭河北岸。境內渭水穿南，宗山亙北，山水俱陽，故稱咸陽。同治以前，咸陽是陝西省回族人口數量最多，聚落分佈最密集的州縣之一。民間口述相傳，咸陽舊有回民 26 坊，如據平涼 96 歲的吳德正老人講：「楊文治和畢大才都是涇陽人，涇陽各村的回民歸他們帶領。咸陽渭城二十六坊也歸畢大才帶領。」〔註219〕正如世傳西安城內 7 坊之說，所謂咸陽 26 坊很可能也只是一種簡單化、固定化的說法，同治以前，咸陽縣實際的回民坊數應該遠不止此數。

現有史料表明，戰前咸陽縣城內有一定數量的回族人口。縣城以外的回族人口則主要分佈在渭河以北的北原上。回族聚落從西部與興平縣交界地帶開始，沿渭河北岸的原根一帶向東蔓延，直至咸陽東境，並且與咸陽以東的涇陽縣東南、高陵縣西南及長安縣西北一帶的回村連爲一片，呈帶狀密集分佈，如據原咸陽縣人民委員會文教科科長陳景文講，咸陽馬家堡、牛家、渭城、陳家臺東南綿延 40 餘里皆有回村，在縣東的較多。往北原是漢人，回民則多沿原根住。馬長壽先生對渭城一帶的回村研究表明，這一說法是正確的，北原上有部分回村，但相對於原根一帶的回村，數量較少。〔註220〕北原回村以縣治爲界，東多西少，東部回村又以渭城和蘇家溝一帶最爲密集。渭河以南，回族人口聚落相對較少，主要分佈在灃河下游一帶。根據現有史料，同治以前咸陽回族聚落考證如下：

○縣城（東道巷、西道巷）：縣城內的回民主要分佈在東邊的東、西兩道巷之內，相傳當年在縣府東邊曾住有一家回回，事變時與城外回回相約共同

〔註218〕同治元年（1862）五月十八日（己亥）托明阿、瑛棨等奏，見〔清〕奕訢等編修《欽定平定陝甘新疆回匪方略》卷一三。

〔註219〕馬長壽主編：《同治年間陝西回民起義歷史調查記錄》，西安：陝西人民出版社，1993 年，第 424 頁。

〔註220〕馬長壽主編：《同治年間陝西回民起義歷史調查記錄》，西安：陝西人民出版社，1993 年，第 265、272 頁。

起事，謀洩被殺。東、西二道回民亦全部被殺，無一人逃脫，此後咸陽城內便不准回民居住。〔註221〕

　　○渭北北原東部渭城回族聚落群：渭城即秦咸陽城舊址，號「十里渭城」。同治年間，回軍曾於此處修築城池，設渭城府，又於其東的新馮村設新馮縣，以圖長久之計。渭城府的四周當年修有圍牆，土城相當高大，是回軍調動本縣及鄰近的醴泉、興平、涇陽等州縣的漢民修築的。渭城府的四界南至渭河沿岸，北至畢郢原，西至司家溝西邊的土城廢址，只有東邊無城，積土爲壘。從司家溝起經七個村，到冶家臺止，均在府治範圍內。〔註222〕

　　◇米家村、馬家、高家莊、馬家村、海家溝、米家臺、桑家溝、木家溝、沙家溝、擺旗寨、邢家溝：道光《咸陽縣志》所記渭城一帶從司家溝到新馮村共有 29 個村子，其中 22 個村爲單姓村，馬長壽從村名姓氏推斷，認爲平壩上的米家村、高家莊、兩個馬家村及北原邊上的海家溝、米家臺、桑家溝、木家溝、沙家溝、擺旗寨等都是回村，其他可能是漢村或漢、回雜居村，此外舊志內尚遺失了古家溝、冶家臺兩個回村。〔註223〕除此之外，北原邊上的邢家溝似亦當爲回村，以上總計僅有 11 個回族聚落。29 個聚落中可能尚有一些回、漢雜居者，具體信息目前尚無法確定。更多的回村，在歷經同治回民事變的戰火蹂躪後，已經湮沒無聞了。平壩上的米家、高家、兩個馬家四村及北原上的桑家溝現已無村，只留村名，又擺旗寨即今白起寨，其他皆古今同名。

　　◇木家溝、季馬家、馬家、馬家村、馬家臺、蘇馬家、馬家堡、西馬家臺、東馬家臺、陳馬家、石橋村、頂家村、古家溝、魏家村、冶家臺、冶花家、胡家溝：木家溝乾隆十年所立木際豐義行碑，生動展現了一幅乾隆年間渭城一帶回民族姓繁多，生計鼎盛的恢宏歷史畫卷。〔註224〕這塊由渭城一帶

〔註221〕馬長壽主編：《同治年間陝西回民起義歷史調查記錄》，西安：陝西人民出版社，1993 年，第 268 頁。

〔註222〕馬長壽主編：《同治年間陝西回民起義歷史調查記錄》，西安：陝西人民出版社，1993 年，第 270、275 頁。

〔註223〕馬長壽主編：《同治年間陝西回民起義歷史調查記錄》，西安：陝西人民出版社，1993 年，第 273 頁。

〔註224〕木際豐義行碑碑名全稱爲「國子監太學生木際豐（慶生）及郎可莘、可正、可培、可任義行碑」立於木家溝的村前，20 世紀 50 年代馬長壽先生等人實地調查時發現，立碑的最初目的是歌頌木際豐等人的義行，由於詳載了 156 位參與立碑者的姓名，遂成了瞭解當年渭城一帶的回族人口情況的重要史料。

回民爲商人木際豐出資濟困排難解紛義行而立的石碑記載了多達 156 位的參與立碑者，除磨滅不明的 6 個人之外，其他 150 人包括至少包含了 27 個以上回民姓氏，其中的馬、高、米、者、頂、魏、古、冶、胡諸姓均爲咸陽的回族大姓。與道光《咸陽縣志》相對照，有的縣志有記載，但也不少大姓縣志漏載。比如，古姓在渭城里古家溝，冶姓在冶家臺，胡姓在胡家溝，者姓在石橋東，頂姓在東北鄉頂家等，縣志均無載。除此之外，許多僅見於舊縣志的姓氏，也有些一望便知爲回姓者。根據馬長壽考證，渭城一帶回族聚落不同於上段已考證者匯總如下：馬姓回族分佈的村落有東鄉渭城里季馬家 16 戶，東鄉安谷里的馬家 17 戶、馬家村 9 戶、馬家臺 11 戶、蘇馬家 13 戶、馬家堡 43 戶，東北鄉東賀里的西馬家臺 39 戶、東馬家臺 13 戶、陳馬家 12 戶。者姓回民在石橋村以東，縣志不載。頂姓回民在東北鄉的東賀里頂家村，共15 戶。古姓回民在渭城里古家溝，縣志不載，東賀里古家溝，29 戶。魏姓回民在東鄉安谷里魏家村 16 戶。冶姓回民在渭城里冶家臺，縣志不載；東賀里有冶花家，是冶、花二姓的回村，共 22 戶。胡姓回族在渭城里胡家溝，縣志不載。〔註225〕以上合計共 17 村。

　　○渭北北原東蘇家溝回族聚落群：蘇家溝在渭城以東，今三義村、張陳村一帶，兩邊有兩條溝，西邊一條是山家溝，東邊一條是頭家溝。蘇家溝原來是有圍城的，稱爲「蘇家州城」。回民事變時，渭城設府，新馮設縣，而蘇家溝一帶設州。城圍就在三義村一帶，現已湮沒無聞了。〔註226〕從上述史料來看，同治西北戰爭以前蘇家溝首先是指一個包含了數個小村的大的行政村，如據咸陽劉家溝劉長福老漢講蘇家溝的範圍包括劉家溝、山家溝、張家村、三義村以及紅旗中的前後、左右四排，總之，西起紀家道，東至紅旗各排，都是蘇家溝。〔註227〕胡振邦稱，蘇家溝，西至牛羊村，東至白家嘴。〔註228〕毛虞卿講：「回回在此溝內約三攤，一攤在木家溝，現在天主堂的西

〔註225〕馬長壽主編：《同治年間陝西回民起義歷史調查記錄》，西安：陝西人民出版社，1993 年，第 276～278 頁。

〔註226〕馬長壽主編：《同治年間陝西回民起義歷史調查記錄》，西安：陝西人民出版社，1993 年，第 284 頁。

〔註227〕馬長壽主編：《同治年間陝西回民起義歷史調查記錄》，西安：陝西人民出版社，1993 年，第 283、284、285 頁。

〔註228〕牛羊村在窯店北一里處，原爲回民屠宰牛羊的場所，白家咀即今柏家咀。見長壽主編《同治年間陝西回民起義歷史調查記錄》，西安：陝西人民出版社，1993 年，第 274 頁。

邊，當年有一個回禮拜寺。又一攤在胡家溝，原上有禮拜寺，尚有遺下的石碑。第三攤在蘇家溝，在今三義村，有回回禮拜寺遺址及墓。」〔註229〕所謂紅旗是當年甘肅回民安置於咸陽之處，據民國《重修咸陽縣志》載：「同治六年（1867），回逆陷慶陽，其屬縣寧州、合水、環縣之民逃至正寧之棗刺街，約數萬人，流離失所，淒慘萬狀。陝撫劉果敢公編爲八旗，其一、二、四、六、八旗，安插於涇陽、高陵，三、五、七旗安於咸陽東鄉一帶，開墾荒蕪。男婦荷鋙持鍬，披荊斬棘，歷三年之艱苦，變荒爲熟。」〔註230〕遷民之初，難民被編成隊伍，且農且守，紅旗駐兵的地方在前排村，黑旗駐兵的地方在三義村。在上二村的原上設有營盤，東面寨上插紅旗，西面寨上插黑旗。這是紅黑旗的來歷。因此，所謂紅、黑旗等稱謂實際上是在甘肅難民入咸陽之後的移民地名，顯然此類村落並不能歸之於同治戰前的回村，但紅、黑及七旗所在的地區同治以前的確又是回民分佈之區。據咸陽劉長福老漢講，紅旗、黑旗之分，不是由劉大人開始的，從前回回在前壩上插紅旗，在三義村寨子上插黑旗，所以後來跟著仍用紅旗與黑旗的名稱，東邊是紅旗，西邊是黑旗。何養民老漢亦講，回變時，渭城是府，新馮是縣，紅旗是兵營。紅旗四排爲營。再西爲黑旗，更西渭城一帶爲鑲黃旗。今紅旗一帶有前四排、後四排、左四排、右四排等村，具有明顯的軍事色彩，正是當年戰時回回在這一帶駐軍的寫照。戰亂之後，復又重疊以外來移民，目前對同治以前這一帶的回族聚落情況已經不甚明瞭。與渭城一樣，蘇家溝並非僅僅單指一個村子，而是以其爲中心的回族聚落群。蘇家溝回族聚落群向西，與相鄰的渭城回族聚落群連爲一體。

　　◇牛羊村、紀家道、劉家溝、山家溝、頭家溝、張家村、胡家溝、三義村、白家嘴、佞家村、黑家溝、毛家溝、蘇家溝：據涇陽縣縣立中學的郭天聞講：「涇陽西南原上的回村跟咸陽北原的回村是連著的。寨頭村以南一里路便是咸陽的佞家村，昔年也是回村。自佞家以南不遠，就是黑家溝、毛家溝、蘇家溝等。」〔註231〕上引劉家溝78歲老農劉長福及其他人所講可知牛羊村、劉家溝、白家嘴等村皆爲回村，且均距蘇家溝不遠。佞家村今已無村。毛家

〔註229〕馬長壽主編：《同治年間陝西回民起義歷史調查記錄》，西安：陝西人民出版社，1993年，第274頁。
〔註230〕民國《重修咸陽縣志》卷八《雜記志》。
〔註231〕馬長壽主編：《同治年間陝西回民起義歷史調查記錄》，西安：陝西人民出版社，1993年，第252頁。

溝在今咸陽市渭城區窯店鎮劉家溝一帶，這幾個村子相距不遠，都在蘇家溝回族聚落群範圍內。牛羊村即今咸陽市渭城區窯店鎮牛羊村，因昔年回回屠宰牛羊的場所而得名，秦咸陽宮遺址即在其北。

◇東穆家寨、南佘家村、北佘家村、蕭城、鈕家堡、韋家溝、馮家園子、西穆家寨：同治二年（1863）九月十七日（辛酉）多隆阿奏言：「逆賊麇集涇河以南，渭河以北……臣於初十日親督大軍，分路並進……將高陽莊、東穆家寨、南佘家村、北佘家村、蕭城、鈕家堡、韋家溝等處賊壘一律平毀……將蘇家溝老巢攻毀……將馮家園子、西穆家寨賊卡一併攻破，直抵渭城老巢……將城內逾萬逆回剿滅殆盡，救出難民千餘人。」〔註232〕勝保進入路線自東往西，高陽莊即涇陽西南高莊，其他村落皆在咸陽蘇家溝東西一帶，具體所指目前尚無法確定。

○南紀家、北紀家、普馬家、者馬家、任家嘴、馬家堡、拜家堡、西溝、求家堡、魏家川、牛家村：據咸陽石斗村耆老張寶三講：「同治元年（1862）以前，咸陽縣的回民居住在以下各村：在渭河以南的有南紀家、北紀家。在渭河以北的，東鄉有渭城各村寨，有黑旗、紅旗、七旗。七旗以西有普馬家、者馬家、任家嘴等地，原來都是回村。在紅旗、黑旗以東還有一個村名『穆家』一稱『東穆家』，也是一個回村。縣東北方面，南北佘家，也是回村。縣城以北，三四里外，有馬家堡、拜家堡，原來都是回村。馬家堡全是回民，往西便是拜家堡，也全是回民。再西，吳家、張家二堡，但全是漢人了。我鄉石斗村的西邊，原名『西溝』，現名永安堡，曾有回民居住，原先還有禮拜寺，在北窯的面前……往西，是求家堡和魏家川，原先都是回、漢雜居。往西再隔幾村，都是漢村。一直到牛家村（現名查田村），又全是回民居住。」〔註233〕

張寶三所述的回族聚落基本上都在縣城附近，雖不包括渭城一帶，但卻涉及渭城及其以東蘇家溝回族聚落群的部分回村以及北原西部和渭河以南的地區。張寶三1931曾參加過民國《重修咸陽縣志》修纂工作，主修錢糧賦稅部分，對本縣掌故相當熟悉，除故老口耳相傳外，部分知識還得自於當年的縣志局，其所述戰前回族聚落情況應該比較可靠。普馬家在北原，一稱普

〔註232〕同治二年（1863）九月十七日（辛酉）多隆阿將軍奏，見〔清〕奕訢等編修《欽定平定陝甘新疆回匪方略》卷五三。

〔註233〕馬長壽主編：《同治年間陝西回民起義歷史調查記錄》，西安：陝西人民出版社，1993年，第267～268頁。

家寨。同治元年（1862）九月二十三日勝保奏言：「本月十一日……親將馬家堡賊巢攻克……復將普馬寨等處大小賊巢一律攻毀，共計斃悍賊萬餘名，生擒匪眾百餘名……現雖蘇家溝、普陀原、渭城灣、涇陽塔下一帶賊巢尚多，當不難乘此聲威，一鼓蕩平。」〔註234〕其中所謂普馬寨，所指即此。者馬家、任家嘴在七旗以西。穆家村又稱東穆家村，亦即上段所引證的東穆家寨，村在紅、黑旗以東，與蘇家溝同屬「西九社」。南北佘家即上段引證之南佘家村和北佘家村，在縣東北方向，拜家堡在馬家堡以西。西溝在石斗村的西邊，現名永安堡。求家堡和魏家川兩村在西溝以西，牛家村現名查田村。〔註235〕

　　〇吳家堡、張家堡、朝家堡、金家堡、郭旗寨、陳老虎寨、蘇家寨、上苑、下苑、杜家堡、塔兒坡：據原咸陽中醫聯合醫院中醫師李中瑞講：「從前咸陽西部地區，自馬堡子以西多有回回，以東是漢人。馬家堡分東、西二堡，回人多，漢人少。自此以西，有拜家堡、吳家堡、張家堡，上去還有郭旗寨、陳老虎寨、蘇家寨，都有回回居住。藥王洞附近上下苑、杜家堡、塔兒坡雖有回回，但很少，與漢人雜居，往西則回回較多。渭城包括黑紅旗、拜旗寨子，村莊很多，漢、回雜居。蘇家溝靠近渭城，回回很多。咸陽城內東邊的東西道巷，住著回回。」〔註236〕李醫生前半部所講北原西北回村部分為他人所未講，從方位上看，馬堡子應即為馬家堡，在縣西北約三四里處。馬家堡分東西二堡，回人多，漢人少的描述，與上引文張寶三所言馬家堡盡為回民之說相矛盾，李醫生談及的細節如堡分東、西兩處等情，遠較張寶三所講更為詳細，可能較為真實。根據馬長壽先生的調查，認定是回村的聚落中，許多古老的村子仍然以漢人為主。從馬家堡的例子來看，實際上，許多後人認為的純回民聚居的巨村大堡，也都或多或少的雜居著一些漢人，回、漢雜居是最常見的聚落人口構成形態。拜家、吳家、張家三堡皆在馬家堡附近，又據平涼市榆樹莊一位 74 歲的楊義老人講：「我們都是咸陽靠近渭河的楊家堡人，附近還又有朝家、金家、馬家等堡相連，這些村

〔註234〕同治元年（1862）九月二十三日（壬申）勝保奏，見〔清〕奕訢等編修《欽定平定陝甘新疆回匪方略》卷二四。

〔註235〕馬長壽主編：《同治年間陝西回民起義歷史調查記錄》，西安：陝西人民出版社，1993 年，第267～268 頁。

〔註236〕馬長壽主編：《同治年間陝西回民起義歷史調查記錄》，西安：陝西人民出版社，1993 年，第265～266 頁。

堡的回民都跟著白彥虎西走。」〔註237〕可見，馬家堡附近應當還至少有朝家、金家兩堡。

○藥王洞、海家村、古家村：同治元年（1862）八月二十九日（己酉）勝保奏，言：「於十四日親赴咸陽，相機調度，接見雷正縮及成祿、烏勒興阿、宋憬詩等，詳爲指畫……當將張家堡、藥王洞、海家村、古家村四處賊巢同時攻破，殲戮悍賊三千餘名，擒一百餘名……並將附近賊村一律焚毀。」〔註238〕勝堡進軍路線，自東徂西，從行文上看，胲合這一點，如張家堡在最東，藥王洞在張家堡西，由此推測，海家、古家兩回村亦應在藥王洞以西附近，兩村似乎北原東部渭城一帶的同名村非指一處。從咸陽縣的考證來，可以看出戰前回族聚落名稱的複雜性，回村中以姓尤其是單姓爲名者眾多，同名不同村的現象非常普遍。回民中馬姓者眾多，民語有「十個回回九個馬，還有一個撒拉哈」之說，以馬姓爲名的回村，亦多不勝數。

○白起塋、新馮村：民國《重修咸陽縣志》卷八《紀事》記載：「高陵、涇陽及三原之北關，先後被陷，咸陽之馬家堡、蒲馬家、白起塋、新馮村、蘇家溝，舊爲回居，皆據以叛……遂進高陽莊、穆家莊、佘家村、蕭城、鈕家堡、韋家溝多巢一律平毀，始抵咸陽蘇家溝……沿途又克新馮村、穆家寨各巢，直抵渭城。」馬家堡即縣城西北約四里之馬家堡，蒲馬家即上引證之普馬家，又稱普家寨，該在城北馬家堡附近。白起塋在縣城東北四五里，任家嘴附近。同治二年（1863）九月二十日（甲子）穆騰阿張集馨奏言：「曹克忠駐紮咸陽城西，與馬家堡賊巢相距里許……當將白起營賊堡平毀……十一日，復向渭城灣進發……現在咸陽境地，一律廓清。」所指即此。〔註239〕新馮村調查中未有稱其爲回村者，但方志中所載明確稱其舊爲回民，根據史料從舊的原則，亦歸之於回村之列。穆家莊即東木家、佘家村即南、北佘家、蕭城又稱蕭城堡，鈕家堡即鈕家村，韋家溝即魏家溝，最後所言又克新馮村、穆家寨各巢即指爲西木家，以上回村皆已見於上文引證。其他各村皆在咸陽東北原上，屬渭城或蘇家溝回族聚落群之中。

〔註237〕 以上三堡均在馬家堡附近。馬長壽：《同治年間陝西回民起義歷史調查記錄》，西安：陝西人民出版社，1993年，第404頁。
〔註238〕 同治元年（1862）八月二十九日（己酉）勝保奏，見〔清〕奕訢等編修《欽定平定陝甘新疆回匪方略》卷二二。
〔註239〕 同治二年（1863）九月二十日（甲子）穆騰阿、張集馨奏，見〔清〕奕訢等編修《欽定平定陝甘新疆回匪方略》卷五三。

○牛村、板橋：據平涼 73 歲的馬有泉老人說：「我家原籍是咸陽馬家堡人，那裡聽說還有牛村和板橋。」〔註240〕移民後裔對於祖輩故土的記憶多有偏差，此板橋村是否爲興平之板橋存疑。

○馬家村、馬家堡、魏家堡、魏家前村：以上四村全部爲單姓回村，前引證回村中皆有與其同名者，實同名不同村。四村具體方位如下：馬家村屬西北鄉白良里、馬家堡屬南鄉河南里，在渭河以南。魏家堡、魏家前村屬西鄉在廓里。〔註241〕

○魏家泉：據原咸陽縣人民委員會文教科科長陳景文講：「回回原來在魏家泉多種水田，水田經營得很好。回回出走後，這裡留下的地沒人敢種。有邵姓人，家裏有人在西安府坐官，一種幾頃，現在尚有後人，居魏家泉。」〔註242〕魏家泉即今之咸陽市秦都區古渡鎮魏家泉村。

○方樓子村、佘家村、鎖家村：據咸陽前縣教育科長王寶成講：「（渭河以南）賀村的南邊有方樓子村，西北邊有捨家村、東北邊有鎖家村，原來都有回民居住，有的村是漢、回雜居。」〔註243〕舍姓源自經名，是典型的回族姓氏。顯然，捨家村是個單姓回族聚落。以上回村皆在渭河以南，具體方位不詳。

根據已有史料，同治以前醴泉縣可考的城鄉回族聚落共88處，即：縣城（東道巷、西道巷）、渭北北原東部渭城回族聚落群（米家村、馬家、高家莊、馬家村、海家溝、米家臺、桑家溝、木家溝、沙家溝、擺旗寨、邢家溝、木家溝、季馬家、馬家、馬家村、馬家臺、蘇馬家、馬家堡、西馬家臺、東馬家臺、陳馬家、石橋村、頂家村、古家溝、魏家村、冶家臺、冶花家、胡家溝）、渭北北原東蘇家溝回族聚落群（蘇家溝、牛羊村、紀家道、劉家溝、山家溝、頭家溝、張家村、胡家溝、三義村、白家嘴、佞家村、黑家溝、毛家溝、東穆家寨、南佘家村、北佘家村、蕭城、鈕家堡、韋家溝、馮家園子、西穆家寨）、普馬家、者馬家、任家嘴、馬家堡、拜家堡、西溝、求家堡、魏

〔註240〕馬長壽主編：《同治年間陝西回民起義歷史調查記錄》，西安：陝西人民出版社，1993 年，第 401 頁。

〔註241〕馬長壽主編：《同治年間陝西回民起義歷史調查記錄》，西安：陝西人民出版社，1993 年，第 277 頁。

〔註242〕馬長壽主編：《同治年間陝西回民起義歷史調查記錄》，西安：陝西人民出版社，1993 年，第 265 頁。

〔註243〕馬長壽主編：《同治年間陝西回民起義歷史調查記錄》，西安：陝西人民出版社，1993 年，第 264 頁。

家川、牛家村、吳家堡、張家堡、朝家堡、金家堡、郭旗寨、陳老虎寨、蘇
家寨、上苑、下苑、杜家堡、塔兒坡、藥王洞、海家村、古家村、白起塋、
新馮村、牛村、板橋、馬家村、馬家堡、魏家堡、魏家前村、魏家泉、渭河
以南聚落（南紀家、北紀家、方櫻子村、捨家村、鎖家村）。

12、興平縣

興平縣在省城西安西 100 里，縣治在渭河以北。興平縣回族聚落在西鄉
和東北鄉都有分佈，但由於史料所限，具體情況知之甚少。目前可考回族聚
落分述如下：

○北吳村、板橋：據《興平縣鄉土志》卷三《人類》載：「自宋宣和中回
鶻入貢，散之陝西州縣，本境遂有回種。東鄉北吳村、西鄉板橋，群居雜處，
久則間與漢民為難，同治元年（1862）五月，華州回匪變作，鄉人憤而驅之，
伊亦自知不能安居，攜眷東竄，以投伊黨，所遺田宅，名為叛產，後分給民
間耕住。」同書卷二《兵事》亦載：「同治元年（1862）五月，華州回匪以購
竹竿起釁，而涇陽之永樂，咸陽之渭城、蘇家溝各匪匪蔓延為叛。本境東鄉
北吳村，西鄉板橋村回黨應之。」北吳村應在今興平縣東北吳村一帶，板橋
即今興平市冉莊鄉板橋村。平涼哈吉馬連發阿訇（1918～2002）生於平涼白
水鄉永樂村，祖籍即陝西興平縣板橋村。

○馬嵬坡、陽臺：據陝西安撫瑛棨奏稱：「醴泉縣自五月二十日以後，即
有回匪從興平之馬嵬坡、板橋、陽臺等處竄擾，其中裹脅漢民甚多，分踞南
鄉之東、西莊頭、張起寨，東鄉之符村等處，肆行燒殺……」〔註244〕馬嵬坡
在興平市西，即今之馬嵬鎮，唐安史亂中，楊貴妃命喪於此，鎮西有楊貴妃
墓。板橋即上段所指板橋村。陽臺之謂疑瑛棨奏報時根據傳聞讀音誤寫，具
體何指不詳。

根據已有史料，同治以前醴泉縣可考的城鄉回族聚落共 4 處，即：北吳
村、板橋、馬嵬坡、陽臺。

13、醴泉縣

醴泉縣即今之陝西禮泉縣，在省城西安西北，西與乾州為界，縣治在涇
河支流甘穀水南岸。同治以前，醴泉縣為陝西省回民聚居之區，縣城東北鄉、
南鄉等處均有回民分佈。由於史料有限，有關醴泉縣回族人口聚落的更多狀

〔註244〕同治二年（1863）七月初八日（壬子）瑛棨奏，見〔清〕奕訢等編修《欽定
平定陝甘新疆回匪方略》卷四七。

況，目前知之不多。

○縣城（西關正街）：據民國《續修醴泉縣志稿》記載：「邑城向住紀姓回一家，此時，由東竄來者，立城外，脅以見紀。紀登城，回大慰，且言曰：有紀便有縣云云。」〔註245〕「紀」姓實為「計」姓，所謂紀姓回回一家，實際上就是馬長壽等人當年調查時醴泉縣計有財的爺爺計金章。「計有財，回族，五十一歲，家庭中農成分，農業社幹部，住在西關正街，是計家的直系後代。」〔註246〕據計有財稱：「最早醴泉縣城只有我一家回族，是由西安西關遷來的。」〔註247〕回軍指名要見計姓回回，可見計氏一家在渭北一帶回民中屬較有影響者。此外，不排除同治西北戰爭以前醴泉城內可能另有少量回回。

○趙村、吳村、坡里馬：據民國《續修醴泉通志稿》載「清同治元年（1862）壬戌四月，知縣閔淇安撫邑中回民……迭派廩生王文照往趙村鎮，團總王文灼往吳村、坡里馬各回堡，相約無恐，回民德之。」〔註248〕趙村鎮即今醴泉縣趙鎮駐地，吳村即今醴泉縣趙鎮吳村，同治戰前吳村漢人很少，僅三四家，全村絕大部分都是回民，〔註249〕以上兩村皆在城東北鄉。坡里馬具體位置不詳，估計亦在附近。

○肖東村、蔡頭原：據醴泉曹三老漢講：「醴泉縣的趙村、吳村、肖東、蔡原頭，原先都是回回住過的老村子。當華縣回民起事後，東府回民曾派人來到這裡號召這幾村的回民去東邊參戰。」〔註250〕趙村、吳村前文所提趙村鎮和吳村，肖東村在吳村北偏西一點，即今禮縣昭陵鄉肖東村。蔡頭原位置不詳，當亦在附近一帶。

○東莊頭、西莊頭、張起寨、符村、瓦窯坊：據陝西安撫瑛棨奏稱：「醴泉縣自五月二十日以後，即有回匪從興平之馬嵬坡、板橋、陽臺等處竄擾，其中裹脅漢民甚多，分踞南鄉之東、西莊頭、張起寨，東鄉之符村等處，肆

〔註245〕民國《續修醴泉縣志稿》卷一一《兵事志》。

〔註246〕馬長壽主編：《同治年間陝西回民起義歷史調查記錄》，西安：陝西人民出版社，1993年，第294頁。

〔註247〕馬長壽主編：《同治年間陝西回民起義歷史調查記錄》，西安：陝西人民出版社，1993年，第295頁。

〔註248〕民國《續修醴泉縣志稿》卷一一《兵事志》。

〔註249〕馬長壽主編：《同治年間陝西回民起義歷史調查記錄》，西安：陝西人民出版社，1993年，第299頁。

〔註250〕馬長壽主編：《同治年間陝西回民起義歷史調查記錄》，西安：陝西人民出版社，1993年，第298頁。

行燒殺，近又在距城十餘里之瓦窯坊一帶大路，踞爲巢穴，聚眾攻城……」〔註251〕以上五村，究竟原來即爲回村還是事變之後回民占爲據點，不甚明瞭，但本著史料所載取其多數的原則，亦暫定其爲回村。

根據已有史料，同治以前醴泉縣可考的城鄉回族聚落共 11 處，即：縣城（西關正街）、趙村、吳村、坡里馬、肖東村、蔡頭原、東莊頭、西莊頭、張起寨、符村、瓦窯坊。

14、盩厔縣

盩厔縣即今之陝西周至縣。在省城西安以西的渭河南岸。同治以前，盩厔縣有少量回族人口，主要聚居在城關一帶。

○縣城內南街、南關：據仇秋平講，盩厔縣只有南關和城內南街有回回，但爲數並不多，現在南門外盩厔中學的體育場附近還有回回墳。這裡的回民並不以農爲業，大多是開商店和經營小商販爲生的。「自從外縣『回亂』發生以後，本縣東路鄉團就到縣城來洗回回，把南關的回男都殺光了，留了三個回回婦女跪在街頭哭著，求人救命……但當時到處有傳帖要大家到戶縣截堵「回寇」，誰敢收留回婦？結果，這些婦女都被鄉團戕殺了。」〔註252〕民國《重修盩厔縣志·紀兵篇》亦有相關記載：「五月三十日，東路鄉團來盩厔仇殺回民，鮮有脫者。」兩者記載頗相脗合。

○白龍溝：仇秋平過去曾在縣政府當科長，知道本縣並無回回「叛戶」，其說應該比較可信。但是，從既有的史料來看，四鄉可能仍有零星的回族聚落分佈，如據光緒《鄠縣鄉土志》記載：「萬曆甲辰，回賊倡亂，盩厔之白龍溝，鄠縣之龐家村，聲勢相應，窟穴其中。戶令白應輝計擒沙倉等十一人，置於法……鄠縣令劉璞爲連環保家法，每堡壯丁二十人，教士一人，每月三日教習，餘日歸農，回亂遂息。」〔註253〕文中的盩厔之白龍溝位置不詳，是否即爲盩厔縣東，尚村鎮臨川寺以南的白龍溝，即今戶縣西白龍寺以北之白龍溝，待考。

根據已有史料，同治以前盩厔縣可考的城鄉回族聚落共 3 處，即：縣城、南關、白龍溝。

〔註251〕同治二年（1863）七月初八日（壬子）瑛棨奏，見〔清〕奕訢等編修《欽定平定陝甘新疆回匪方略》卷四七。

〔註252〕馬長壽主編：《同治年間陝西回民起義歷史調查記錄》，西安：陝西人民出版社，1993 年，第 322 頁。

〔註253〕光緒《鄠縣鄉土志·兵事》。

15、藍田縣

藍田縣在省城西安東南灞水上游，長安、臨潼、商州、鎮安及孝義等廳縣環列四周。同治戰前，藍田縣有一定數量的回族人口，但回族聚落散處四境，比較分散。1953 年第一次全國人口普查時，全縣回民僅 7 人。〔註 254〕

○西寨、大梁、周溝、草坪、嘴頭：民國《續修藍田縣志》載：「同治元年（1862）九月，回匪大股犯縣境。境內西寨、大梁、周溝、草坪、嘴頭等村回民一下時並叛。」〔註 255〕根據馬長壽先生的考證，以上回村，西寨在西關外，是緊鄰西關的一個村子。大梁村在縣之西境前衛鎮之西南。嘴頭又名「回回嘴頭」，在縣西湯峪川與焦岱川合流處。黑溝在縣北境，靠近臨潼南界。草坪在縣南彌陀河北岸。

○金花莊、陰沉莊、馬里灘、回回莊：據渭南縣的馮彥盛談，藍田還有金花莊、陰沉莊、馬里灘也是回村。此外，在縣城西南林家河附近還有一個村莊名「回回莊」，顯然也是一個回村。〔註 256〕

○沙河、海家坡、樓樓寺：據平涼 76 歲的劉景明老人講：「我家原住在藍田縣大道的沙河，原以農為業，生活尚感富裕。村裏人多戶眾，漢、回雜居。起初大家倒也相安無事。到同治元年（1862）五月，形勢就變了，相傳在五月十八日，各處漢人團練安下鍘子在鍘回回……村裏的老人都跳了水車井，年輕人遠逃，一直逃到西峰鎮……沙河附近有海家坡，也是一坊，附近有一個樓樓寺，作祈禱，抹一把，但其餘都是老教的規矩。」〔註 257〕關於沙河、海家坡及樓樓寺三村的位置，馬長壽先生做過如下考證：在西安舊咸寧縣東往藍田新市的大路北，有沙河村，此沙河村似劉景明所說的沙河，但藍田縣西北，從西安到縣城的大路上，一進縣境，也有沙河村，在洩湖鎮的北邊，又有沙河鎮，因此，到底是哪一個沙河，尚不能十分肯定。樓樓村和海家坡今地圖上查不到。〔註 258〕

〔註 254〕中央人口調查登記辦公室：《中華人民共和國一九五三年人口調查統計彙編》，北京：國家統計局人口統計司，1986 年翻印，第 169 頁。
〔註 255〕民國《續修藍田縣志》卷三《紀事沿革志》。
〔註 256〕馬長壽主編：《同治年間陝西回民起義歷史調查記錄》，西安：陝西人民出版社，1993 年，第 160 頁。
〔註 257〕馬長壽主編：《同治年間陝西回民起義歷史調查記錄》，西安：陝西人民出版社，1993 年，第 403 頁。
〔註 258〕馬長壽主編：《同治年間陝西回民起義歷史調查記錄》，西安：陝西人民出版社，1993 年，第 403 頁。

○泄湖鎮：據關中馬繼昭先生（馬光啓先生之子）有這樣一段描述，其講：「從（澄城縣）大北寺起南下經王閣、倉頭、耒化、馬家店、故市一直到藍田的泄湖鎮一帶和長安的回回營，都有回民居住。」〔註259〕從地圖上看，泄湖鎮位於藍田縣城與西安省城之間的灞水北岸，這一帶戰前爲回民聚居之所，劉景明所說的沙河很可能即是泄湖鎮北的沙河鎮。總的來講，藍田縣回族聚落主要集中在縣城西北及西南的灞水和滻水中下游一帶。

根據已有史料，同治以前藍田縣可考的城鄉回族聚落共 13 處，即：西寨、大梁、周溝、草坪、嘴頭、回回莊、金花莊、陰沉莊、馬里灘、沙河、海家坡、樓樓寺、泄湖。見圖 5.4。

圖5.4 同治戰前藍田縣回族聚落分佈

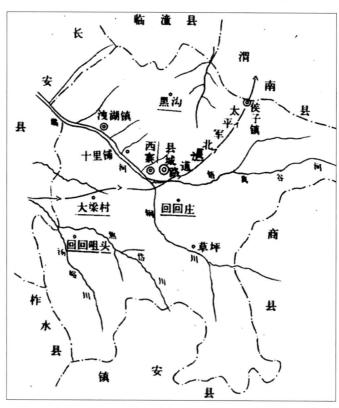

資料來源：馬長壽主編：《同治年間陝西回民起義歷史調查記錄》，
西安：陝西人民出版社，1993 年，第 161 頁。

〔註259〕馬長壽主編：《同治年間陝西回民起義歷史調查記錄》，西安：陝西人民出版社，1993 年，第 195 頁。

16、鄠縣

鄠縣即今之陝西戶縣，在省城西安西南。史料中有關鄠縣回族人口的記載非常簡略，對於戰前鄠縣回族人口及聚落的分佈詳情目前知之甚少。1953年第一次全國人口普查時，全縣回民僅 7 人。〔註260〕

〇灰渠頭村：根據《孟晉齋文集》記載：「鄠有村灰渠頭者，回民聚處。」〔註261〕民國《重修鄠縣志》亦記載稱：「鄠邑回民村落，只灰渠一村，先發殲之。」〔註262〕可見，灰渠頭村當爲回民聚居之處。同治元年（1862）閏八月二十三日勝保奏稱：「查陝省紳士梅錦堂、馮元佐等帶領團練爲數逾萬……詎料梅錦堂乘間糾合漢團二千餘人，先將長安境內各回村肆行焚殺，復到鄠縣之輝渠堡回村圍攻燒殺，闔村數百家立成灰盡，慘不可言。」〔註263〕此輝渠堡即灰渠頭村。

〇龐家村：據光緒《鄠縣鄉土志》記載：「萬曆甲辰，回賊倡亂，盩厔之白龍溝，鄠縣之龐家村，聲勢相應，窟穴其中。戶令白應輝計擒沙倉等十一人，置於法……鄠縣令劉璞爲連環保家法，每堡壯丁二十人，教士一人，每月三日教習，餘日歸農，回亂遂息。」〔註264〕該書《人類》部分又載：「戶民灰渠頭，舊爲回民所居之地。龐家村亦有回民，自回匪倡亂多年，用兵草薙而禽之，至今回民絕跡於戶，漢人之外，無他種族。」〔註265〕可見，灰渠之外，龐家村似亦爲回村。根據光緒《新測鄠縣全境》的標注，此村在縣西邊境靠近由縣城到盩厔縣城的大路上。龐家村可能在今鄠縣以東，即秦渡鎮龐村、北龐、南龐一帶。

根據已有史料，同治以前鄠縣可考的城鄉回族聚落共 2 處，即：灰渠頭、龐家村。

17、孝義廳

孝義廳即今之陝西柞水縣，乾隆四十七年（1782），析長安、盩厔及商州

〔註260〕 中央人口調查登記辦公室：《中華人民共和國一九五三年人口調查統計彙編》，北京：國家統計局人口統計司，1986 年翻印，第 169 頁。

〔註261〕 〔清〕顧壽楨：《孟晉齋年譜》，《孟晉齋文集》。

〔註262〕 民國《重修鄠縣志》卷九《紀事》。

〔註263〕 同治元年（1862）閏八月二十三日（癸卯）勝保奏，見〔清〕奕訢等編修《欽定平定陝甘新疆回匪方略》卷二二。

〔註264〕 光緒《鄠縣鄉土志·兵事》。

〔註265〕 光緒《鄠縣鄉土志·人類》。

直隸州之鎮安等三縣地設孝義廳。〔註266〕孝義地處秦嶺腹地，交通不便，境內回族人口很少。

　　○藥王堂：據縣志記載，康熙二十三年（1684），鎮安茅坪、西口回民3戶共18人遷入今柞水營盤鎮藥王，此爲孝義有回民之始。咸豐九年間，回民軍隊300餘人入大峪，途經孝義藥王堂時，曾贈給當地回民《古蘭經》三部。〔註267〕1990年的人口數據顯示，該年柞水縣回民總計112人，其中營盤區有65人，〔註268〕所佔比例接近60%。綜上所述，戰前孝義回族人口可能僅數十人，主要集中在營盤藥王堂一帶。

　　根據已有史料，同治以前孝義廳可考的城鄉回族聚落共1處，即：藥王堂。

18、寧陝廳

　　寧陝廳即今之陝西寧陝縣，乾隆四十七年（1782），析長安、盩厔以及商州直隸州之鎮安、漢中府之洋縣、興安府之石泉等五縣之地置五郎關廳，屬西安府。〔註269〕嘉慶五年，改五郎關廳爲寧陝廳仍屬西安府。〔註270〕寧陝廳雖地處秦嶺腹地，交通不便，但境內回族人口不少。而且，歷史上回回先民入居寧陝比較早，至少可以追溯至元朝。

　　○大坪、小嶺子、沙溝、興隆街、平溝、沙岸屋、閣老坪、江口、冷水溝：根據魏國安的考證，元世祖時，回族政治家賽典赤·瞻思丁任陝西五路西蜀四川平章政事，一些西域回回遷入寧陝，在今廣貨街的大坪、小嶺子、沙溝、興隆街、平溝，江口鎮的沙岸屋、閣老坪等地放牧定居，在興隆街、沙溝建有清眞寺。明代居住在江口、冷水溝的回民已有400餘戶，2,000多人，江口清眞寺開辦有阿漢語學堂。〔註271〕寧陝地處萬山之中，明末清初的戰亂基本上沒有波及這一地區，估計其地的回族人口聚落分佈可能變化不大。

〔註266〕光緒《大清會典事例》卷二七，《吏部》。

〔註267〕柞水縣志編纂委員會編，龍賡賢主編：《柞水縣志》，西安：陝西人民出版社，1998年，第804頁。

〔註268〕柞水縣志編纂委員會編，龍賡賢主編：《柞水縣志》，西安：陝西人民出版社，1998年，第126頁。

〔註269〕《清史稿》卷六三《地理志十》。

〔註270〕《清仁宗實錄》卷六三，「嘉慶五年四月乙未」條。

〔註271〕魏國安：《寧陝穆斯林的今昔》，《陝西穆斯林》2003年第3期。

　　根據已有史料，同治以前寧陝廳可考的城鄉回族聚落共 9 處，即：大坪、小嶺子、沙溝、興隆街、平溝、沙岸屋、閣老坪、江口、冷水溝。

　　同治以前西安府可考城鄉回族聚落匯總信息見表 5.1。

表 5.1　同治以前西安府可考城鄉回族聚落

州縣	寺坊聚落名稱	數量
西安城內	大學習巷寺、小學習巷寺、灑金橋寺、宣平寺、化覺巷寺（東大寺、清修寺）、廣濟院寺（小寺）、大皮院寺、小皮院寺、南城西寺、南城東寺	10
咸長四鄉	光大門馬氏祖塋碑所載回族聚落（南關村、解家村、糜家橋、上馬村、下馬村、杜城村、方橋頭、沈家橋、河灣村、鋪上、曹呂村、三會寺、皂河村、東北石橋、西北石橋、涼樓灘、灣子里、八家村、劉家寨、城角里、長條村、北關廂、西榮園、東榮園、午門村、八府莊、石碑寨、井而上、大梁村、石家洼、東劉村、草灘里、橋上、牛而寺、方村、東鋪上、米家崖、沙家莊、新莊里、水窯堡、團莊里、洛家堡、溝上、疙瘩寺、西草店村、八家里、馮家灘、杏園頭東堡、杏園頭西堡、東沙西堡村、沙河老堡村、東草店、唐家村、上班家村、下班家村、南擺村、北擺村、寇家東堡、寇家西堡、蘇家堡、光大門馬家灣、光大門上堡子）、木塔寨北堡、查張村西堡、塔坡、海家村、普家壕、呂家壕、西堡、雙樓子、高橋、雙橋頭、海家坡、拜家村、計家村、馬務北堡、赫家村、南場、劉家寨、葉家寨、小白楊、大白楊、張家村、東留村、西留村、泥河子、皂河灣、焦家村、鐵鎖村、草陽下頭、榮園前村、張家堡、八里坡、鯨魚溝、黃家莊、漁化寨、回回營、壩橋東黃家村、馬家村、回回曹家、卞家村、丁家橋、老鴉寨、首巴掌、郭村、橋村、子午鎮、張村、葉護塚、杜曲、沙窩、半閣村	112
臨潼	普陀原十三村聚落群（官路鄭、北拜村、南拜村、新集、榮園、郭壕、原頭、馬家堡、古宋村、狐子溝、楊家窪、原南村、南馬村、北馬村、白龍溝、鹽店廟、上寨子、坑溝、雙寨）、八里坤、古堡子、三府街、五府、下宣村、八角廟、羅家寨、上於家、回回道、行者橋、蔡家莊、馬坊頭、白廟寨、西倉頭、馮里嘴上、零口、大寨村、八尖、新豐村、斜口、關山、賈村里、郭下里、白鴨觜。	43
渭南	辛市、官道、倉頭、喬店、耒化、邸家莊、洪家崖、趙家崖、赫家崖、閔家崖、孝義鎮、白楊寨、涼天坡、赫家窯、藍家坡、藍王村、金花莊、殷城村、馬里灘、盛店鎮、薛馮村、閔家、趙家坡、閣莊、盛天溝、南禹家莊、北禹家莊、侯家、三家莊、老莊子、馬家窪、十里灘、青池、樊家堡子、權家、洪家村、冶家村、赫冶家、車村、葉家灘、楊家灘、記家莊、呂家村、橋尖村、庚家村	45
高陵	確考回族聚落（縣城、南拜家、北拜家、馬伍什、白家嘴、白家灘、西撒家村、東撒家村、東全子頭、邸家村、半個城、虎家村、蘇家村、渭橋里、太華村、韓村、米家崖、來家灘、來家集、梁村、官馬寺、七留村、喇叭莊、買家村）、高度疑似回族聚落（耿鎮、關市、來家村）、疑似回族聚落（馬家灣鄉的馬家灣、張卜鄉的今古渡馬家、馬家溝、馬家、馬家、崇皇鄉的三馬白、姬家鄉的康橋馬、藥惠鄉的馬家、馬家窯、通遠鄉的吳鄭坊馬家）	37
涇陽	縣城（秀水巷、姚家巷）、南鐵門、魏家灣、縣城東北角回族聚落、永樂店、坡底村、塔底下村、口子頭、雲陽鎮、木家溝、馬家臺、高陽莊、赫家村、大榮壕、小榮壕、榮楊村、馬家莊、寨頭村、回回溝、畢家窯	21

三原	縣城（興和巷、姚家巷、水津巷）、西關、北城、半個城、泓水鋪	7
富平	美原、康橋、道賢	3
耀州	城關、寺溝、廟灣、小坵鎮	4
同官	韓家原	1
咸陽	縣城（東道巷、西道巷）、渭北北原東部渭城回族聚落群（米家村、馬家、高家莊、馬家村、海家溝、米家臺、桑家溝、木家溝、沙家溝、擺旗寨、邢家溝、木家溝、季馬家、馬家、馬家村、馬家臺、蘇馬家、馬家堡、西馬家臺、東馬家臺、陳馬家、石橋村、頂家村、古家溝、魏家村、冶家臺、冶花家、胡家溝）、渭北北原東蘇家溝回族聚落群（蘇家溝、牛羊村、紀家道、劉家溝、山家溝、頭家溝、張家村、胡家溝、三義村、白家嘴、佞家村、黑家溝、毛家溝、東穆家寨、南佘家村、北佘家村、蕭城、鈕家堡、韋家溝、馮家園子、西穆家寨）、普馬家、者馬家、任家嘴、馬家堡、拜家堡、西溝、求家堡、魏家川、牛家村、吳家堡、張家堡、朝家堡、金家堡、郭旗寨、陳老虎寨、蘇家寨、上苑、下苑、杜家堡、塔兒坡、藥王洞、海家村、古家村、白起埒、新馮村、牛村、板橋、馬家村、馬家堡、魏家堡、魏家前村、魏家泉、渭河以南聚落（南紀家、北紀家、方櫻子村、捨家村、鎖家村）	88
興平	北吳村、板橋、馬嵬坡、陽臺	4
醴泉	縣城（西關正街）、趙村、吳村、坡里馬、肖東村、蔡頭原、東莊頭、西莊頭、張起寨、符村、瓦窯坊	11
鰲屋	縣城、南關、白龍溝	3
藍田	西寨、大梁、周溝、草坪、嘴頭、回回莊、金花莊、陰沉莊、馬里灘、沙河、海家坡、樓樓寺、泄湖	13
鄠縣	灰渠頭、龐家村	2
孝義	藥王堂	1
寧陝	大坪、小嶺子、沙溝、興隆街、平溝、沙岸屋、閣老坪、江口、冷水溝	9
合計		411

二、同州府回族聚落考證

同治前同州府共包括大荔（附廓縣）、潼關、朝邑、合陽、澄城、韓城、白水、華州、華陰、蒲城等 10 個廳縣。這 10 州縣民間簡稱為「二華關大水，三城朝合陽」〔註272〕，號稱「東府十大縣」。同治以前，同州府為中國伊斯蘭學術中心，回回教門相當繁盛，當時阿訇住學都講究上同州和鳳翔去，省城西安反較之遜色。〔註273〕「東府十大縣」是當時陝西回族人口分佈最爲集中

〔註272〕二華指華州、華陰兩州縣，關指潼關廳，大指大荔縣，水指白水縣，三城指澄城、韓城、蒲城三縣，朝指朝邑縣，合陽即合陽縣。

〔註273〕馬長壽主編：《同治年間陝西回民起義歷史調查記錄》，西安：陝西人民出版社，1993 年，第 168 頁。

的地區之一。同治府的蒲城縣與西安府的富平縣、臨潼縣及渭南縣號稱「陝省四大縣」，合同州首廓大荔縣，五縣犬牙交錯，史稱其間回族聚落居其大半。而「臨渭二華」一帶，即自西安府的臨潼往東包括渭南及同州府的華州、華陰四縣，回族人口的比例高達百分之四十以上。由此來看，同治以前，同州府洛水下游、靠近渭河的南北兩岸，尤其是西安府相交的同州府西部地區回族人口尤爲眾多，聚落分佈尤爲密集。同州沿渭一帶回族聚落與西部西安府沿渭一帶的回族聚落連成一片，共同構成了同治以前陝西回族人口聚落最主要的分佈區域。

1、大荔縣

大荔縣爲同州府首廓，是回回先民最早的居聚地之一，也是清代陝西省回族人口數量最多，聚落分佈最集中的州縣之一。〔註274〕新編《大荔縣志》稱：「伊斯蘭教，主要爲回民所奉。明代，本縣就有活動。明末在高家巷建起清眞寺。清同治年間『回民起義』後活動中斷。民國時期，由河南遷來 4 戶回族，在原朝邑縣南街建起『清眞寺』。」〔註275〕1953 年第一次全國人口普查數據顯示，全縣回民僅 31 人。大荔回民聚落信息史料記載較多，現考證如下：

○縣城（清眞寺街、高家巷、牛市巷、司令部街、老南街、西關什字街）：同治以前大荔城內有部分回民分佈，據大荔劉宗實《節義祠創始碑記》記載，大荔「城內舊有逆建清眞寺，於同治四年（1865）六月間稟官批准，用以崇祠殉難諸人。」〔註276〕又《平定關隴紀略》載：「府城西關舊住回民不少，城內亦有回戶紳民十數家。」〔註277〕馬長壽調查資料顯示，回民城內聚居處在城東南爲清眞寺街（該清眞寺戰曾改爲節義祠）、高家巷、牛市巷、司令部街；

〔註274〕大荔沙苑回回的先民，史料記載及民間口述傳說往往將其上溯至唐代的回紇，於是乃有回紇入駐沙苑之說。杜甫《留花門》一詩即吟詠此事，《唐書·回紇傳》及《資治通鑑》卷二二○，至德二年十月亦均有記載。關於回回是否是回紇的問題，清初顧炎武認爲二者相同，但錢大昕則主張二者皆非。實際上，現代回回與歷史上的回紇並沒有關係，今人姚大力已對此問題進行了更爲清晰的闡述。

〔註275〕大荔縣志編纂委員會編：《大荔縣志》，西安：陝西人民出版社，1994 年，第965 頁。

〔註276〕光緒《同州府續志》卷一四《文徵錄》。

〔註277〕〔清〕易孔昭：等《平定關隴紀略》卷一，見中國史學會編，白壽彝主編《回民起義》第 3 冊，上海：神州國光社，1952 年，第 251 頁。

在城西南為老南街；在城西為城外西關十字街。〔註278〕

○馬坊頭、縣城正南街南馬家巷：明代回回賢相馬自強一族即居沙苑，後遷城南馬坊頭，以後又遷到大荔城西門內，正南街南的馬家巷。〔註279〕馬坊頭在大荔城南，或即今大荔縣南石槽鄉馬坊村。

○沙苑回族聚落群：城外回民則主要分佈於縣西南各鄉村，尤以沙苑、沙邊各處及西部與渭南交界等處最為集中。《平回志》載：「大荔、渭南之回，世居渭北沙苑。」〔註280〕《水經注・補洛水》：「洛東經沙阜北，其阜東西八十里，南北三十里，俗名之曰沙苑。」沙苑位於大荔縣城南部洛河古沖積扇前緣，介於渭、洛河之間，實際上是在原始湖底上的風積沙地上形成的形態各異的新月形沙丘和沙丘鏈地貌。〔註281〕民間口述資料相稱，同治以前，沙苑一帶回族聚落共有36村。〔註282〕從臨潼十三村的情況來看，所謂沙苑三十六村，很可能也僅僅是一個泛指，戰前這一帶的回族聚落應該遠不止此數。

◇小園子、大園子、老莊子、南丁家、北丁家、東丁家、伍家、南草灘、北草灘、東營里、西營里、南營里、北營里、東海道子、西海道子、車村、禹家、喬店、秦家莊、沙窪、上沙窪、馬家、青池村、老莊子、倉頭、南王閣、沙南、上十里灘、下十里灘、十里灘麼莊、馬家窪、樊家堡、龍池庵、石碑村、三家莊、黃甫、龐家莊、金家村：據大荔縣雷登雲老人講：「回回在同治年前居住在沙苑三十六村的村名是：丁家、馬家、小園子、大園子、老莊子、北丁家、南丁家、伍家、草灘子、東營里、西營里、白馬營、海道子、潘邑、車村、禹家、喬店、羌白、秦家莊、南營里、沙窪、青池、上沙窪、老莊子、倉頭、南王閣、沙南、十里灘、馬家窪。」〔註283〕又據拜家村的拜錫麟老人對沙苑諸回村的描述稱：「同治年間以前，回回所在的村落

〔註278〕馬長壽主編：《同治年間陝西回民起義歷史調查記錄》，西安：陝西人民出版社，1993年，第119頁。

〔註279〕〔清〕張廷玉等纂：《明史》卷二一九《馬自強傳》。

〔註280〕〔清〕楊毓秀：《平回志》卷一，見中國史學會編，白壽彝主編《回民起義》第3冊，上海：神州國光社，1952年，第59頁。

〔註281〕中國科學院地理研究所渭河研究組：《渭河下游河流地貌》，北京：科學出版社，1983年，第24頁。

〔註282〕馬長壽主編：《同治年間陝西回民起義歷史調查記錄》，西安：陝西人民出版社，1993年，第102頁。

〔註283〕馬長壽主編：《同治年間陝西回民起義歷史調查記錄》，西安：陝西人民出版社，1993年，第112頁。

有樊家堡、龍池庵、青池、喬店、禹家、沙南、東西海道子、東西白馬營、
南北草灘、北丁家、伍家、老莊子、馬家、大小園子、南丁家、潘邑、車
村、秦家莊、南北營里（即南北白馬營）、倉頭、石碑灘、馬家窪、三家莊
等。」〔註284〕又南王閣村郝德昌先生講：「從前，這一帶的海道子、馬家窪、
喬店、南王閣、黃甫、車村、禹家（『家』常讀爲『陽』）全都是回村，但羅
河、潘邑、八女村但沒有回回，都是漢村。」〔註285〕

　　雷登雲老人所稱沙苑回村共計 29 個，但其中有些可能並不是回村。比
如，羌白鎮。羌白即今羌白鎮，在王閣以北，同治以前是大荔縣第一鎮，清
廷於此地設縣佐，分管西南一帶糧稅、訴訟。羌白戰前並非回村，亦無回
民，同治元年（1862）大荔回民攻取北羌白後，占爲據點，在戰爭初期影響
較大，故後人多誤以爲回村，實謬。〔註286〕又如潘邑，潘邑舊稱美陽鎮，在
官道上，鎮大人多，與回村地境相連，素不相洽，是以回民起事後，潘邑即
被攻佔。〔註287〕很顯然，潘邑不應歸之於回村。除此之之，雷登雲所講的有
些回村可能是重複的，如丁家似即南北丁家，白馬營有東西南北四個村組
成，即東營里、西營里、南營里、北營里，相互對照，雷登雲所稱白馬營或
即北營里。拜錫麟老漢所講東西海道子即雷登雲所稱海道子村，由此可知
此村由兩個小村組成。草灘子亦由南北兩個小村組成。其中和雷登雲所講完
全不同的回村有三個，即：樊家堡、龍池庵、三家莊。南北丁家外，又有
名東丁家村者。據平涼 60 歲的丁興春老人和八十二歲的伍明義老人講，他們
祖籍都是大荔縣東丁家，東丁家在大荔縣沙苑的邊上，應和南北丁村相近。
〔註288〕涇源縣（即清之化平廳）十里灘村村幹部馬長春同志講：「原來同州沙
苑里的十里灘有三個莊子，即上十里灘、下十里灘和十里灘麼莊。土地宜產
麥子、碗豆、蕎麥、糜穀。同時在沙裏還出西瓜、棗子和花生，那是一個好

〔註284〕馬長壽主編：《同治年間陝西回民起義歷史調查記錄》，西安：陝西人民出版
　　　　社，1993 年，第 118 頁。
〔註285〕馬長壽主編：《同治年間陝西回民起義歷史調查記錄》，西安：陝西人民出版
　　　　社，1993 年，第 129 頁。
〔註286〕馬長壽主編：《同治年間陝西回民起義歷史調查記錄》，西安：陝西人民出版
　　　　社，1993 年，第 119 頁。
〔註287〕馬長壽主編：《同治年間陝西回民起義歷史調查記錄》，西安：陝西人民出版
　　　　社，1993 年，第 127 頁。
〔註288〕馬長壽主編：《同治年間陝西回民起義歷史調查記錄》，西安：陝西人民出版
　　　　社，1993 年，第 401、423 頁。

地方。」〔註289〕由此可知十里灘是由三個村子組成的。龍池庵是爲回村亦有旁證,龍池庵今無回民,但至今相傳此地土人爲「變種回回」,由此推測村民先民可能是同治西北戰時爲避戰火放棄伊斯蘭信仰而隱匿下來的回民。龍池庵舊爲回村當無疑問。車村具體所指不詳,同治元年(1862)十一月初四日(壬子)勝保奏言:「臣由朝邑馳抵同州……追至車村賊營,立將賊莊焚毀,賊向王閣村、羌白鎮逃竄……將王閣村附近回村焚毀數處。」〔註290〕所指即此。

喬店一村,戰前歸屬相當複雜,大荔、渭南兩縣縣志均有記載,民國《大荔縣舊志存稿》卷四《土地志》對此問題有詳細說明,據載:「熊志(按:指熊兆麟纂修道光《大荔縣志》)……記西鄉村名極邊曰喬店村,注言距縣城五十里。光緒初年,荔令周銘旗任內,渭人以爭界上控,強欲指喬店村東之沙水渠爲兩縣界,然喬店一村,荔、渭兩縣志皆載,蓋一村而兩縣分轄,中有路爲界。喬店村西有乾河,完全渭地。東去數里有沙水渠,完全荔地。若以西之乾河爲界,則喬店當完全歸荔,以東之沙水爲界,則喬店完全歸渭。此二者均於糧地大礙。銘旗請查覆稟詳明解剖,率以持平結案,永息爭端。」喬店以外,尚有其他位於渭南、大荔交界處的回村歸屬上存在分歧,比較著名的如禹家村。禹家村在喬店南二三里,又稱於家,民國《修續大荔縣志》載「禹於皆回民著姓,故以名其村」,〔註291〕回村在渭南、大荔兩縣之間,故一說是屬大荔縣,一說屬渭南縣,今屬渭南縣。

○東小坡:民國《續修大荔縣志》之《舊志存稿・耆舊傳》:「馬先登,字伯岸,東小坡人。」馬先登爲馬自強第十一世孫。據馬先登《告存漫叟年譜》記載稱,他們這一支,即馬自強的三弟馬自修這一支算起的第五代,於康熙三十三年(1694)由沙苑馬坊里遷到東小坡底。東小坡底即今之大荔縣戶家鄉東小坡村。〔註292〕

○平陽坊:同治元年(1862)十月初二日(辛巳)成明等稟稱:「倉頭賊匪由咸陽敗回,勾結王閣村一帶之賊過河,在同州府西北十里之平陽坊盤

〔註289〕馬長壽主編:《同治年間陝西回民起義歷史調查記錄》,西安:陝西人民出版社,1993年,第445頁。
〔註290〕同治元年(1862)十一月初四日(壬子)勝保奏,見〔清〕奕訢等編修《欽定平定陝甘新疆回匪方略》卷二七。
〔註291〕民國《修續大荔縣舊志存稿》卷二《足徵錄》。
〔註292〕馬先登:《告存漫叟年譜》卷一。

踞。」〔註293〕平陽坊或爲回民聚落，具體位置不詳。

　　○韓村、東連村、西連村、胡家莊：同治元年（1862）十一月二十三日勝保奏言：「賊匪在同州之韓村、連村等處列營抗拒。」二十五日（癸酉）又奏稱：「十一月十八、十九等進攻東、西連村，該匪列隊迎戰，並於韓村、胡家莊調來悍賊，層層接應。」〔註294〕東西連村或即大荔縣東朝邑鎮連家村，其他韓村、胡家莊亦應在其附近。

　　○穆家村：據大荔縣羌白鄉完全小學宋之人先生講：「回軍跟著攻打羌白鎮……當時華州的回回和大荔禹家、老莊子、穆家、青池的回民都起了手。集合到南王閣聽命出發。」〔註295〕穆家村具體所指不詳，當即在青池、南王閣一帶。

　　○王橋：據惠通渠水利局秘書王子英講：「回民原居沙苑及沙邊各地——青池、王橋及八女村以南各村。州府官吏處理回、漢訴訟時總是左漢右回，因此回民大憤。」〔註296〕王子英著經參加過續修縣志稿的工作，對本縣掌故較熟，從上文引證來看，其所講清池、八女村以南各校爲回民是正確的，故王橋一村爲回村應該沒什麼問題。王橋具體所指不詳。

　　○赫冶村、十三營、楊家莊：平涼吳德正老人講，赫明堂阿訇，同州赫冶家人，于彥祿，同州十三營人，馬止順綽號「哈哈娃」，與馬正剛都是同州楊家莊人。〔註297〕

　　○桃園、餘羊村：據平涼于建功阿訇講：「我們姓于的，是同州王閣村桃園人……這一帶的回民有八百多戶，王閣村附近有個于羊村，也是姓于的回民所居（曾以進貢羊得名），南邊有馬家（村），相傳也有八百多戶，全是回民。」〔註298〕由上看來，桃園應在王閣村附近。涇源縣（即清之化平廳）白

〔註293〕同治元年（1862）十月初二日（辛巳）成明等奏，見〔清〕奕訢等編修《欽定平定陝甘新疆回匪方略》卷二五。

〔註294〕同治元年（1862）十一月二十三日（辛未）、二十五日（癸酉）勝保奏，見〔清〕奕訢等編修《欽定平定陝甘新疆回匪方略》卷二八。

〔註295〕馬長壽主編：《同治年間陝西回民起義歷史調查記錄》，西安：陝西人民出版社，1993年，第123頁。

〔註296〕馬長壽主編：《同治年間陝西回民起義歷史調查記錄》，西安：陝西人民出版社，1993年，第106頁。

〔註297〕馬長壽主編：《同治年間陝西回民起義歷史調查記錄》，西安：陝西人民出版社，1993年，第424、425頁。

〔註298〕馬長壽主編：《同治年間陝西回民起義歷史調查記錄》，西安：陝西人民出版社，1993年，第426頁。

面鄉餘羊村八十五歲老人馬風風講：「餘羊村原在同州西鄉王閣村的附近，相傳明萬曆年間有馬古愚老人向北京皇帝進貢羊群。當時同州漢人也同時向北京貢羊。回回每日吃羊，羊不見少，漢人不見吃羊，日有減耗，最初漢人懷疑回回偷他們的羊，因此隔站而行，但情況也是漢羊日少，回羊不減。所以此村名為『餘羊』……餘羊村在大路旁，距同州城四十里路。」〔註299〕

　　根據已有史料，同治以前大荔縣可考的城鄉回族聚落共 59 處，即：縣城（清眞寺街、高家巷、牛市巷、司令部街、老南街、西關什字街、正南街南馬家巷）、馬坊頭、沙苑回族聚落群（小園子、大園子、老莊子、南丁家、北丁家、東丁家、伍家、南草灘、北草灘、東營里、西營里、南營里、北營里、東海道子、西海道子、車村、禹家、喬店、秦家莊、沙窪、上沙窪、馬家、青池村、老莊子、倉頭、南王閣、沙南、上十里灘、下十里灘、十里灘麼莊、馬家窪、樊家堡、龍池庵、石碑村、三家莊、黃甫、龐家莊、金家村）、東小坡、平陽坊、韓村、東連村、西連村、胡家莊、穆家村、王橋、赫冶村、十三營、楊家莊、桃園、餘羊村。

2、華州

　　華州即今之陝西華縣，在渭水以南，東與華陰為界，西與渭南相鄰。同治以前，華州是陝西回族人口眾多，回族聚落分佈最為密集的州縣之一。根據史料估算，華州與華陰、臨潼、渭南四縣回族人口比例超過百分之四十。新編《華縣志》稱：「清同治年間以前，華州多回民，沿渭聚堡而居，後因清政府血腥鎮壓回民起義，被迫遷徙寧夏、甘肅諸地。」〔註300〕又記稱：「清代，伊斯蘭教在華縣頗盛一時，下廟秦家灘、縣城大街中段等地均設清眞寺，信教回民人數較多。清末，回民起義被鎮壓後，回教徒大為減少。」〔註301〕1953年第一次全國人口普查數據顯示，全縣回民僅 185 人。〔註302〕就目前掌握史料及民間口述資料，華州城內及西關一帶，向有部分回民聚居，城西南的溪兒

〔註299〕馬長壽主編：《同治年間陝西回民起義歷史調查記錄》，西安：陝西人民出版社，1993 年，第 433 頁。

〔註300〕華縣地方志編纂委員會編：《華縣志》，西安：陝西人民出版社，1992 年，第119 頁。

〔註301〕華縣地方志編纂委員會編：《華縣志》，西安：陝西人民出版社，1992 年，第589 頁。

〔註302〕中央人口調查登記辦公室：《中華人民共和國一九五三年人口調查統計彙編》，北京：國家統計局人口統計司，1986 年翻印，第 169 頁。

灣及城東的丁村也有少量回民。除此之外，華州回民最主要的分佈區域在城北渭南的秦家灘一帶。從地圖上看，華州回族聚落北與大荔、東與華陰、西與渭南回三縣沿渭一帶回村連成一片，共同組成同治以前陝西省回民最重要的聚居區域。

　　○縣城（大街中段、西關）、褒聖里、褒義里、溪兒灣、乜家灘、解家、王里渡、灣里、侯坊、位家村、丁村：據曾在清朝官府管過錢糧的馬之光老人講：「城內西關，雖然也有回回商人經營商業，但回回最多的村落，在渭河南岸秦家灘一帶，縣城西南的溪兒灣也有少數回回。沿渭河之濱，從前所謂『褒聖里』和『褒義里』回回『叛產』糧更多，一共有幾十兩銀。這一帶的田地，因爲沿河易於崩塌，所以每畝只有幾合糧，但合計起來，就不少了。華州原有四十一里，褒聖、褒義二里在下廟以西，以北便是秦家灘、乜家灘、解家、王里渡、灣里、侯坊、位家村，其中以秦家灘的回回爲最多。此外，在州城東邊的丁村，原來也有回回。」〔註303〕

　　○秦家灘、包家灘、楊家灣：盧坤《秦疆治略》載：「北鄉與大荔毗連，秦家灘、楊家灣等處，向有回民居住，每放羊踐食麥苗，與漢民互相鬥毆，宜嚴禁勸諭，可相安無事。」又據民國《華縣縣志稿》載：「鄰村爲秦家灘，多回族，與漢民械鬥，往往糾眾至數千人。」〔註304〕由此可見秦家灘一帶回族人口之盛。同書卷三《建置志》回教條又載：「唐中葉面回鶻來長安者，或留居沙苑，卵翼生息，蔓延吾華。秦家灘一帶，遂爲回教窟穴。非族異心，漸致不馴，官民又處待不當，遂釀成同治壬戌之亂，今無一存者。」光緒《華州鄉土志・人類》載：「州境向有回種人……自唐中葉回鶻人來長安者，或留居沙苑，卵翼蕃息，歷千餘年，蔓及州境秦莊村一帶……同治初元……多忠勇公驅之西去，自是州民無復異種。」秦莊村者，所指當即秦家灘。秦家灘又名秦家村、秦家莊，據華縣劉安國先生講：「華縣火車站到秦家灘（現名侯方鄉）有羊路，相傳昔年回民常在此放羊，惹起風波。秦家灘一帶原爲回回聚居村落，村中有清眞寺。自回民被逐後，此清眞寺改爲多隆阿廟。民國年間又改爲關帝廟。」〔註305〕同治元年四月二十四日團練「火燒秦家灘」是西

〔註303〕馬長壽主編：《同治年間陝西回民起義歷史調查記錄》，西安：陝西人民出版社，1993年，第73頁。

〔註304〕民國《華縣縣志稿》卷一一《人物志・衛歸文傳》。

〔註305〕馬長壽主編：《同治年間陝西回民起義歷史調查記錄》，西安：陝西人民出版社，1993年，第69頁。

北戰爭爆發的重要導火索之一，因此，該村對於這場戰爭和西北回民來講，具有重要的標籤意義。秦家灘改名侯方鄉一說，因馬長壽當年調查記載，學界流傳頗廣，後世論著大多引用其說。然此說法實爲訛傳，並不屬實。現據馬光華等人實地調研所得，秦家灘當年被焚後，村址向南遷移約一里許，村名同治至今從未更改，其村即今渭南市華州區域正北渭河南岸河灘上秦家灘村。1949 年至 1962 年間曾歸侯方鄉管轄。〔註306〕又劉東野《壬戌華州回變記》載：「華陰「義和」各團行至下廟，聞回族北渡狀，且望見逃北煙火，遂燒秦家村、包家灘，立議分守渭河南岸。」〔註307〕是包家灘亦爲回村，其地當在秦家灘附近。

根據已有史料，同治以前華州可考的城鄉回族聚落共 14 處，即：縣城（大街中段、西關）、褒聖里、褒義里、溪兒灣、匕家灘、解家、王里渡、灣里、侯坊、位家村、丁村、秦家灘、楊家灣。

3、華陰縣

華陰在渭河以南，西界華州，東鄰潼關。新編《華陰縣志》稱：「唐時，縣內回族人數很少，僅有數十人。五代以後，教徒逐漸增多，並從甘肅聘請阿訇，舉行宗教活動。清咸豐年間，教徒有到 400 多人。清同治元年（1862），華陰伊斯蘭教不堪民族歧視，在阿訇任武領導下，與捻軍協同抗清於河南、甘肅等地。1864 年，回教起義被欽差大臣左宗棠鎮壓，本縣回族人數大減。民國二十三年（1934）後，教徒逐漸增加到 29 人，修復了清眞寺，開展宗教活動。」〔註308〕縣志關於本縣回民信息這段記述，是中華人民共和國成立以後典型的農民起義和封建壓迫的歷史語境的產物。志書雖然對本縣歷史上曾經存在過回民的史實沒有如前代方志一樣，完全否認和掩蓋。但是，言之鑿鑿的極爲精確的歷代回族人口數沒有注明來源，眞實性令人懷疑。尤其是咸豐年間本縣回民 400 人的說法完全與史實不符。實際上，同治以前，華陰是陝西回族人口最多，回族聚落分佈最爲密集的州縣之一，根據史料估算，華陰與華州、臨潼、渭南四縣回族人口比例超過百分之四十。1953 年第

<hr />

〔註306〕馬光華、楊娟、黨曉虹、嚴虹：《對回民起義文獻中「華洲的秦家灘今改爲侯坊鄉」所進行的調研、考證、更正》，《渭南師範學院學報》2016 年第 3 期。

〔註307〕馬長壽主編：《同治年間陝西回民起義歷史調查記錄》，西安：陝西人民出版社，1993 年，第 78 頁。

〔註308〕華陰市地方志編纂委員會編，何元慶主編：《華陰縣志》，北京：作家出版社，1995 年，第 744 頁。

一次全國人口普查數據顯示，全縣回民僅 155 人。〔註309〕

由於史料所限，對於戰前華陰回村聚落名稱及分佈的詳細狀況，目前知之甚少。所瞭解者，僅知道華州西北毗連秦家灘的大漲村一帶，是回民聚居之處。由華州的情況推測，華陰回族聚落有可能也集中在渭河南岸，自西徂東，與華州及潼關回村連為一片。

根據已有史料，同治以前華陰縣可考的回族聚落僅 1 處，即：大漲村。

4、澄城縣

澄城縣在同州府城以北洛水以東，東鄰合陽，西界白水。同治以前，澄城縣是陝西省回族人口較多，回族聚落分佈密集的州縣之一。1953 年第一次全國人口普查數據顯示，全縣回民僅 4 人。〔註310〕

○寺前鎮：據關中馬繼昭先生（馬光啓先生之子）講：「澄縣有一寺前鎮，又名寺頭，寺頭之得名，是由於這裡原來有一座清真寺名大北寺……原有三百多戶人家，回、漢雜居。從大北寺起南下經王閣、倉頭、秉化、馬家店、故市一直到藍田的泄湖鎮一帶和長安的回回營，都有回民居住。〔註311〕寺頭即今澄城東南寺前鎮之寺前村，從這段描述來看，戰前澄城縣寺頭村以南至大荔縣西南一帶，回族聚落分佈密集。

根據已有史料，同治以前澄城縣可考的城鄉回族聚落共 1 處，即：寺頭鎮。

5、朝邑縣

朝邑在同治府東部，同治以前，回族人口較多，但因史料缺乏，更多的情況目前知之甚少。民國《續修陝西通志稿》卷四〇《選舉表一》：「武進士 乾隆三十六年辛卯 穆傑 朝邑 淮安守備」穆姓為該縣回民大姓。

○丁馬村：同治元年（1862）八月十二日（壬戌）英桂奏：「言查同州、朝邑等處逆回盤踞王閣、丁馬二村，出沒無常。」〔註312〕從行文上看，王閣、

〔註309〕中央人口調查登記辦公室：《中華人民共和國一九五三年人口調查統計彙編》，北京：國家統計局人口統計司，1986 年翻印，第 169 頁。

〔註310〕中央人口調查登記辦公室：《中華人民共和國一九五三年人口調查統計彙編》，北京：國家統計局人口統計司，1986 年翻印，第 169 頁。

〔註311〕馬長壽主編：《同治年間陝西回民起義歷史調查記錄》，西安：陝西人民出版社，1993 年，第 195 頁。

〔註312〕同治元年（1862）八月十二日（壬戌）英桂奏，見〔清〕奕訢等編修《欽定平定陝甘新疆回匪方略》卷一八。

丁馬兩村當分別隸屬於同州和朝邑。王閣即南王閣，屬同州首廓大荔縣，丁馬村當屬朝邑縣。

根據已有史料，同治以前朝邑縣可考的城鄉回族聚落共 1 處，即：丁馬村。

6、韓城縣

同治以前，韓城縣回族人口較多。然因史料缺乏，目前所知回族聚落信息極為有限。

○解家村：在韓城，一直流傳著「朝半陝、陝半韓、韓半解衛」的說法，〔註313〕其意是指，在明、清兩代的朝臣中，以陝西籍的官吏中，以韓城籍的居多；而韓城當官的又以解、衛兩姓的人居多。其中解氏家族「一門三進士，一舉一貢生」。從萬曆朝開始經雅、經傳、經幫三兄弟開始，明清兩代解氏家族共出文武進士 11 名、舉人 13 名、貢生 14 名。韓城解氏世居解家村，據楊大業考證，解氏為回民，如此，解家村當為回村。〔註314〕解家村即今韓城市東北皆村鎮解家村。

根據已有史料，同治以前韓城縣可考的城鄉回族聚落共 1 處，即：解家村。

7、蒲城縣

同治以前，蒲城縣回族人口較多。然因史料缺乏，目前所知回族聚落信息極為有限。

○縣城：蒲城米姓，世居城北關，順治至道光諸朝，蒲城米氏總共出了一位進士、九位舉人。乾隆《蒲城縣志》卷七《選舉》有詳細記載，揚大業考證認為米姓為蒲城回族大姓。〔註315〕

根據已有史料，同治以前蒲城縣可考的城鄉回族聚落僅 1 處，即：縣城。

8、白水縣

同治以前，白水縣為陝西省回民聚居之所。據敦悅堂《馬氏宗譜》記載，該族始祖馬依澤自宋代入華落籍陝西涇陽縣永安鎮李尚書塔旁，所世散佈各

〔註313〕馮光波：《韓城史話——韓城歷史文化名城史證摭要》，見安平秋、劉新興主編《龍門論壇》，北京：華文出版社，2005 年，第 726 頁。
〔註314〕楊大業：《明清回族進士考略（八）》，《回族研究》2007 年第 1 期。
〔註315〕楊大業：《明清回族進士考略（九）》，《回族研究》2007 年第 2 期。

地，其中馬林炊一支即落居白水縣。〔註316〕然因史料缺乏，目前所知回族聚落信息極爲有限。

○苜蓿溝：明末天啓年間，白水人名王二暴動，《綏寇紀略》記載稱：「王二劫宜君縣獄，拒捕，逃入苜蓿溝狪賊巢穴。十一月，內通白水衙役楊發、蒲城王高等爲亂……商洛道劉應遇討白水賊王二斬之，餘黨竄入黃龍山苜蓿溝。」〔註317〕黃龍山即今韓城、黃龍、宜川三縣交界處黃龍山，在白水縣北。由此推測苜蓿溝應在白水縣北部。入清後，此處應仍爲回民聚居之處，但是否仍沿用此名未知。

根據已有史料，同治以前白水縣可考的城鄉回族聚落僅 1 處，即：苜蓿溝。

9、潼關廳

同治以前，潼關廳回族人口較多。然因史料缺乏，目前所知回族聚落信息極爲有限。1953 年第一次全國人口普查數據顯示，全縣回民僅 236 人。〔註318〕

○縣城：據縣志記載，縣城東大街清眞寺建於清初，佔地 1,300 多平方米，禮拜堂 3 間，東廂房 3 間，廈房 6 間。〔註319〕可見同治以前回族人口之繁盛。

根據已有史料，同治以前潼關廳可考的城鄉回族聚落僅 1 處，即：縣城。

10、郃陽縣

郃陽縣即今之陝西合陽縣，新編《合陽縣志》稱：「民國初期，本縣即有回族同胞遷入，至 1990 年全縣有回族同胞 188 人。縣內無伊斯蘭教聚會場，每年的大爾德、小爾德兩大節日均在縣外舉行。」〔註320〕同治戰前，郃陽爲

〔註316〕吳海鷹主編：《回族典藏全書》第 95 冊，蘭州：甘肅文化出版社，2008 年，第 333 頁。

〔註317〕〔清〕吳偉業：《綏寇紀略》卷一《澠池渡》。

〔註318〕中央人口調查登記辦公室：《中華人民共和國一九五三年人口調查統計彙編》，北京：國家統計局人口統計司，1986 年翻印，第 169 頁。

〔註319〕潼關縣志編纂委員會編：《潼關縣志》，西安：陝西人民出版社，1992 年，第 675 頁。

〔註320〕合關縣志編纂委員會編：《合陽縣志》，西安：陝西人民出版社，1996 年，第 773 頁。

陝西省回民聚居之所。然因史料缺乏，目前所知回族聚落信息極爲有限。1953年第一次全國人口普查數據顯示，全縣回民僅 14 人。〔註 321〕

○金家堡：據陝西省原戲曲修審委員會主任李靜慈先生講：「我年輕時還聽得，合陽有個金家堡，是回村，原來住在夏陽。」〔註 322〕此合陽當清之郃陽，金家堡具體位置不詳。

根據已有史料，同治以前潼關廳可考的城鄉回族聚落僅 1 處，即：金家堡。

同治以前同州府可考城鄉回族聚落匯總信息見表 5.2。

表 5.2　同治以前同州府可考城鄉回族聚落

州縣	寺坊聚落名稱	數量
大荔	縣城（清眞寺街、高家巷、牛市巷、司令部街、老南街、西關什字街、正南街南馬家巷）、馬坊頭、沙苑回族聚落群（小園子、大園子、老莊子、南丁家、北丁家、東丁家、伍家、南草灘、北草灘、東營里、西營里、南營里、北營里、東海道子、西海道子、車村、禹家、喬店、秦家莊、沙窪、上沙窪、馬家、青池村、老莊子、倉頭、南王閣、沙南、上十里灘、下十里灘、十里灘麼莊、馬家窪、樊家堡、龍池庵、石碑村、三家莊、黃甫、龐家莊、金家村）、東小坡、平陽坊、韓村、東連村、西連村、胡家莊、穆家村、王橋、赫冶村、十三營、楊家莊、桃園、餘羊村	59
華州	縣城（大街中段、西關）、褒聖里、褒義里、溪兒灣、乜家灘、解家、王里渡、灣里、侯坊、位家村、丁村、秦家灘、楊家灣	14
華陰	大漲村附近	1
澄城	寺頭鎮	1
朝邑	丁馬村	1
韓城	解家村	1
蒲城	縣城	1
白水	苜蓿溝	1
潼關	縣城	1
郃陽	金家堡	1
合計		81

〔註 321〕 中央人口調查登記辦公室：《中華人民共和國一九五三年人口調查統計彙編》，北京：國家統計局人口統計司，1986 年翻印，第 169 頁。

〔註 322〕 馬長壽主編：《同治年間陝西回民起義歷史調查記錄》，西安：陝西人民出版社，1993 年，第 189 頁。

三、鳳翔府與邠乾二州回族聚落考證

（一）鳳翔府回族聚落考證

鳳翔府地方南達漢中，西連甘肅，爲全陝衝要之區，同治前鳳翔府共包括鳳翔、岐山、寶雞、扶風、郿縣、麟游、汧陽、隴州等 8 個州縣。鳳翔府位列余澍疇所講三府二州沃壤之地，同治以前，是陝西回族人口及聚落分佈較爲集中的地區。民間口述相傳，戰前鳳翔回民有 36 坊。史料中亦有相關記載，如鄭士範《舊雨集》載：「初團練章程不分漢、回，在局中者千總鐵九霄、監生麻生瑞，皆回子也。雅不欲其人更練，因不督催。而有爲之游說者，以爲三十六方，方練五十人，可得二千勁勇，將來禦賊，較之鄉勇倍強。」〔註323〕此 36 方即 36 坊，所指當鳳翔府屬 8 縣回坊。從民間口述相傳西安府各州縣戰前回民坊數來看，鳳翔回民 36 坊可能亦僅爲泛指，實際的回坊應遠不止此數。張兆棟《守岐紀事》云：「郡回二十八坊，共六萬三千餘名口，散居東關、麻家崖等處。城內二坊最小，共四十八家。」〔註324〕鄭氏士範上引書卷下檄鄉團討逆回文載：「府回二十八方（坊）……以我三十九里，當渠二十八方（坊），多數十倍焉，」故此 28 方當係僅指鳳翔府首廓鳳翔縣回坊之數，似無疑問。如此，戰前鳳翔府回族人口聚落主要集中於鳳翔一縣。以鳳翔府城爲中心的渭河東西一帶應該是鳳翔回民的主要分佈區。鳳翔沿渭一帶回族聚落與東部乾州、西安及同州府沿渭一帶的回族聚落連成一片，共同構成了同治以前陝西回族人口聚落最主要的分佈區域。

1、鳳翔縣

鳳翔縣位於渭河上游支流雍正河北岸的鳳翔府腹地，爲鳳翔府首廓。自鳳翔縣向西經隴州可達甘東地區，向南經寶雞越秦嶺可達漢中，向東沿渭水經岐山、扶風、武功、興平，直達咸陽、西安。根據史料記載及民間口述相傳來看，同治以前，鳳翔縣回民眾多，主要集中在城關及東、南、北三鄉，尤其是府城外的東南一帶，叛產糧最多，回族人口及聚落分佈最爲密集，相較之下，西鄉則回民數量很少。同治鳳翔知府張兆棟《守岐公牘匯存》載：「伏查鳳翔回民，散居二十八坊，男女老少共六萬三千餘名口。城內行司巷、沙

〔註323〕〔清〕鄭士範：《舊雨集》卷下《忠義》，見馬長壽主編《同治年間陝西回民起義歷史調查記錄》，西安：陝西人民出版社，1993 年，第 363 頁。

〔註324〕〔清〕張兆棟：《守岐紀事》，見中國史學會編，白壽彝主編《回民起義》第 4 冊，上海：神州國光社，1952 年，第 273 頁。

家巷所住兩坊最小。東關麻家十字、寧家巷、沙家巷、南巷並迤北之北鎮宮、麻家崖等處，均係回民，附廓而居，距城一二里，四五里不等。」〔註325〕從坊數上來看，戰前鳳翔一縣的回坊，就大約佔了整個鳳翔府回坊總數的五分之四弱。1953年第一次全國人口普查數據顯示，全縣回民僅17人。〔註326〕

○府城：府城回民共2坊僅48家，估計可能有二三百人，主要分佈在行司巷、沙家巷兩處。《張渭川請兵援鳳紀略‧序一》亦載：「時城中回數百家，岌岌思變，城危如累卵。」〔註327〕數百家當為數百人之誤，從行文看，多為文人誇大修辭之說。馬長壽調查資料中稱：「府城之內，沙家巷（俗稱沙喇巷）最多。」〔註328〕

○東關：鳳翔東關回、漢雜處，回族人口最為集中。張兆棟稱：「郡城東關街長十餘里，臣商大賈所聚居，為一郡精華之區，城內向來冷落，一絲一粟皆取給於東關。」〔註329〕東關之回主要分佈在朱市巷、粉巷、麻巷、寧家巷、沙家巷、南巷一帶。麻巷又稱麻家巷、麻家十字。當地文史學者稱東關沙家巷即今東關寧家巷西之太平巷。〔註330〕此沙家巷與張兆棟所述城內沙家巷是否為同一巷，存疑待考。

○寺院裏、北鎮宮、寺院里、麻家崖、鐵溝村、寺溝里、三岔堡、崔家凹、雷家臺、馬家崖、海馬莊、丁家河、海家河、鐵家莊、小桑園、潘家坡：據縣衛生院院長張滋奧先生講：「同治年以前，鳳翔回民分佈的村落：在北邊有寺院里（距城十多里）和麻家崖（距城東北三里）；在城東有鐵溝村（東關東湖附近）；在東南有寺溝里（距城十里）和三岔堡（距城十里）；在南鄉有崔家凹（距城一里多）、雷家臺（距城一里多）、馬家崖、海馬莊（距城五里）、丁家河（距城十三四里）、海家河（距城十里）；西南有鐵家莊（距城十五里）、小桑園……總之鳳翔之回以南鄉為最多，西鄉沒有……今潘家坡的撒姓只有

〔註325〕〔清〕張兆棟：《守岐公牘匯存》。又〔清〕余澍疇《秦隴回務紀略》卷七稱「鳳回三十四坊」。

〔註326〕中央人口調查登記辦公室：《中華人民共和國一九五三年人口調查統計彙編》，北京：國家統計局人口統計司，1986年翻印，第169頁。

〔註327〕文史組：《鳳翔史料選編》，《鳳翔文史資料選輯》第2輯，1985年，第4～99頁。

〔註328〕馬長壽主編：《同治年間陝西回民起義歷史調查記錄》，西安：陝西人民出版社，1993年，第348頁。

〔註329〕〔清〕張兆棟：《守岐公牘匯存》。

〔註330〕文史組：《鳳翔史料選編》，《鳳翔文史資料選輯》第2輯，1985年，第4～99頁。

一二家，外傳他們原來是回回。」〔註331〕崔家凹確切的位置是在城南關外距城2里多，原是回軍十八大元帥之一崔三所居的村落，從前住回民三四十家，土地有3頃多，村裏回民主要以農爲業，亦兼營趕栽。〔註332〕距城1里多，在崔家凹東北半里許，其西有崔家崖。潘家坡位置不詳，是否爲今鳳翔縣長青鎮潘家灣，存疑待考。〔註333〕

○烏家崖、沙家莊、崔家溝、米家溝、普溝、陀家門前、關村、梁家門前、羅峪：75歲的李榮老人講：「麻家崖、烏家崖、沙（撒）家莊，原來都是回村。麻家崖現在稱太平崖……烏家崖就在西邊緊鄰，今只有一家漢人。崖的臨河地方，原有一座清眞寺，更西爲沙（撒）家崖，距北門最近，約三四里。現在改爲賀家溝。北山的崔家溝、米家溝、普溝，原來也是回村。崔家溝原有清眞寺……此村東邊有一村名陀家門前，也是回村，距離東關有五六里路。東關外十五里路有關村，原來也住有回回。南門外，丁家河、海家河、小桑園、梁家門前，也都是回村。康家村的後面有羅峪（俗與清曲合稱爲清曲羅峪），也住有回回。」〔註334〕北山崔家溝，韓敏先生稱寺院村，是否即爲城北之寺院里，待考。

○崔家凹、石家河、白家凹、大沙凹、小沙凹、張家溝、佐陽坡：又據調查，民間口述史料普遍稱，同治以前，鳳翔回村多在府城外的南邊，因爲那邊的回糧最多，以後都變叛產，南邊的回村有崔家凹、崔家崖、海家河、丁家河、石家河、鐵家莊。西南有白家凹（距城20里）、小桑園（與白家凹連）東門外東關的朱市巷、鐵溝、粉巷、麻巷，原來都有回民居住。東北有麻家崖，原爲回村，同治元年（1862）回軍以此爲重鎮，阿訇和領袖皆居於此。北門外，據譚致和說，除麻家崖外，還有大沙凹、小沙凹、張家溝、佐陽坡都有回糧。其中以大沙凹和佐陽坡爲多。城內回民集中在沙家巷一帶，在東南方。〔註335〕

〔註331〕馬長壽主編：《同治年間陝西回民起義歷史調查記錄》，西安：陝西人民出版社，1993年，第347～349頁。

〔註332〕馬長壽主編：《同治年間陝西回民起義歷史調查記錄》，西安：陝西人民出版社，1993年，第352頁。

〔註333〕馬長壽主編：《同治年間陝西回民起義歷史調查記錄》，西安：陝西人民出版社，1993年，第349頁。

〔註334〕馬長壽主編：《同治年間陝西回民起義歷史調查記錄》，西安：陝西人民出版社，1993年，第361頁。

〔註335〕馬長壽主編：《同治年間陝西回民起義歷史調查記錄》，西安：陝西人民出版

○仝家溝：賀士洲老人講，大小沙凹都有回回糧，張家和佐陽坡的回糧很多，仝家溝也有回糧。〔註336〕仝家溝在城北。

○鄭家村：同治二年（1863）十月十九日（壬辰）多隆阿奏言「據署甘肅提督陶茂林稟稱，自鳳郡解圍後，府城東路回巢林立，並於附城之鐵樓村、鄭家村老巢之外連紮賊壘十餘座。」〔註337〕鐵樓村或即錢溝村，鄭家村應在其附近，兩村皆在咸陽城東。

○火燒村、桃園堡：據同治二年（1863）十一月初三日（丙午）陶茂林諮稱：「自克復麻子崖後……連日攻克桃園堡及火燒村等處賊壘……惟查鳳翔府北二十里外，尚有大股賊巢，直達汧陽，而隴州神浴河添聚外匪，勢尤猖獗……」〔註338〕麻子崖或即鳳翔府東北之麻家崖，桃園堡及火燒村兩聚落亦或在鳳翔東北一帶。

○風伯廟：同治二年（1863）十一月初六日（戊申）多隆阿奏言：「陶茂林一軍將麻子崖老巢踏破，所有郡城東北賊壘亦經官軍先後掃除，復分兵攻風伯廟等處，郡境悍匪大半麇集於此」〔註339〕，風伯廟當在鳳翔東北一帶。

根據已有史料，同治以前鳳翔縣可考的城鄉回族聚落共45處，即：府城（行司巷、沙家巷）、東關（朱市巷、粉巷、麻巷、寧家巷、沙家巷、南巷）、寺院裏、北鎮宮、寺院里、麻家崖、鐵溝村、寺溝里、三岔堡、崔家凹、雷家臺、馬家崖、海馬莊、丁家河、海家河、鐵家莊、小桑園、潘家坡、烏家崖、沙家莊、崔家溝、米家溝、普溝、陀家門前、關村、梁家門前、羅峪、崔家凹、石家河、白家凹、大沙凹、小沙凹、張家溝、佐陽坡、仝家溝、鄭家村、火燒村、桃園堡、風伯廟。

2、岐山縣

岐山縣因山得名，同治以前，岐山縣回族人口較多。據《岐山縣鄉土志》卷三《人類》記載：「岐地當同治以前，人類惟有回民，秦中東至同華，至極

社，1993年，第351頁。

〔註336〕馬長壽主編：《同治年間陝西回民起義歷史調查記錄》，西安：陝西人民出版社，1993年，第361頁。

〔註337〕同治二年（1863）十月十九日（壬辰）多隆阿奏，見〔清〕奕訢等編修《欽定平定陝甘新疆回匪方略》卷五五。

〔註338〕同治二年（1863）十一月初三日（丙午）陶茂林奏，見〔清〕奕訢等編修《欽定平定陝甘新疆回匪方略》卷五五。

〔註339〕同治二年（1863）十一月初六日（戊申）多隆阿奏，見〔清〕奕訢等編修《欽定平定陝甘新疆回匪方略》卷五六。

沙漠，種類繁滋，非僅岐山爲備有詞。自經煽亂，虔劉遷徙，蕩然無存矣，今所存者餅家小販三數人而已，時去時來，不著籍，無戶口可稽焉。」1953年第一次全國人口普查數據顯示，全縣回民 285 人。〔註340〕由於史料缺乏，本縣回族人口聚落的具體情況，目前知之甚少。

　　○蔡家坡：民國黑龍江依蘭縣知縣馬綸三是回族人，據其子馬汝鄰憶稱：「我出生在一個回族家庭，祖籍陝西岐山蔡家坡。咸、同之際，作小商販的先祖，可能是受了當時民族壓迫被迫遷移，也可能是經商而定居成都。到了祖父這一代，在成都西華門街開了一個叫『吟嘯樓』的茶館。」〔註341〕新編《岐山縣志》稱：「本縣係漢族聚居區，清同治以前，少數民族中回族人口數量僅次於漢民。同治元年（1862），回民被殺戮逃亡幾乎淨盡。其他民族或中華人民共和國成立前因逃難，或中華人民共和國成立後因工作、婚姻等原因遷入，主要分佈在蔡家坡鎮。」〔註342〕蔡家坡即今岐山縣南蔡家坡鎮駐地，處於西安通往天水的大道旁，地理位置比較重要。

　　根據已有史料，同治以前岐山縣可考的城鄉回族聚落共 1 處，即：蔡家坡。

3、寶雞縣

　　寶雞縣即今陝西寶雞市，同治戰前回族人口較多。新編《寶雞縣志》稱：「回族，早在西漢就從西域遷來，居住在赤沙、香泉等地，至清同治年間，陝、甘回民起義，祖籍甘肅省張家川一帶部分回族，定居本縣西部山區後，回族人口在本縣僅次於漢族。」〔註343〕本地回族始遷於西安的說法，顯然係修志者對於回族族源的主觀臆想，不符合事實。但本縣回民聚居世久，當無疑問。赤沙、香泉即今之寶雞市陳倉區赤沙鎮和香泉鎮，位於城之西北隅約百餘里處。1953 年第一次全國人口普查時，寶雞縣回民共有 841 人。〔註344〕

〔註340〕中央人口調查登記辦公室：《中華人民共和國一九五三年人口調查統計彙編》，北京：國家統計局人口統計司，1986 年翻印，第 169 頁。

〔註341〕馬汝鄰：《往事雜憶》，《蘭州文史資料選輯》第 1 輯，1983 年，第 183～198 頁。

〔註342〕岐山縣志編纂委員會編：《岐山縣志》，西安：陝西人民出版社，1992 年，第 111 頁。

〔註343〕寶雞縣志編纂委員會編：《寶雞縣志》，西安：陝西人民出版社，1996 年，第 148 頁。

〔註344〕中央人口調查登記辦公室：《中華人民共和國一九五三年人口調查統計彙編》，北京：國家統計局人口統計司，1986 年翻印，第 169 頁。

寶雞市區回族人口多是抗日戰爭時期由河南、山東等東部諸省遷來者，中華
人民共和國成立前僅數十家，〔註345〕與同治戰前回民無關。

根據已有史料，同治以前寶雞縣可考的城鄉回族聚落共 2 處，即：赤沙、
香泉。

4、麟游縣

麟游縣即今陝西寶雞麟游縣，同治以前，麟游縣有不少回民，由於史料
缺乏，本縣回族人口聚落的具體情況，目前知之甚少。

○招賢鎮、雨亭寺：同治二年（1863）十二月十三日多隆阿奏：「接曹克
忠稟報，該總兵馳抵麟游，已將招賢鎮逆巢攻克，並於雨亭寺地方擊賊獲勝。」
〔註346〕招賢鎮即今陝西麟游縣西杜水上游之招賢鎮。麟游有雨亭水，「漆水出
縣西青蓮山，東北合岐水，其西麻夫川、東雨亭河，併入甘肅靈臺。」〔註347〕
雨亭寺當以水得名，或即在招賢鎮附近。

○花花廟：同治三年（1864）二月初一日張集馨奏：「回民張輝、馬兆麟私
帶馬隊三百餘人，由寶雞潛回鳳郡……已飭調汧隴營伍先剿鳳郡回逆，花花廟
等處賊匪庶可一律廓清。」〔註348〕花花廟即今陝西麟游縣西北之花花廟鄉。

○鍋頭：鍋頭寺為連五坊之一，應為回族聚落，見下文汧陽縣考證。其
地應在麟游縣西與汧陽交界處。

根據已有史料，同治以前麟游縣可考的城鄉回族聚落共 4 處，即：招賢
鎮、雨亭寺、花花廟和鍋頭寺。

5、汧陽縣

汧陽即今之陝西千陽縣，根據現有史料來看，同治以前在汧陽東北約 70
里處的高崖鄉一帶，有 4 座較大的清眞寺，即嚴家寺、楊川寺（高崖鄉）、石
塔寺、和紅崖寺（普社鄉），這 4 座清眞寺和麟游縣鍋頭寺合稱「連五坊」。
五坊應該均以所處地方為名，因此，嚴家、楊川、石塔、紅崖和鍋頭很可能
都是戰前的回族聚落名，也可能是以此五個聚落為中心的聚落群，如據韓敏

〔註345〕蘭福俊：《寶雞回民發展概述》，《寶雞文史資料》第 1 輯，內部發行未注時間，
　　　　第 221～226 頁。

〔註346〕同治二年（1863）十二月十三日（乙酉）多隆阿奏，見〔清〕奕訢等編修《欽
　　　　定平定陝甘新疆回匪方略》卷五七。

〔註347〕〔清〕《清史稿》卷三八《地理志第十》。

〔註348〕同治三年（1864）二月初一日（壬申）張集馨奏，見〔清〕奕訢等編修《欽
　　　　定平定陝甘新疆回匪方略》卷五七。

證高崖以東 2 里倉房村就是回民聚居之所。〔註349〕

根據已有史料，同治以前汧陽縣可考的城鄉回族聚落共 5 處，即：嚴家、楊川、石塔、紅崖和倉房。

6、隴州

隴州即今之陝西隴縣。同治以前，隴州回族人口眾多。據《隴州鄉土志‧宗教》記載：「隴州昔年漢、回並處，查回教有禮拜寺，並無漢民入教，自經肇叛以後，寺被民毀，逃亡幾盡，迄今回籍止有三姓而已。」同書《人類》載：「隴自國初，回漢相併。各謀其生，各率其性。共域共居，兩無爭競。八分漢民，二分回眾。叛亂之初，外回勾動。所以因此，回民盡淨。僅有舊回，常馬兩姓。今反其教，全改回性。別無民種，寄居隴境。近有甘回，三家三姓。因作商務，來隸隴郡。置業千戶，俱極安分。住西關家，僅有藍姓，父子兩世，丁口不盛。子已入庠，恪守功令。李馬兩家，住馬鹿鎮。李係監生，合教尊敬，開店務農，極其順正。馬憑花布，生意養命。三家丁口，二十左右。其餘客回，來去不定，賣飯經商，無不安靜。」如此，同治以前隴州回族人口數量可以占到總人口的五分之一左右，戰後僅餘數家，幾近絕跡。民國《隴州新志》稱，同治七年（1868）後本縣遷來回民近萬，民國二十年（1931）全縣回民有 1.1 萬，約占總人口的 9%。但此後戰亂頻仍，遷徙不定，至民國三十五年（1946）時，僅有回民 2,700 餘人。〔註350〕1953 年第一次全國人口普查數據顯示，全縣回族人口 1,320 人。隴縣城關、固關、曹家灣、娘娘廟等處有清眞寺，均為民國以後創建，〔註351〕與同治以前本地回民無關。韓敏指為戰前回族聚落，似誤。根據有限史料，同治以前本州回族聚落考證如下：

　○西關：西關有戰後劫餘藍姓回民，即今蘭姓回民，推測戰前西關當為隴州回民聚居之處。

　○馬鹿鎮：李馬兩家回民亦戰後劫餘之回，故該鎮戰前亦當隴州回民聚居之所。馬鹿鎮在隴州西約 70 里，即今之甘肅省張家川回族自治縣馬鹿鄉。

〔註349〕韓敏：《清代同治年間陝西回民起義史》，西安：陝西人民出版社，2006 年，第 13 頁。

〔註350〕隴縣地方志編纂委員會編：《隴縣志》，西安：陝西人民出版社，1993 年，第 192 頁。

〔註351〕隴縣地方志編纂委員會編：《隴縣志》，西安：陝西人民出版社，1993 年，第 919 頁。

○馬家山：《隴州鄉土志‧兵事》載：「同治元年（1862）十月鳳回叛，竄州境，初踞州南二十里之馬家山，以山爲回民所居，非擇地險也。」故，同治以前馬家山當爲回民聚居之處。

○太陽溝、高陵子、白牛峪、太沖峪、磨台山、王村、穆家莊、曹家灣、王家岽、蒲峪川：同治五年（1866）六月十二日（己亥）劉蓉奏：「逆回大股仍在隴州境內，銳意東竄……五月十四日，分路進攻……張映衛乘虛直撲太陽溝，蕭德揚自率親兵直撲高陵子……黃鼎、劉玉興由南原河岸進攻白牛、太沖兩峪賊巢……十九日……立將磨台山等處賊巢盡行焚毀……分三路向□王村一帶進發……踏破賊巢十餘處……當將□王村一帶賊巢概行掃蕩……乘勢將穆家莊老巢攻毀……追直曹家灣，攻開老巢……直搗王家岽，殄賊極多……隨將蒲峪川攻破。」〔註352〕

根據已有史料，同治以前隴州可考的回族聚落共13處，即：西關、馬鹿鎮、馬家山、太陽溝、高陵子、白牛峪、太沖峪、磨台山、王村、穆家莊、曹家灣、王家岽、蒲峪川。

7、扶風縣

扶風縣同治戰前是陝西省回民聚居所在，但因史料缺乏，回族聚落具體信息不詳。1953年第一次全國人口普查時，全縣回民僅19人。〔註353〕

8、郿縣

郿縣即今之陝西眉縣。同治戰前郿縣是陝西省回民聚居所在，但因史料缺乏，回族聚落具體信息不詳。1953年第一次全國人口普查時，全縣回民僅5人。〔註354〕

（二）邠州直隸州回族聚落考證

邠州直隸州在西安西北，涇水上游。同治以前，邠州包括邠州（首廓）、三水縣、淳化縣、長武縣等四個州縣。自渭北沿涇水西北行經涇陽、入邠州界，又經淳化、邠州、長武直達甘肅，此路歷來爲陝西、甘肅新疆間來往要

〔註352〕同治五年（1866）六月十二日（己亥）陝西巡撫劉蓉奏，見〔清〕奕訢等編修《欽定平定陝甘新疆回匪方略》卷一三六。

〔註353〕中央人口調查登記辦公室：《中華人民共和國一九五三年人口調查統計彙編》，北京：國家統計局人口統計司，1986年翻印，第169頁。

〔註354〕中央人口調查登記辦公室：《中華人民共和國一九五三年人口調查統計彙編》，北京：國家統計局人口統計司，1986年翻印，第169頁。

道。邠州地屬余澍疇所指的三府二州之內，同治以前，是陝西回族人口數量較多，聚落分佈較為密集的府州之一，然詳細情況，限於史料，目前知之甚少。

1、邠州本州

邠州即今之陝西彬縣，縣城在渭河支流涇水之陰。同治以前，邠州為邠州直隸州首廓。新編《彬縣志》稱：「宋、元、明、清時，回族逐漸遷入。清代有不少回族村落。清同治年間回民起義，清廷鎮壓，回族西遷甘肅、寧夏，境內回民陡減，形成以漢族為主的格局。」〔註355〕1953年第一次全國人口普查時，邠縣（即今之彬縣）回民僅有23人。〔註356〕邠州戰前是陝西回民較多的州縣之一，同治戰後幾近絕跡。根據有限史料，同治以前本州回族聚落考證如下：

○亭口：同治二年（1863）十一月初三日（丙午）雷正綰諮稱：「該提督於十九日馳抵邠州，城守解嚴，探明賊踞長武縣亭口，與西、南、北三路諸逆聯為一氣……將亭口老巢攻克。」〔註357〕民初回人馬光啟稱：「彬縣在省之西北，距省三百餘里。縣西有亭口，向為吾教東西商人往來徑宿之地。」〔註358〕所指即此。亭口即今長武縣東南亭口鄉政府駐地亭北村，西距縣城20餘千米，是由關中平原沿涇水西北行進入甘肅隴東一帶的必經之地，戰略位置極為重要。有亭口坡，為原連接川道的一線之地。

○白吉原：白吉原又稱白吉原、北吉原，即今之陝西彬縣北極鎮。嘎的林耶教派第六輩道祖安裕和即是邠州白吉原人，據馬通《中國伊斯蘭教派門宦溯源》載：「北吉原安俗和道祖，他生於農曆四月十五日，歿於臘月十三日，墓地由北吉原移葬於蘭州小西湖。《認明寶鑒》是他的主要著作。」〔註359〕白吉原一帶戰前是邠州回民重要的聚居處，今烏魯木齊育才巷（馬市巷）北

〔註355〕彬縣志編纂委員會編：《彬縣志》，西安：陝西人民出版社，2000年，第136頁。

〔註356〕中央人口調查登記辦公室：《中華人民共和國一九五三年人口調查統計彙編》，北京：國家統計局人口統計司，1986年翻印，第169頁。

〔註357〕同治二年（1863）十一月初三日（丙午）據雷正綰奏，見〔清〕奕訢等編修《欽定平定陝甘新疆回匪方略》卷五五。

〔註358〕馬光啟：《陝西回教概況》，《同治年間陝西回民起義歷史調查記錄》，西安：陝西人民出版社，1993年，第219頁。

〔註359〕馬通：《中國伊斯蘭教派門宦溯源》，銀川：寧夏人民出版社，2000年，第101頁。

頭，飲河巷東可南邊，有清眞寺名邠州寺，即同治戰時西遷於此的邠州回民所建。因邠州籍回民大部分是邠州白吉鎮人，所以習慣上又稱之爲白吉寺。〔註360〕白吉原及其附近地方是邠州回民最主要的聚居區，同治初，白吉原回民起事後曾進攻州城，未果，西撤。〔註361〕

○史家溝：又同治二年（1863）十一月初三日（丙午）張集馨奏言「據曹克忠諮稱，由三水行抵白吉原，該處山徑險仄，踞賊甚眾……進攻至史家河溝……將溝內十餘里賊巢悉行平毀……白吉原一帶邊境肅清，運取賊糧約數萬石。」〔註362〕史家溝又稱史家河，即今彬縣北極鎮史家河。

○百子溝：同治二年（1863）十一月初六日（戊申）多隆阿奏言「曹克忠一軍攻克百子溝逆壘，直抵史家河，將該處六十餘里賊巢全行踏平……立將白吉原攻克，邠州全境肅清……」〔註363〕百子溝即今陝西彬縣城東炭店鄉百子溝。

○拜家河：多隆阿在同治二年（1863）十月十九日奏摺中曾提到「據雷正綰諮稱，進搗拜家河老巢……立將拜家河老巢焚毀……現搗擬進攻永壽東路槐圪塔賊巢……」〔註364〕等語。因此，拜家河村、槐圪塔村均爲回村。又同治二年（1863）十一月初三日據雷正綰諮稱，自攻克拜家河賊巢後，餘匪潛逃，永壽全境肅清。〔註365〕拜家河村應該是今彬縣太峪鎮拜家河村，槐圪塔在其東，屬永壽縣，即今永壽縣東北渠子鎮槐圪塔村。

○井村：據三原縣王斌辰先生講：「邠州有個井村，原有回回居住。當年強迫此地回民西遷時，曾引起各家回民大哭。」〔註366〕井村具體位置不詳。

〔註360〕 韓軍：《洪城子阿訇與邠州清眞寺》，《烏魯木齊文史資料》第 16 輯，1993 年，第 174～176 頁。

〔註361〕 彬縣志編纂委員會編：《彬縣志》，西安：陝西人民出版社，2000 年，第 564 頁。

〔註362〕 同治二年（1863）十一月初三日（丙午）張集馨奏，見〔清〕奕訢等編修《欽定平定陝甘新疆回匪方略》卷五五。

〔註363〕 同治二年（1863）十一月初六日（戊申）多隆阿奏，見〔清〕奕訢等編修《欽定平定陝甘新疆回匪方略》卷五六。

〔註364〕 同治二年（1863）十月十九日（壬辰）多隆阿奏，見〔清〕奕訢等編修《欽定平定陝甘新疆回匪方略》卷五五。

〔註365〕 同治二年（1863）十一月初三日（丙午）據雷正綰奏，見〔清〕奕訢等編修《欽定平定陝甘新疆回匪方略》卷五五。

〔註366〕 馬長壽主編：《同治年間陝西回民起義歷史調查記錄》，西安：陝西人民出版社，1993 年，第 233 頁。

　　○哈家莊：據韓敏考證，位於邠州西北涇水之陽的哈家莊亦爲回村。
〔註367〕

　　根據已有史料，同治以前邠州可考的城鄉回族聚落共 7 處，即：亭口、
白吉原、史家溝、百子溝、拜家河、井村、哈家莊。

2、長武縣

　　新編《長武縣志》稱：「清代始有回民遷徙長武……同治年間陝西回民起
義，遭是到清政府鎮壓。境內回民流亡甘肅各處。民國十七年，長武有回教
徒 3 人，全屬男性。」〔註368〕可見，清代長武縣有一定數量的回民，但所居
聚落信息目前未知。同治戰後，長武縣回民絕跡。

3、淳化縣

　　淳化縣同治以前回民較多，但因史料有限，目前知之甚少，可考者如下：
　　○納家村、拜家村：馬長壽調查時，有淳化人羅文卿，其祖父與父親兩
代均以經營騾馬運輸爲業，他自己也曾以此爲生，與回民很有交情，並且經
常注意各地回民的生活歷史。據羅文卿稱：「淳化城西北六十里有納家、拜家
二村，原來都是回民所居。昔年回民多少戶，雖不可知，但由該村所留的『叛
產』推之，戶口一定很多。以我所知，該二村的叛產糧有六十多石。每畝的
糧是二升半，如此照推，回民土地共有兩萬多畝，雖然這些土地是山上平地。」
〔註369〕按 1 石合 100 升計算，每畝二升半應該是 2,400 畝，而非兩萬畝。即
便如此，這兩個村子可能也有數百回民，算是兩個較大的回村了。

　　納家村即今淳化縣胡家廟鎮那家村，那、拜兩村與三水縣（即今旬邑縣）
相鄰。新編《淳化縣志》稱：「拜家建有清眞寺，那家回民前往禮拜，當地漢
民稱其寺爲『那拜寺』……同治三年（1864）回民起義軍戰敗咸陽西撤時，
那、拜兩村回民隨軍離去，經三水至甘肅董志原一帶。清眞寺化爲灰燼。此
後境內回民絕少，該教在本縣終止活動。」〔註370〕1953 年第一次全國人口

〔註367〕韓敏：《清代同治年間陝西回民起義史》，西安：陝西人民出版社，2006 年，
　　　　　第 13 頁。
〔註368〕長武縣志編纂委員會：《長武縣志》，西安：陝西人民出版社，2000 年，第 608
　　　　　頁。
〔註369〕馬長壽主編：《同治年間陝西回民起義歷史調查記錄》，西安：陝西人民出版
　　　　　社，1993 年，第 234 頁。
〔註370〕淳化縣志編委會編，張榮煒主編：《淳化縣志》，西安：三秦出版社，2000 年，
　　　　　第 957 頁。

普查時，淳化縣回民僅 6 人。1990 年第四次全國人口普查時，全縣僅 4 戶 11 人。

根據已有史料，同治以前淳化縣可考的城鄉回族聚落共 2 處，即：納家村、拜家村。

4、三水縣

三水縣即今之陝西旬邑縣，同治戰前爲回民聚居之所，因史料缺乏，回族聚落具體信息不詳。1953 年第一次全國人口普查時，全縣回民僅 8 人。〔註371〕

（三）乾州直隸州回族聚落考證

乾州直隸州在西安府西，界於西安府、鳳翔府及邠州直隸州間。地居由關中西北行至隴東平慶一帶的交道孔道之上。同治以前，乾州直隸州包括乾州、武功縣和永壽縣三個州縣。盧坤《秦疆治略》稱：「境內居民皆係土著，無五方雜處寄居之人，亦無回民，人皆力田，俗尚儉樸。」實際上，乾州地屬余澍疇所稱的三府二州之內，同治以前，是陝西回族人口數量較多，聚落分佈較爲密集的府州之一，盧氏所言當謬。但是，由於史料原因，乾州境內同治以前回族人口聚落分佈詳情，目前已知之甚少。

1、乾州本州

乾州本州即今之陝西乾縣，同治戰前爲回民聚居之所，因史料缺乏，回族聚落具體信息不詳。1953 年第一次全國人口普查時，全縣回民僅 14 人。〔註372〕

2、永壽縣

同治以前，永壽縣回族人口較多。然因史料缺乏，目前所知回族聚落信息極爲有限。1953 年第一次全國人口普查數據顯示，永壽縣回民僅有 12 人。〔註373〕1989 年永壽縣共有回民 123 人，新編《永壽縣志》稱：「全縣爲漢族聚居，其他族均因工作或婚嫁遷入。」〔註374〕顯然，這百餘回民多係中華人

〔註371〕中央人口調查登記辦公室：《中華人民共和國一九五三年人口調查統計彙編》，北京：國家統計局人口統計司，1986 年翻印，第 169 頁。

〔註372〕中央人口調查登記辦公室：《中華人民共和國一九五三年人口調查統計彙編》，北京：國家統計局人口統計司，1986 年翻印，第 169 頁。

〔註373〕中央人口調查登記辦公室：《中華人民共和國一九五三年人口調查統計彙編》，北京：國家統計局人口統計司，1986 年翻印，第 169 頁。

〔註374〕永壽縣地方志編纂委員會編：《永壽縣志》，西安：三秦出版社，1991 年，第

民共和國成立以後遷入者，並非土著。光緒《永壽縣重修新志》卷七《選舉》
記載：「進士　明　米顯　永樂壬辰科　授庶吉士」。同處記貢生中有米顯、
米克以及撒榮、撒梅、撒傑等。米姓爲回族姓氏，由此可見，該縣有一定數
量回族人口。又同書卷一〇《別錄類・紀兵》記稱，同治元年（1862）「五月
縣主許緒諭鎮堡設立民團，以備不虞，監軍鎮設團於香山寺，貢生秦振川統
之。八月初六日，縣主許密令民團剿殺回逆。時縣城增築炮墩，修城池，設
火器。」從這段記載來看，民團剿殺回逆行文背後所指應該指剿殺本地回民。
故，同治以前，永壽縣有回族人口分佈似無疑問。目前可考回村如下：

　　〇留村里：據屈萬里《明代登科錄彙編》永樂十年（1412）進士登科錄
記載稱：「第三甲米顯，貫陝西西安永壽縣美川鄉留村里，民籍，國子生，治
《書經》，字遂良，行三，年三十二歲，正月初十日生。」據楊大業考證，米
顯爲回族，〔註375〕由此推測留村里爲回民聚居之處。美川鄉大概方位在今永
壽縣西南與乾縣相鄰近的店頭鎮、儀井鎮一帶。〔註376〕

　　〇槐圪塔：考證見邠州直隸州拜家河村。

　　根據已有史料，同治以前永壽縣可考的城鄉回族聚落共 2 處，即：留村
里、槐圪塔。

3、武功縣

　　武功縣同治戰前爲回民聚居之所，因史料缺乏，回族聚落具體信息不詳。
1953 年第一次全國人口普查時，全縣回民僅 79 人。〔註377〕

　　同治以前鳳翔府、邠州與乾州可考城鄉回族聚落匯總信息見表 5.3。

表5.3　同治以前鳳翔府、邠州與乾州可考城鄉回族聚落

州縣	寺坊聚落名稱	數量
鳳翔	府城（行司巷、沙家巷）、東關（朱市巷、粉巷、麻巷、寧家巷、沙家巷、南巷）、寺院裏、北鎮宮、寺院里、麻家崖、鐵溝村、寺溝里、三岔堡、崔家凹、雷家臺、馬家崖、海馬莊、丁家河、海家河、鐵家莊、小桑園、潘家坡、烏家崖、沙家莊、崔家溝、米家溝、普溝、陀家門前、關村、梁家門前、羅峪、崔家凹、	45

126 頁。
〔註375〕揚大業：《明清回族進士考略（九）》，《回族研究》2007 年第 2 期。
〔註376〕陝西省地方志編纂委員會編：《陝西省志・行政建置志》，西安：三秦出版社，
　　　　1992 年，第 402 頁。
〔註377〕中央人口調查登記辦公室：《中華人民共和國一九五三年人口調查統計彙
　　　　編》，北京：國家統計局人口統計司，1986 年翻印，第 169 頁。

	石家河、白家凹、大沙凹、小沙凹、張家溝、佐陽坡、仝家溝、鄭家村、火燒村、桃園堡、風伯廟	
岐山	蔡家坡	1
寶雞	赤沙、香泉	2
麟游	招賢鎮、雨亭寺、花花廟、鍋頭寺	4
汧陽	嚴家、楊川、石塔、紅崖、倉房	5
隴州	西關、馬鹿鎮、馬家山、太陽溝、高陵子、白牛峪、太冲峪、磨台山、王村、穆家莊、曹家灣、王家觜、蒲峪川	13
邠州	亭口、白吉原、史家溝、百子溝、拜家河、井村、哈家莊	7
淳化	納家村、拜家村	2
永壽	留村里、槐圪塔	2
合計		81

第四節　回族聚落數據庫：一個更大區域內的構想與方案

　　本節主要探討在合作共享爲宗旨的互聯網時代背景下，通過制定統一的史料判讀標準、設計標準的可擴展的數據庫，搭建的具有良好用戶體驗的 GIS 數據平臺，同時開發功能完備的數據管理系統，以集聚眾人之力，共同推進這一工作的可能性和具體實施方案。

　　歷史聚落與人口是典型的具有時間屬性的空間數據，不符合經典統計學樣本獨立的基本假設。從 20 世紀 90 年代中期開始，隨著個人計算機（PC）的不斷普及，專門操縱空間數據的 GIS 技術開始從實驗室走出來，逐步進入到普通研究者，尤其是人文社科研究者的工作領域中來，以 GIS 爲核心的數字人文研究理論、研究方法與研究實踐，就得到了迅猛發展，日益成爲最近 30 年來人文社科領域最重要的學術增長點之一。這其中，中國歷史地理信息系統（CHGIS）、〔註378〕中華文明之時空基礎架構（CCTS）、〔註379〕中國歷史人物數據庫（CBDB）、〔註380〕清代晉紳錄數據庫〔註381〕以及清代災荒紀

〔註378〕Website: http://yugong.fudan.edu.cn/views/chgis_copyright.php
〔註379〕Website: http://ccts.ascc.net/
〔註380〕Website: http://www.zggds.pku.edu.cn/006/cbdb/CBDB.htm
〔註381〕該項目由香港科技大學李中清、康文林與上海交通大學任玉雪等學者組織推動，目前尚未正式公佈。

年暨信息集成數據庫〔註382〕等基礎數據庫建設項目尤爲引人注目。

對高陵及關中地區回族聚落的考證實踐表明，在一個較小的區域內，對同治以前的回族聚落，在州縣這一空間精度上逐一進行考證，是可行的。但是，如果把工作的區域擴大至整個西北地區，甚至是全國這樣一個更大的區域，這一工作的難度就遠遠超出了單個人的能力範圍。除了研究的成本之外，傳統的史學研究方法，也很難管理和分析數量龐大的聚落數據。現有的工作實踐表明，開放共享的數據庫建設模式，是解決這一問題的最佳途徑。比如，在 CBDB 的系統框架中，就設計了不同的用戶等級模塊，賦予普通用戶提交和修改數據權限，經過專業研究者審核之後，可以把新提交的數據或者對已有數據的修改結果，更新到數據庫中。這是一種非常好的數據共建、共享和管理模式，清代回族聚落數據庫的建設，完全可以借鑒這一範式。

從有關空間內容的表達來看，歷史聚落所包含的信息無非是以下兩類基礎信息，即：空間位置和要素內容。具體地講，就是聚落所處的具體方位和與該聚落相關的屬性信息。比如，聚落名稱、置廢時間、聚落層級、隸屬政區、釋文信息等；從有關時間內容的表達來看，聚落的位置、名稱以及隸屬等都可能會隨著時間的變化而發生變化，這就是聚落的沿革。除此之外，聚落還可能發生分化組合，由一個聚落產生出另一個或多個聚落，或者不同的聚落合併成一個聚落。因此，理論上講，需待研究考證的清代西北回族聚落應該有清晰完整的時間序列特徵、隸屬關係特徵和繼承關係特徵。

但是，現實情況是，對於絕大部分同治以前的回族聚落來講，因爲史料所限，其實並不具備完整的時間屬性信息，至於聚落之間的繼承關係，往往也無從知曉。實際上，很多情況下，能夠判讀某一聚落是否屬於回族聚落就已經很不容易了，如果可以再進一步，能夠獲取聚落名稱變化和與之對應的現在確切的地理方位，那就更完美了。因此，同治以前西北地區回族聚落數據庫存儲的，實際上是一個不同時間截面上的聚落空間信息的疊加累積，而不是這些信息在時間上的連續變化。基於此，筆者以咸豐十一年（1860）也就是戰爭爆發前一年的西北政區爲基礎，考證這一時間截面上，西北地區內的回族聚落。同時，對於那些個別存在時間序列特徵或繼承關係信息的聚落來講，所有相關內容統一記錄在備註的字段裏，以備查核。這樣，數據庫的關係結構就會簡單很多，用有限的幾個關係型的表格就可以管理起全部的

〔註382〕該項目由中國人民大學夏明方教授主持，目前尚未正式公佈。

數據。

　　爲了可以完整高效地存儲回族聚落數據，首先需要建立一個以聚落名稱爲索引的主表（Towns，表 5.4），用來記錄聚落的名稱、所屬廳縣編號、釋文編號、所處位置、經度值、緯度值、定位精度以及備註等信息。

表 5.4　清代回族聚落信息主表（Towns）結構

字　段　名	字段類型	說　　明
id	Integer	數據自動編號
name_s	Char（30）	回族聚落簡體中文名稱
name_t	Char（30）	回族聚落繁體中文名稱
name_p	Char（30）	回族聚落漢語拼音名稱
id_affiliate	Char（4）	所屬府州縣廳編號
id_note	Integer	釋文信息編號
location	Char（100）	所處位置
location_now	Char（100）	今地所指
x_coor	Float（9，6）	所處經度值
y_coor	Float（8，6）	所處緯度值
precision	Tinyint	定位精度
remark	Tinytext	備註
adder	Char（20）	添加者
add_time	Datetime	添加時間
revise_time	Datetime	最後修改時間
revise_info	Tinytext	修訂信息
……	……	……

　　表 5.4 的主要功能是建立聚落地名的索引，記錄聚落位置信息。id 字段是具有 auto increment 屬性的特殊字段，每增加一條記錄系統會自動編號，由於聚落存在重名，自動編號的 id 值不但可以確保每條記錄都具有唯一性，也可以作爲不同表之間數據鏈接的參數。對於歷史聚落來講，名稱，時間和空間是三個最主要的信息。聚落名稱採用簡體、繁體與拼音兩個字段來表示，以增加數據信息的豐富性和準確性，同時也可以增加用戶檢索數據的途徑與便捷度。聚落定位信息用 precision、location、location_now、x_coor、y_coor 5 個字段來表達。其中 precision 字段用來定義聚落的空間定位精度：共分 4

級，1 表示能精確定位的聚落，2 表示只知道在某一廳縣特定方向的聚落，3
表示只知道屬於某一廳縣的聚落，4 表示只知道屬於某一府州的聚落。其他 4
個字段用來存儲古今對照的描述性定位信息和經緯度值。空間定位信息以最
新的 CHGIS V6 數據爲基礎，從中讀取。缺少信息，從 Google Earth（GE）中
進行人工採集，轉換座標後存儲。聚落的上屬信息，用兩個聯動的表府級政
區（Prefecture，表 5.5）和縣級政區表（County，表 5.6）來存儲。聚落考證
信息可能存在不同聚落出自同一釋文的情況，爲減少數據冗餘，用釋文表
（Note，表 5.7）來存儲釋文。爲了記錄與數據有關的所有操作記錄，使用
adder、add_time、revise_time、revise_info 四個字段分別存儲添加者、添加時
間、最後修改時間以及歷次修改信息，每次新的修改記錄以分隔號「｜」分
開，以方便後期讀取。

　　表 5.5 府級政區記錄與表 5.6 縣級政區記錄是一對多的關係，兩張表中的
town_num 字段存儲各自屬下的聚落數目，每次更新記錄時由程序根據表 5.4
的聚落信息記錄自動計算。在不同精度上管理聚落數據，有利於在 GIS 系統
中更好地分析並展示最終的工作成果。

表 5.5　府級政區表（Prefecture）結構

字 段 名	字段類型	說　明
id	Integer	自動編號
name	Char（30）	名稱
town_num	Tinyint	隸屬聚落計數
remark	Tinytext	備註
……	……	……

表 5.6　縣級政區表（County）結構

字 段 名	字段類型	說　明
id	Integer	自動編號
name	Char（30）	名稱
town_num	Tinyint	隸屬聚落計數
id_pref	Tinyint	上級政區編號
remark	Tinytext	備註
……	……	……

　　內容豐富的釋文表（Note，表 5.7）是一個包含了原始史料、研究考證、專家意見在內的龐大數據集，是整個數據庫的核心，它通過唯一的 id 編號與聚落信息主表（Towns，表 5.4）進行關聯，對聚落的存在與確認提供研究支持。釋文的內容，除了文本外，可能還包含圖片、表格等。為了便於信息錄入與編輯，可以使用基於瀏覽器的在線 html 編輯器對釋文信息進行編輯，這類編輯器信息所見即所得，與使用微軟的 word 一樣簡單易用，具有良好的用戶體驗。文本表格與所有的格式以 html 代碼的形式存儲於數據庫中，圖片附件等則自動上傳至服務指定目錄中，有效地降低了數據庫的容量，提高了運行效率。

表 5.7　釋文表（Note）結構

字 段 名	字段類型	說　　明
id	Integer	自動編號
note_info	Tinytext	釋文
adder	Char（20）	添加者
add_time	Datetime	添加時間
revise_time	Datetime	最後修改時間
revise_info	Tinytext	修訂信息
……	……	……

　　對於普通用戶來講，自己的數據可以被系統接受，並以圖形化的方式展示出來，是參與數據建設的最大動力之一。中國的回族研究不只是象牙塔裏研究者的專屬對象，更是與現實緊密相連的研究實體，具有很高的民間參與度。這對於推進回族聚落數據庫的建設來講，有數量龐大的基本用戶和數據提供者。對於數據管理者來講，可以方便、快捷的操控數據，並且擁有豐富實用的工具，可以對數據的準確性、完整性與有效性進行檢查，是保證數據庫可以高效運行的重要前提。同時，安全穩定的系統平臺與環境組合，更是數據庫可以長久有效運行的基礎。因此，在規劃設計好數據庫之後，還應該有功能完善、用戶體驗良好的功能管理模塊和數據展示界面，從而使不同權限的人員，都可以在系統中承擔不用的角色，管理各自的數據。從目前主流的數據庫系統來看，系統開發環境採用微軟的 windows 系統，ESRI 公司的 ArcGIS Server 服務器，開源高效的 MySQL 數據庫以及 Php 的前端開發語

言，是比較實用的組合。這一配置不但兼容性較好，而且操作簡單、管理方便、後期維護成本低，安全性與可擴展性都有一定的保障。其實，具體工作中，對於清代回族聚落這樣記錄數相對比較有限的數據來講，哪怕只是用ACCESS 這樣最小型的數據據，也已經足夠了。CBDB 數據的存儲與分發，就使用了 ACCESS 數據庫。

第五節　聚落尺度的清代西北回族人口宏觀分佈格局

通過對關中回族聚落考證，可以看到，同治以前，這一區域內的回族人口分佈非常廣泛，從市鎮到鄉村，從平原到山區，幾乎無縣無之，無處無之。與此同時，在很多地方也有成片分佈的聚落群。因此，「大分散」之中，也明顯具有「大集中」的趨勢。這種分佈格局與今天全國各地回族人口「大分散，小集中」的分佈格局明顯不同。實際上，關中地區回族人口這種獨特的分佈格局，只不過是戰前整個西北地區回族人口分佈格局的一個縮影而已。同治以前，整個陝西省，乃至整個西北地區，回族人口在空間上，都呈現出這種「大分散、大集中」的獨特分佈格局。

「大分散」的分佈格局，指的是回族人口聚落分佈非常廣泛。同治戰前，西北地區回族人口大概七八百萬口，其規模比 1953 年第一次人口普查時全國穆斯林人口還要多。整個區域內，城鎮鄉村，平原山地，水陸要衝，偏遠內陸，幾乎無縣無之，無處無之。「大集中」的分佈格局指的是，回族人口在一定的空間尺度裏，形成了面積較大的連續的片狀分佈區域。因為伊斯蘭教的關係，回族人口分佈區域，具有較強的自主選擇性和明確的目標指向性。所以，無論宏觀上處於怎樣的「大分散」的分佈格局，至少在微觀上，回民總是在主動尋求一種相對「集中」的生活環境。這使得在小尺度的地理空間裏，在回族聚落人口較多的地區，有可能成為一個較大的片狀聚落群。從眾多「十三村」這種以數字命名的回族聚落群來看，在同治以前的關中地區，因為回族人口過於集聚，呈現出來的真實的地理分佈格局，不是一般的「小集中」，而是由若干「小集中」聚落群連片而成的「大集中」，是一種規模龐大的成塊連片的地理實體。同治以前關中地區回族人口「大集中」的分佈格局，從宏觀的視角來看，集中體現為兩個方面：一是「片狀分佈」，二是「帶狀分佈」。

一，片狀分佈：同治以前，關中地區有眾多成片聚居的回族聚落群，這

些小規模的片狀回民聚群綿延交錯，又共同組成更大的片狀回族聚落群。除高陵的回民十三村和渭河南的耿鎮周邊及以西沿渭回族聚落外。在其他州縣，這樣的聚落群也爲數眾多，其中比較著名者如臨潼十三村、蘇家溝十三村、渭城二十六坊、鳳翔二十八坊、大荔沙苑三十六村以及西安光大門附近六十四坊等。這些以數字命名的回族聚落，和高陵十三村一樣，並非確指這些回族聚落的眞正個數，而是泛指以某些特定聚落爲核心的成片聚居的片狀回族聚落群。

從目前已有史料來看，從潼關往西，沿渭河而上，第一個成規模的回族聚落群就在沙苑。沙苑是大荔南洛、渭二水之間的一大片沙草地，東西長八十餘里，南北寬30餘里，以南王閣爲首的數十回村隱居之間。沙苑一帶回族聚落不少爲全陝著名的回民巨堡，楊毓秀《平回志》「回巢之巨者，在大荔曰王柯邨，曰喬店，曰羌白……其餘星羅棋佈，不下數百邸堡。」〔註383〕王柯邨應爲王閣村，由南、北兩王閣村組成，即今之南王閣村、北王閣村。同治以前，北王閣有幾十戶人，都是漢人，南王閣有一千數百戶，都是回回。〔註384〕喬店位於渭南、大荔兩縣交界的地帶，戰前亦爲回民巨堡，回民人戶比南王閣村還要多。〔註385〕沿沙苑西緣，倉渡、孝義、喬店等回民巨堡星羅棋佈，連成一片，同治戰時，爲陝西回民重要據點之一。

倉渡鎮有回民一千餘戶，位於東西大道之上，東通孝義鎮，西通省城，北達喬店、羌白，沿途村莊都有回民居住。倉渡再往西，地界蒲城、富平、臨潼、渭南與大荔之間，清人稱五縣犬牙交錯，回村居其大半。〔註386〕辛市、官道、關山、美原等，均爲回族巨堡，人口眾多，經濟繁盛。繼續往西，高陵西北的十三村一帶回族聚落又與三原、涇陽回村相連，高陵東南的耿家集及以西沿渭一帶回村又與臨潼十三村一帶回村相連。沙苑以南沿渭水之陰地屬臨潼、渭南、華州、華陰，史稱臨渭二華，回民占四縣總人口的四成多，沿渭河一帶，回族聚落相連。

〔註383〕〔清〕楊毓秀：《平回志》卷一，見中國史學會編，白壽彝主編《回民起義》第 3 冊，上海：神州國光社，1952 年，第 60 頁。

〔註384〕馬長壽主編：《同治年間陝西回民起義歷史調查記錄》，西安：陝西人民出版社，1993 年，第 120、127 頁。

〔註385〕馬長壽主編：《同治年間陝西回民起義歷史調查記錄》，西安：陝西人民出版社，1993 年，第 129 頁。

〔註386〕〔清〕余澍疇：《秦隴回務紀略》卷一，見中國史學會編，白壽彝主編《回民起義》第 4 冊，上海：神州國光社，1952 年，第 218、220 頁。

　　西安省城四周回村密佈，人口眾多，從北門外馬家堡直達涇陽塔底下不過四五十里，就有大、小清眞寺百餘所，盛傳人口多達五十餘萬。雖然筆者前文已考證五十萬回民的說法是不太可信的，但民間的這種傳言至少說明在這樣一個狹小的區域內，回族人口極多，分佈也極稠密。西北鄉的回民巨堡沙河在灞河東岸入渭處，北接高陵，東通臨潼，西與渭城蘇家溝一帶回族聚落群相望。自西安往西，咸陽北原從渭城至蘇家溝盡皆回村。這一回族聚落群，往東與涇陽永樂鎮、塔下回村連成一片。

　　由此，從沙苑直至渭城，沿渭兩岸以及涇、洛近渭處，形成了一個十分遼闊的回民聚居區，見圖 5.5。陝西爲中國回回教門之根，其先民最早的聚居地即在今之關中一帶。因此，同治以前陝西回族人口聚落的這種分佈特點，與陝西在中國回回族群形成發展過程中的這種地位，密切相關。

圖 5.5　同治以前關中地區的回族聚落群

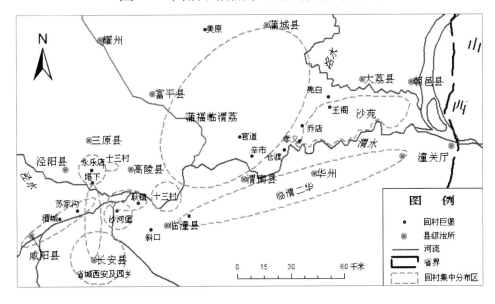

　　二，帶狀分佈：如果從更宏觀的視角來看，西北回族人口在空間上是「條帶狀」分佈的。渭水下游從沙苑至渭城的片狀回族聚落群只不過是這條帶子上的一小段。從渭城往西，經興平、武功、扶風、岐山一線即是鳳翔回族聚落群。鳳翔縣有回民 28 坊，六萬三千餘名口，除城內兩坊較小外，其他大部分人口都是附郭而居，離城不過一二里，或三四里，分佈相當集中。從鳳翔再往西，越過隴山，便進入甘肅境內。同治戰前，甘肅回民多至 600 萬左右，

占全省總人口的三成左右，比陝西省回族人口更多，聚落分佈也更密集。經秦州或平涼、慶陽兩地，再經蘭州，順河西走廊往西，經涼州、甘州、肅州等地直抵嘉峪關以西的瓜、沙一帶。這條長達 1,500 餘千米的軸線是古絲綢之路的一段，也是回族先民最早沿陸路前來中國的大路，更是最早的落居之地。因此，分佈在這一軸線上的回族人口不但數量最多，聚落分佈也最集中。在這條自東而西的軸線上，尤以西頭的河西走廊和東頭關中平原渭、涇、洛三河下游地區的回族人口聚落分佈最為集中。

　　除了這條東西方向上的軸線，另一條回民分佈的軸線是沿黃河自西南而東北延伸的。從河湟谷地的西寧、大通、碾伯，向東北經巴燕戎格、循化、河州，直抵蘭州，再東北，經靖遠、中衛、靈州直抵寧夏，穿寧夏平原，抵河套，與內蒙古黃河沿岸的回民聚居點連成一串。兩條軸線，在蘭、鞏交叉，是同治戰前，西北回族人口的精華所在，也最集中體現了清代西北回族人口聚落的分佈大勢。見圖 5.6。

圖 5.6　同治以前陝甘回族聚落分佈趨勢

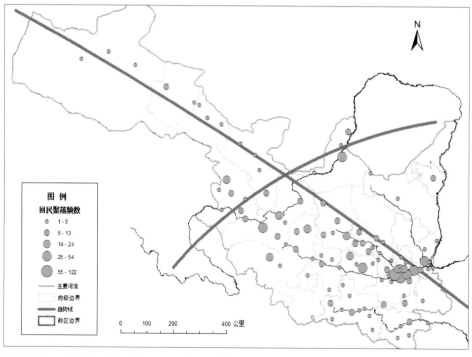

數據來源：路偉東：《清代陝甘人口專題研究》，上海：上海書店出版社，2011 年，第 298～300 頁。

如果把每一個回族聚落看成一顆小星星的話，那整個的分佈格局就宛如夏夜的星空，到處都是繁星點點，其中，更爲奪人眼球的是中間由群星組成的帶狀銀河，橫跨天際。而縱橫交叉的兩條軸線，恰恰是把群星式散佈的回族聚落串聯起來的主線。

第六節　本章小結

本章主要內容包括高陵回族十三村、高陵回村、關中回村以及更大空間尺度內復原清代回族聚落的可能性與具體方式，等邏輯上依次遞進的幾個問題。這一工作的主要目的是通過聚落這一借代指標對同治以前西北地區回族人口的空間分佈狀態進行模擬和復原。西北地區作爲我國回族人口數量最多、分佈最集中的傳統聚居區。在歷經同治年間那場滄桑巨變之後，無數回族聚落連同那些曾經鮮活的生命，都變成了歷史故紙堆裏冰冷的文字，逐漸淡出了人們的記憶。那些有幸保留下來的回族聚落，或日趨殘破、或更改名稱，或異地重建。即使名稱處所依然如舊，其人口結構也發生了巨大改變。對這一時空範圍內的回族聚落進行研究，有助於更加全面、深入地瞭解同治以前西北地區回族人口空間分佈的眞實狀況。

雖然這種復原工作的困難程度遠遠超過人們的想像，但本章的研究實踐表明，在深入挖掘傳統史料（如奏摺、方志、清人文集等）的基礎上，全面結合 20 世紀 50、60 年代的田野調查資料，對一個特定區域的回族聚落進行復原仍然是可行的。而且，在定義統一的史料判讀標準，開發具有友好用戶界面和強大數據管理功能的共建共享數據平臺的基礎上，這一工作可以在更大區域內進行嘗試，從而獲得更多、更準確的數據。

根據現有復原聚落分析：同治以前，西北地區回族人口的空間分佈具有明顯的「大分散，大集聚」的特徵，這與現代回族人口「大分散，小集聚」的空間分佈格局明顯不同。大集聚指的是成塊連片的人口分佈，尤其是關中地區、寧夏平原、河西走廊等處，回族人口數量龐大，分佈密集，聚落相當集聚，呈明顯的成塊連片狀態，眾多的回民十三村正是這種分佈格局的一個縮影。從更大的空間尺度來看，同治以前，整個西北地區的回族人口分佈呈明顯的條帶狀。密集的分佈在縱橫交叉的兩條軸線上，即：關中往西越隴山，經蘭鞏，直達河西走廊西端的橫軸；從河湟谷底北上，經蘭鞏，直達寧夏平原的縱軸。

第六章 清代西北回族人口遷移

　　在國人的傳統觀念中，安土重遷和愼終追遠是一直遵守並且推崇的一種普世價值。實際上，人口在空間上從來都不是靜止的，遷移才是人口的常態。中國疆域的擴展、鞏固與中華民族的最終形成，都與人口的遷移有直接關係。〔註1〕毫不誇張地講，數千年中國歷史就是一部中國人口遷移史。回族形成與發展的過程同樣如此。本章重點討論清代西北回族人口遷移問題，主要包括戰爭前後回族人口遷移的原因、過程、方向以及特點等。

第一節　同治以前的西北回族人口遷移

　　入清以後，隨著賦稅制度的改革，國家對小民人身的束縛逐漸減弱。〔註2〕這一時期，人口完全的自由流動雖然仍不合法，但卻比以往更爲頻繁，也具有更多的經濟因素和背景。清代人口往邊疆和山區遷移的兩大特點，在回族人口的遷移行爲中也表現地較爲突出。因爲歷史的淵源，同治以前，西北陝、甘兩省回族人口數量眾多，分佈也極爲廣泛。作爲最主要的遷出區，兩省回族人口持續不斷地向周邊省區的遷移，是全國回族人口在空間分佈上不斷趨於離散的主要動力來源。這一時期的陝甘回族人口外遷，從動機上看，有主動和被動之分；從形式上看，有官方組織的成規模遷移，也有民間自發

〔註1〕 葛劍雄主編，葛劍雄著：《中國移民史》第一卷《導論》，福州：福建人民出版社，1997年，第75～140頁。

〔註2〕 陳永成：《古代賦役改革比較與借鑒——以明代「一條鞭法」與清代「攤丁入畝」爲例》，《地方財政研究》2014年第9期。

的個體移動；從類型上看，有招墾、經商、逃荒、遊學、宦遊、遣犯以及隨軍調遣等。名類繁多，各不相同。如果從遷移的方向上來看，則可以簡單的概括爲兩類，即：向邊疆地區的生存型遷移和向內地省區的發展型遷移。

一、向邊疆地區生存型爲主的人口遷移

　　同治以前，陝甘回族人口向邊疆地區的遷移活動，主要是遷往新疆天山南北和口外蒙古等相鄰之處。這兩個地區不但有大片未開發的土地，而且全部嚴重缺乏勞動力，屬於典型的地廣人稀之區。因此，是清前中期陝甘回民外遷的主要目標區域。陝甘回族人口往這些地區的移徙，雖然原因多種多樣，但大多以解決溫飽問題爲主，屬於典型的生存型移民。

　　同治以前，陝甘回民往邊疆地區的遷移活動之中，以遷往天山南北亞洲腹地的人口最多，持續的時間最長，影響也最大。從康熙後期開始，隨著西北疆域的不斷擴展，在官方的積極引導和精心組織下，大批陝甘人口陸續遷入河西走廊和嘉峪關以西地區。及至乾隆後期，陝甘人口更是遍及天山南北，而初期由官方組織的移民活動最終發展成爲大規模的移民浪潮。現有研究顯示，至嘉慶末年，遷入新疆地區的陝甘移民及其後裔可能接近或超過 55 萬人。〔註3〕這些移民之中，有不少就是陝、甘兩省的回民。陝甘回民遷入新疆之後，主要散佈在從哈密往西，經吐魯番、古城、烏魯木齊，一直到達伊犁河谷的天山北麓一線。這其中，又以烏魯木齊及其周邊地區人口最爲集中。及至清中後期，這一區域成爲回族人口往新疆其他地區二次遷移的出發地。

　　西遷的陝甘回民，最初多以「趕大營」的形式進入新疆。清初大兵西征，爲了保障後勤供給。清廷頒發隨軍照票，鼓勵內地商人跟隨軍隊進行貿易，以此補充兵士日常所需。這種隨軍貿易即爲「趕大營」。戰事結束後，清廷鼓勵這些執有隨軍照票的內地商人攜帶家屬，紮根邊疆屯田經商。〔註4〕大批商民由此湧入天山南北。著明商號「大盛魁」的創始人王相卿最初就是隨康熙西征大軍趕大營發家的。〔註5〕這一時期，大批回民亦隨同遷入新疆，以昌吉

〔註 3〕　路偉東：《清代前中期陝甘地區的人口西遷》，《中國歷史地理論叢》2008 年第 4 期。

〔註 4〕　謝玉明：《趕大營的「路單」和「大篷車」》，《津西文史資料選編》第 4 輯，1990 年，第 53～60 頁。

〔註 5〕　代林、馬靜主編：《大盛魁聞見錄》，呼和浩特：內蒙古人民出版社，2011 年，第 345 頁。

回民為例，早在乾隆二十一年（1756）就有內地回民前來定居者，最初只有八家，號稱「八大戶」，「其中寧夏人五家，甘肅人兩家，河南人一家，都隨軍趕大營到了昌吉。他們的家屬被安置在老唐城西門外邊，仍以軍營服務來維持生活……又過了幾年……脫離為軍營服務的行業，即在當地另謀職業過活……這八家先民在昌吉落業後，他們在關內的各姓親屬，紛紛從原籍通過給商賈拉駱駝為腳戶，有的徒步陸續進疆，投親靠友來昌吉落腳。而各姓的同姓族人共同生活，天長日久，祖輩族人逐漸增多，又得分房，另立爐灶。後來他們族人中有不少人，又遷移到奇臺、米泉、瑪納斯、伊犁等地謀生，後代相傳至今。現在這些縣的部分與八大戶同姓的老戶，原是同宗親屬。」〔註6〕這段文獻記述的陝甘回民遷入新疆的過程相當有代表性：最初隨西征大軍以「趕大營」形式前往西疆的陝甘回民，隨著軍隊的不斷西進，在沿途逐漸落居，成為遷入新疆的先驅者。隨後，他們內地的親友絡繹而來，不斷聚集。然後，隨著人口增加，又從最初的落居地逐漸散佈至周邊其他地區。這種類型的人口遷移，是清前中期陝甘回民進入新疆的重要方式和途徑。從圖 6.1 行走西北的大盛魁駱駝商販，可以想見當年西北回族商人隨軍趕大營的情景。

圖 6.1　行走西北拉駱駝的商販

資料來源：代林、馬靜主編：《大盛魁聞見錄・書前插圖》，呼和浩特：內蒙古人民出版社，2011 年。

〔註6〕　祁占才：《昌吉回族溯源》，《昌吉文史資料選輯》第 7 輯，1988 年，第 30～41 頁。

相對「趕大營」，有更多的陝甘回民通過招屯落籍的方式進入新疆。清軍西征一切所需，除了「趕大營」的小商販可以提供部分生活用品外，對於糧食這種更重要的大宗物資只能以屯田的方式來解決。所以，清軍不斷西進的過程，不但是疆域不斷拓展的過程，也是區域不斷開發的過程。屯田類型主要有軍屯、民屯和犯屯三種，均為內地回民落居新疆的重要方式。

兵屯是新疆屯田初期的主要形式。兵屯不但可以解決軍糧供應問題，也可以為前線部隊提供後備兵員，清廷視之為鞏固和加強邊防的一項長遠戰略舉措。因此，大兵所過之處，廣設兵屯，派兵耕守。至乾隆二十三年（1758）底，屯兵總數已達 17,000 名。為了穩定屯兵隊伍，擴大屯田面積，清廷准許屯田兵丁攜帶家口，「分地墾種，各安其業。」〔註7〕及至乾隆二十五年（1760），清廷更推出搬眷費用官給的政策，鼓勵內地人口入疆。〔註8〕西征軍隊多來自陝甘地區，而兩省軍隊之中回民充兵應差者較多，陝甘回民由此落居新疆者人數不少。比如，烏魯木齊的回民有不少就是當年西征官軍因屯田而留居者。〔註9〕

相對兵屯，民屯持續時間長，招募人口多，陝甘回民通過這種途徑落籍新疆的人數也更眾。阜康縣五運五隆梁、六運五宮梁等處的回民是在乾隆中期由關內遷來屯墾的農戶，在乾隆後期已經形成很大的回族自然村。〔註10〕瑪納斯回民也是乾隆朝以來由關內陝西、甘肅等處遷來的。「因回民居住集中，以涼州人命名的地名有三處：東涼州戶、西涼州戶，即現在合稱的涼州戶，另一個西涼戶，在南山塔西河溝內。」〔註11〕吉木薩爾縣的回民最初同樣是乾隆中招募內地前來墾荒的農民，「大部分住在城郊，還有一些到泉子街小西溝、樺樹園子務農。」〔註12〕米泉縣最早的清真寺西大寺創建於乾隆四

〔註7〕 《清高宗實錄》卷五七二，「乾隆二十三年十月甲子」條。
〔註8〕 《清高宗實錄》卷一零八八，「乾隆四十四年八月己未」條。
〔註9〕 烏魯木齊縣地方志編纂委員會編：《烏魯木齊縣志》，烏魯木齊：新疆人民出版社，2000年，第159頁。
〔註10〕 傳憲政：《阜康縣回族概況》，《昌吉文史資料選輯》第7輯，1988年，第14～21頁。
〔註11〕 爾立：《瑪納斯回族的遷入和分佈》，《昌吉文史資料選輯》第7輯，1988年，第50～52頁。
〔註12〕 該縣縣志（吉木薩爾縣史志編纂委員會編，第75頁）稱乾隆三十五年官府一次遷關內回民1,150戶至吉木薩爾、阜康一帶墾荒。所載大概轉引自譚成軍撰《吉木薩爾縣的回族》（《昌吉文史資料選輯》第7輯，1988年，第26～29頁）。該文只稱據史書記載，又不言明具體出處，無法校核。如此大規模的移

十六年（1781），是由當年關內遷來屯墾的回民所建。〔註13〕烏魯木齊寧夏灣原稱大灣，乾隆三十年（1765）前後，寧夏府所轄地區遭水災，兩個回民村共 250 餘人遷來屯田，遂改名。「乾隆三十二年（1767），大量河州等地回民遷居烏魯木齊，僅達阪城居住務農的就有 500 戶」。〔註14〕

犯屯爲地內遣犯屯田。新疆地處極邊，是陝甘回民遣犯重要的發配地。比如昌吉一帶，從乾隆二十八年（1763）起，就陸續有關內回民遣犯來此屯田。乾隆三十三年（1768）中秋節，三工莊的回族屯犯曾「聯絡屯田城堡一帶的數百名回族屯犯」舉行暴動。失敗後，僅留下數十名 10 歲以下男女幼兒，其他盡數被殺，屍體填埋在新城外西南角的老回回亂墳坑內。昌吉二六工鄉軍戶村一帶的回民據說也是乾隆年間發配新疆回民遣犯的後裔。〔註15〕從這兩段文獻看，清代由關內發配至新疆的回民遣犯人數不少。民屯目的主要是增加糧食供應，故大都在田土較好的地方。犯屯則主要是安置罪犯，大都是人口較少的未開墾之區，因此，相對民屯空間分佈比較離散。

除隨軍「趕大營」和屯田落居之外，內地回民因自發行商貿易而落居新疆者，人數也有不少，表 3.2 是乾隆朝時新疆南八城部分內地商民的匯總信息，從這一不完整的列表信息可以看到，清中前期陝甘回民之中多有個人或三五成群深入南疆貿易者。乾隆二十八年（1763）阜康築城後，很快就有 15 戶回民遷來城鎮從事飲食服務等經商活動。〔註16〕乾隆時期，從陝甘等處進入新疆的這些行商小販大都具有的相當冒險精神，深入到天山南北各處，行走城鄉市鎮各處。故最終落居者，散佈更爲廣泛。

自乾隆中期以來逐漸落居北疆的陝甘回民，在嘉道之後，也有不少人再次遷往南疆各處。比如，喀喇沙爾（今焉耆回族自治縣）一帶的回民，就有不少回民是從北疆遷來的。回民耆老馬俊自稱，他的老家在陝西，遷往焉耆

民活動張丕遠的研究（《乾隆在新疆施行移民實邊政策的探討》《歷史地理》第 9 輯，上海：上海人民出版社，1990 年，第 93～113 頁）中未見梳理，乾隆三十五年專門遷移回民 1,150 戶的記載，較爲可疑。

〔註13〕艾施：《米泉縣回族族源初探》，《昌吉文史資料選輯》第 7 輯，1988 年，第 53～56 頁。

〔註14〕烏魯木齊縣地方志編纂委員會編：《烏魯木齊縣志》，烏魯木齊：新疆人民出版社，2000 年，第 161 頁。

〔註15〕祁占才：《昌吉回族溯源》，《昌吉文史資料選輯》第 7 輯，1988 年，第 30～41 頁。

〔註16〕傳憲政：《阜康縣回族概況》，《昌吉文史資料選輯》第 7 輯，1988 年，第 14～21 頁。

至今已是第八代。他的爺爺在世時，給子孫們講全家遷來焉耆的情況，「先住北疆，後聽到人們講焉耆富庶，平地上流淌著一條大河水，城四周是割不完的柴草，莊稼地邊能放牛羊，是個過日子的好地方，便舉家來到此地。那時每年都有十戶、八戶的人遷來。」〔註17〕回族人口在新疆的二次遷移，一方面表明，最初的遷入地因為有外來人口不斷遷入，可能逐漸變地擁擠；另一方面這種情況也表明，在清中期官府對新疆地方和人口的管控尚不嚴格，小民移動相對內地較為自由。

　　新疆之外，口外蒙古等處也是回民重要的遷入地。自清初以來，雖然蒙古地區長期處於法律上的封禁之中，但官方對前往該處的內地移民實際上採取的是默許與容忍態度，事實上的移民和文獻中的禁令同時並存。〔註18〕與陝、甘、晉等省交界的阿拉善、伊克昭以及歸化土默特等處，都有大量內地人口遷入。這其中，尤以東部歸綏、包頭一帶遷入的人口為多。比如，包頭一帶「從甘肅、青海、陝西、寧夏來的，俗稱西路回回。有經商的，有逃難的。他們從清朝雍正末年、乾隆初年就已往來於包頭了。」〔註19〕歸綏一帶回民落居時間相差不多，據當地回民耆老傳稱：清雍正年間，陝西長安、大荔等處回民來此販買馬、羊，有拜、劉、馬等姓數戶落居呼市。另有乾隆年間護送香妃入京後返回途中落居者，初在城南八拜村，後陸續遷入歸綏城北門外。〔註20〕除了這些民間自發的人口遷移，軍隊落居亦是當地回民重要來源之一。據民國《綏遠通志稿》記載稱：清軍平定準噶爾後，凱旋而歸，「其出力之回軍一部，則駐歸化城外候命，總數不足千人。初居於城東南三十八里之草原，恣其駐牧，日久遂成村落，並建寺以崇其教，即今之所謂八拜村回回營也。迨乾隆五十四年（1789），以回民既不便返西域，且解兵籍後，有妻孥而無恆產……於是駐防將軍、都統奉命敕其散居，俾得自由謀生。自此遷入歸化城為民。同時於城北門外……創建清真寺一座。蓋因當日遷居歸化城之回眾，率族聚於北門外營坊道、十間房附近一帶，故建寺於此。」〔註21〕

〔註17〕焉耆回族自治縣地方志編纂委員會編：《焉耆回族自治縣志》，烏魯木齊：新疆人民出版社，1998年，第118頁。

〔註18〕葛劍雄主編、曹樹基著：《中國移民史》第六卷《清、民國時期》，福州：福建人民出版社，1997年，第473～477頁。

〔註19〕馬俊英：《包頭回族的源流》，《包頭回族史料》，1987年，第1～11頁。

〔註20〕呼和浩特市回民區志編纂辦公室編：《呼和浩特市回民區志》，呼和浩特：內蒙古廣播電視廳機關印刷廠，第1996年，第383頁。

〔註21〕民國《綏遠通志稿》卷五三《民族·回族》。

從這些史料來看，陝甘回民遷居口外蒙古各處，是在清代蒙古長城沿邊地區開墾的大背景下進行的，人口遷移多以民間自發為主。

1953 年人口普查，新疆回族人口約 13.4 萬，內蒙古回族人口約 4 萬。人數比較有限，這其中還包括了大量同治西北戰爭以後遷入的人口。以此來看，清同治以前，回民由陝甘進入上述兩省區的遷移活動雖然相當頻繁，個案也比較多，但大多都是民間自發零星瑣碎的個人或小群體遷移，實際遷移的人口數量比較有限。究其原因，主要應該是清朝官方對省際遷移的行為有比較嚴格的管控。從時間上看，內地人口往西北和北部邊疆遷移的高潮在乾隆中期以前，而清廷對回法律的制定也恰恰在這一時期。乾隆中期後，在法律上逐漸淪為「賤民」的回族人在社會生活諸多方面都受到種種羈絆和管制。這一點，從乾隆四十七年（1782）海富潤事件〔註 22〕就很容易看到，回族人口跨省區長距離的遷移，顯然是受到嚴格管控和限制的。

二、往內陸地區發展型為主的人口遷移

同治以前，清代陝甘回族人口往內陸地區的遷移，主要遷往與兩省鄰近的四川、湖北、河南以及山西等處。這些省份，大都人口眾多，經濟發達，地區之間經貿及人員往來頻繁。陝甘回族人口往這些省區遷移，大多以謀求更好的生活為主，商業的因素占主導地位，屬於典型的發展型移民。

湖北與陝西相鄰，自入明以來，因為經商、隨軍調遣或逃避戰亂等原因，陝西省回民流往湖北者為數不少。尤其是明朝中葉以後，隨著漢口鎮的逐漸興起，關中與漢口之間的商貨及人員往來日趨頻繁。陝西回民商販往來其間者，人數頗眾，這其中有不少人最後都落籍湖北各處。比如，沔陽銅柱堂馬氏一支，即世居陝西西安，至三世祖時「因父母早喪，……乃販毛布，貿易湖廣。夫長驅之楚……順流而下，至沔邑鳳凰臺棲息，因七里城有清眞寺，遂移茲土，買置房屋以落籍。此正國朝定鼎，順治四年俟也。」〔註 23〕除了商人，也有不少陝西回民因戰亂、災荒而逃難至湖北。比如，明朝末年就有「一魏姓回民由西安附近逃入秦楚交界的湖北關內，定居在海拔 1,600 米的坎

〔註 22〕 楊曉春：《18 世紀下半葉中國內地回民分佈狀況初探——以清乾隆四十六年（1781）、四十七年的檔案資料為中心》，見劉迎勝主編《元史及民族與邊疆研究集刊》第 29 輯，上海：上海古籍出版社，2015 年，第 212～226 頁。
〔註 23〕 《馬氏宗譜（銅柱堂）序》，見答振益主編《湖北回族古籍資料輯要》，銀川：寧夏人民出版社，2007 年，第 26～27 頁。

子山老水泉。嗣後，又有馬、楊、魏等回民七八人，定居坎子山松樹陽坡、湖北口和西川一帶。清雍正年間，陸續又有回民從渭河兩岸逃到陝西鎮安縣與湖北口交界處，王、哈、萬諸姓回民也相繼遷入西川、紅岩、坎子山一帶定居，這裡逐漸形成了鄖西縣最早的回民聚居區。」〔註24〕

陝西通湖北大道，自古以商於道為主。即自關中出發，經商洛，越藍、武兩關，順丹江下襄樊以達漢口。乾隆朝時，官民先後捐資修繕陸路及丹江水道，這條道路的交通條件大為改善，逐漸取代出潼關至洛陽的大道，成為陝西與外界聯繫的主要通道，沿途必經的水旱碼頭龍駒寨，地位也躍居潼關以上，成為整個陝西人員、貨品出入的集散中心。〔註25〕而湖北四大回民集聚之區，即武漢周邊，沔陽、荊州、鍾祥一線，襄陽、樊城四周和鄖縣、鄖西一帶，均在這條大道之上或者附近不遠之處。陝西省回民遷居其間者頗多，尤其是最鄰近的鄖陽府所屬各縣，陝西回民更多。

四川號天府之國，地沃民豐，川陝之間歷來交往頻繁。入清以後，陝西省回商在四川貿易者，被稱為「川客家」，關中地區幾乎每縣皆有，而渭南、大荔、涇陽以及三原等縣尤其集中，不但人數多，財資也相當雄厚，如渭南孝義鎮的嚴、趙、柳、喬四大家族，自明末以來就在四川經營鹽、茶、皮毛等南北各貨，每年從四川駄運回大量銀子，民諺稱：「孝義的銀子，赤水的蚊子。」〔註26〕陝西商人在四川貿易而定居者，人數較多。成都境內回民繁衍，武功素稱極盛，清末回民有數千家之多，附近彭縣的「回民始於清乾隆初年，大部分來自陝西涇陽、渭南、三原等地……成都的甘肅清真義學寺、秦福寺、九寺，就是陝甘的皮貨、藥料、騾馬商人興建的。」重慶因商業、交通發展，回民遷入較多，原陝甘回民明代所建十八梯側巷清真寺更名為西寺，專供原籍西北的回民禮拜。〔註27〕鹽亭縣是綿陽市回族人口最多的縣，也是全省回族人口比重較高的縣，還有一個大興回族鄉，2005 年回族人口約5,000 人，比較有代表性。該縣回民十大姓中可考有七個，其中有五個都來自

〔註24〕 《中國少數民族社會歷史調查資料叢刊》修訂編輯委員會編：《回族社會歷史調查資料》，北京：民族出版社，2009 年，第 25 頁。

〔註25〕 張萍、呂強：《明清陝甘交通道路的新發展與絲綢之路變遷》，《絲綢之路》2009年第 6 期。

〔註26〕 馬長壽主編：《同治年間陝西回民起義歷史調查記錄》，西安：陝西人民出版社，1993 年，第 36 頁。

〔註27〕 四川省地方志編纂委員會編：《四川省志·民族志》，成都：四川人民出版社，2000 年，第 369～370 頁。

陝甘地區。比如，其中的穆姓，祖籍陝西漢中府麻坪鄉穆家坪，萬曆四十三年（1615）遷來；金姓，陝西同州府大荔縣王角村人，康熙二十九年（1690）遷來；馬姓，陝西西安府渭南縣人，康熙三十年（1765）遷來，以販賣騾馬為生；楊姓，陝西人，雍正元年承冊鹽邑；哈姓，甘肅人，躬耕商賈，貿易為生，咸豐年間遷來。〔註28〕

　　除了行商定居者，也有部分陝甘阿訇因傳教而留居四川。其中比較有名者如穆罕默德二十九世後裔華哲・阿布都・董拉希即於康熙二十三年（1684）從其門人馬子雲鎮軍由甘肅河州到達四川閬中傳教，歸真後葬於城東北隅盤龍山之巴巴寺。「其高足弟子名祁靜一者，為之立拱北，坐守數年以去，故守拱北者，必由河州輪派而來，三年更替，名為坐拱北。」〔註29〕其他如廣元北山拱北陳尊者，甘涼人；九井拱北馬尊者，固原人；南山拱北馬尊者，河州人；新都拱北穆尊者，甘肅人。拱皆為清康乾年間，由陝西來川傳教者。〔註30〕除此之外，還有一部分陝西回民因逃難而遷來四川。據傳乾隆時有部分回民曾因戰亂逃到四川仁壽青槓埡、成都土橋鄉等地定居。〔註31〕

　　四川回民多非世居，主要由西北陝甘和東南諸省遷來。咸、同之際，受杜文秀戰爭的影響，省內松潘、鹽源、會理以及衛城等處回族人口損失較多。〔註32〕根據蘇德宣調查，20世紀30年代四川全省回族人口約1.6萬戶。〔註33〕第一次人口普查數據則顯示20世紀50年代初，全省回族人口3.8萬。由此大概估計，清代由陝甘遷入四川的回族人口，還是有一定數量的。

　　河南、山西兩省，為漢民世居之區，農業發達，地狹人稠，自明初以來即為人口遷出之區，同治以前陝甘回民遷入這兩地的人口不多。少數落居者，或因為官，或以行商等，如洛陽油坊馬家譜上記載，祖先「出於陝西扶風縣，自明世初經商於洛，因家焉。」〔註34〕米氏在明末清初從陝西扶風縣

〔註28〕達鵬軒：《鹽亭回族源流考》，見達鵬軒編《鹽亭回族》，鹽亭縣政協學習聯誼民族宗教委員會，2005年，第23～27頁。

〔註29〕民國《閬中縣志》卷一二《宗教志》。

〔註30〕民國《重修廣元縣志稿》卷一五《禮俗志・宗教》。

〔註31〕達鵬軒：《鹽亭回族的來源和初步發展》，《鹽亭回族》，鹽亭縣政協學習聯誼民族宗教委員會，2005年，第15頁。

〔註32〕馬尚林：《四川回族歷史與文化》，成都：四川民族出版社2005年，第17頁。

〔註33〕蘇德宣：《四川全省回民人口統計》，《突厥》第5卷第3期。

〔註34〕洛陽市地方史志編纂委員會編：《洛陽市志》，鄭州：中州古籍出版社，2002年，第61頁。

遷來，亦因經商而落居。太原回民方言、信教習慣等與陝甘回民相似，大部分來自陝、甘、寧一帶。多是騎著駱駝，載有土產的過往客商，時日既久，落戶太原。在太原青年路（原爲八蠟廟）第五中學、游泳池，有寧夏人的義地。〔註35〕另外，西北爲中國回回教門之根，經學人才輩出，晉豫兩省回民亦多有延聘陝西回族阿訇前來講經的傳統。比如，「鎮平縣呂坡答姓，元時由西域入中原，落籍陝西後又遷居湖北鍾祥縣答家湖，於清代受呂坡的邀請，來此出任阿訇，遂留居於此，如西北縣蔡寨回族鄉黃氏，其先輩因當阿訇由甘肅涼州遷至蔡寨落戶。」〔註36〕經師爲有才學之人，地方延聘經師要支付一定的費用，故通過這種方式落籍的陝甘回民人數較少。

綜上來看，同治以前，陝甘人口往四川、湖北、河南以及山西等內陸省區的遷移活動比較頻繁。遠距離遷移，除了擁有較強的遷移資本，還要有相應的社會關係網絡。商人往來貿易熟悉民情且擁有資財，因此，這一時期流向上述地區的陝甘回族人口以商人居多，遷移活動具有較濃厚的商業氣息。對於絕大多數的普通小民來講，這兩方面的條件顯然都不具備，一般不會出行。但如因戰亂情非得已而避亂逃難，年輕力壯之輩也有可能會遷至較遠之區。其他如講經、宦遊以及求學等原因的跨區遷移，人數則相當有限。清初自關中遷至沔陽的馬氏回族族譜開篇即稱：「予考志，察沔姓氏，而眞仕宦落此地雖有，但一幾希。查夫工商落君（著者按：君應爲居）茲土者多，然昌倉卒藏沔起家者，亦復不少。」〔註37〕

和同時期往西北邊疆地區的遷移活動相比，陝甘回民遷往內地的實際人數雖然不多，但分佈卻更爲廣泛。同治以前陝甘等省區的回族人口外遷，基本奠定了之後全國回族人口的空間分佈格局，影響極其深遠。

第二節　同治西北戰爭引發的區域回族人口遷移

同治西北戰爭是中國近代史上的重要歷史事件之一，更是西北回族人口發展史上最重大的歷史事件。這場戰爭以及緊隨其後的荒亂和瘟疫，造成了

〔註35〕梁雋：《太原穆斯林往事述略》，《山西文史資料》第 57 輯，1988 年，第 66～75 頁。

〔註36〕胡雲生：《傳承與認同：河南回族歷史變遷研究》，銀川：寧夏人民出版社，2007 年，第 87 頁。

〔註37〕《馬氏宗譜（銅柱堂）序》，見答振益主編《湖北回族古籍資料輯要》，銀川：寧夏人民出版社，2007 年，第 26 頁。

極其嚴重的區域人口損失，改變了西北人口的民族結構和城鄉結構，更完全
打斷了西北回族人口發展的歷史進程，引發了大規模的回族人口遷移。

渭南事起，沿渭各村回族紛紛挈眷北渡，而渭河北岸各回則往東攻打同
州府城，並一度進攻至黃河岸邊的朝邑。顯然，戰事之初，回眾並未有西遷
的意圖和行動。西北地區自入清以來，戰亂漸息，社會趨穩，尤其「關隴腹
地不睹兵革者近百年」。〔註38〕承平日久，國既不知備，民更不知戰。故同治
西北戰爭驟起於渭南之時，不論封疆大吏、地方士紳還是普通小民，對戰爭
的發展態勢、嚴重程度以及殘酷程度等都沒有足夠清醒的認識和預備。西北
漢、回兩族皆係世居，同村共井、互為鄉梓，彼此素有往來。在很多地方，
大家均和睦相處，既無衝突之意，更無打鬥之實。相傳沙苑回民西遷前，曾
發動三十六村回民集體西行，其中「和漢民無仇怨而相善者皆不願遷。到非
遷不可時，與漢族鄰友相遇於道路，便對漢人說：『親家，不對啦了！要分離
啦！』」〔註39〕亦或互通消息，以避禍端。又如涇陽縣西南原上的寨頭村，起
事之前回、漢比較和睦，回民常透露消息給漢人，請漢人早逃。但漢人很不
在意，另一方面也實在不願離開家鄉。〔註40〕

其實何止漢民，回民自己也不願離開。究其原因，除了對戰爭殘酷性認
識不足之外，主要還是故土難離。世居之所為祖宗墳塋所在，拋棄所有家產
及社會關係，舉家遠徙且前途未卜，一般人非到萬不得已不會這樣做。邠州
有個井村，原有回回居住，據說當年被迫西遷時，「曾引起各家回民大哭。」
〔註41〕資產較多的富裕之家，牽絆顧忌更多，更是不想遷走。比如，大荔縣
清池村的回回財東溫紀泰，既是「川客家」，也是大地主，田地多到難以數
計，「耕牛亦很多，相傳有賣牛籠頭的至村，他全部買下，還不夠使用。他家
耕地時，牛馬成群，如同過會。當時有一附近漢人村在演戲，但群眾們不想
看戲，而要看溫紀泰田裏的耕地。溫家在當時是縣裏著名的大地主，所以回
民起義了，他不願參加。後因回眾脅迫，始隨軍而去，住在甘肅化平縣。」

〔註38〕 〔清〕易孔昭：《平定關隴紀略》卷一，見中國史學會編，白壽彝主編《回民
　　　　起義》第 3 冊，上海：神州國光社，1952 年，第 247 頁。

〔註39〕 馬長壽主編：《同治年間陝西回民起義歷史調查記錄》，西安：陝西人民出版
　　　　社，1993 年，第 105 頁。

〔註40〕 馬長壽主編：《同治年間陝西回民起義歷史調查記錄》，西安：陝西人民出版
　　　　社，1993 年，第 253～254 頁。

〔註41〕 馬長壽主編：《同治年間陝西回民起義歷史調查記錄》，西安：陝西人民出版
　　　　社，1993 年，第 233 頁。

〔註 42〕溫家被強迫遷往化平一事，化平的回民之中亦有傳聞。〔註 43〕南王閣的回回財東祥麟家也是「川客家」，同樣對西遷很不情願。

除了故土難離，另一個主要原因是，戰事初起之時，參與雙方多係特定事件當事人，波及範圍比較有限，很多地方尚未真正開戰，族群亦尚未完全割裂，即有所打鬥亦較克制。官兵有限，團練與回兵又皆來去匆匆，時間不長。對於普通小民來講，只要躲避鋒頭便可平安無事，如據大皮院街白雲壽的母親稱：「我今年九十二歲，城南葉護塚人，是逃難以後到城裏生的……我母親常說……當時逃跑只說是躲了就回去，所以早上走的時候還給雞撒了米，倒了一盤水後才離開的。他們進城後就回不去了，城外殺砍得很厲害。我一個哥哥捨不得莊稼，要回去看看，趁機還想背些糧來，但在西門口被賊用鍘子鍘了。」〔註 44〕更有甚者，居然抱有隔岸觀火的心態，駐足圍觀，尤似看戲，如同治元年（1862）九月二十二日，也就是戰爭已經開始整整 5 個月後，回軍與清軍戰於同州府城東門外蘇氏溝，附近村莊百姓從草橋店一帶圍觀看熱鬧，結果半被掩殺。〔註 45〕及至戰事擴大，戰火燒身危及性命，小民始知四散奔逃。

但戰爭作為人類群體性的非理性行為，一旦爆發往往就脫離了個體或群體的控制。戰火波及之處所有人都主動或被動的捲入其中，無法置身事外。同治西北戰爭初起於瑣碎細故，本與回、漢兩個族群沒有關係。但戰前頻繁發生的糾鬥，尤其是大規模的械鬥等流血事件，極大的加深了彼此之間的心理隔閡，造成了嚴重的族群割裂。個體或群體間的單個事件，往往被深深地打上了回、漢的烙印。同治西北戰爭爆發後，各種謠言病毒式瘋狂傳播，引發了極大地社會恐慌與群體騷動，而團練的肆意妄為又使得原本普通的打鬥迅速滑向了族群衝突的深淵。同治元年（1862）四月，渭南聖山砍竹事發，不數日華州團練又火燒秦家灘。局勢由此完全失控，謠言所到之處殺戮隨即開始。城關之回最先受到波及，大荔、三原、涇陽等處，盡被屠戮一空。盩厔縣城回居於南關和城內南街，人數不多。戰爭起後，「本縣東路鄉團就到

〔註 42〕 馬長壽主編：《同治年間陝西回民起義歷史調查記錄》，西安：陝西人民出版社，1993 年，第 99 頁。

〔註 43〕 馬長壽主編：《同治年間陝西回民起義歷史調查記錄》，西安：陝西人民出版社，1993 年，第 421 頁。

〔註 44〕 馬長壽主編：《同治年間陝西回民起義歷史調查記錄》，西安：陝西人民出版社，1993 年，第 177～178 頁。

〔註 45〕 光緒《大荔縣續志》卷一《事徵》。

縣城來洗回回，把南關的回男都殺光了，留了三個回回婦女跪在街頭哭著，求人救命，並說：『能救我們活著，願為配偶。』眞慘極了！但當時到處有傳帖要大家到戶縣截堵『回寇』，誰敢收留回婦？結果，這些婦女都被鄉團戕殺了。」〔註46〕在這樣的社會背景之下，戰爭一開始所有回民就被標籤化的推到戰爭的另一面。部分人身份比較特殊，夾於回、漢之間而左右為難，最後只能選擇自我了斷，如大荔縣有個叫馬昭元的道臺，曾受官派說降白彥虎。「據說白彥虎說：『要無事得全無事，打死人不理過去，不能算舊賬。我自己也不願造反，只是為人所逼罷了。』當時馬道臺很同意白的說法，但官方又疑及於馬，馬遂全家自盡。」〔註47〕還有人因身體或其他各種原因無法西遷，或對於前途未卜的西遷逃難完全絕望，戰爭之初就選擇自我了斷。比如，「藍家坡有一家有錢的回民叫藍大功，亂後以土地、銀子交給長工，請為撫養二子，全家其餘人都自盡了。」〔註48〕但更多的小民，在避難求生主觀意願和軍隊的被動驅趕之下，開始了大規模的舉族人口西遷。

　　回民舉族西遷，阿訇和頭目起了主導作用，是主要的領導者。以「十八大營」為例，其中不少頭目，比如赫明堂、鄒保和、閻興泰、陳林、畢大才以及馮君福都是阿訇，「阿訇不允許，回民是不敢動手的。白彥虎不是阿訇，所以最初沒名氣，他作頭目，是後來的事了。」〔註49〕一般頭目、阿訇和回民的關係，根據原涇源縣（即清之化平廳）第一副縣長於建功阿訇講：「一般……頭目是哪一村裏的人，他所帶領的群眾便屬於哪一村及其附近各村的回民。但阿訇則否，是從外村、外縣，有的是從外省聘來的。他在一坊中開學日久，有了威信，回民群眾便舉他作頭目。例如於彥祿是同州王閣村人，他不是阿訇，所以王閣村的回民就是他的基本群眾。反之，閻阿訇是渭南孝義鎮附近的人，因為他在渭南西部的六村九社開學，所以九社的回民就成了他的基本群眾。」〔註50〕

〔註46〕馬長壽主編：《同治年間陝西回民起義歷史調查記錄》，西安：陝西人民出版社，1993年，第322頁。

〔註47〕馬長壽主編：《同治年間陝西回民起義歷史調查記錄》，西安：陝西人民出版社，1993年，第190頁。

〔註48〕馬長壽主編：《同治年間陝西回民起義歷史調查記錄》，西安：陝西人民出版社，1993年，第39頁。

〔註49〕馬長壽主編：《同治年間陝西回民起義歷史調查記錄》，西安：陝西人民出版社，1993年，第424頁。

〔註50〕馬長壽主編：《同治年間陝西回民起義歷史調查記錄》，西安：陝西人民出版

　　圖 6.2 是民國年間寧夏固原北部三營的阿訇與經學生們的合影，圖上阿訇一人中間正襟危坐，其他所有人不論長幼，均垂手侍立，表情肅穆，層級顯明。阿訇在回民中的權威與地位一目了然，由此可以想見當年西遷之時阿訇發揮不可替代的領導作用。

圖 6.2　寧夏固原北部三營的阿訇與經學生們

資料來源：王建平編著：《中國陝甘寧青伊斯蘭文化老照片：20 世紀 30 年代美國傳教士考察紀實》，上海：上海辭書出版社，2010 年，第 122 頁。

　　民間相傳，關中回民西遷之前由阿訇、頭目作了動員，多地多有燒房之舉，如渭南縣「倉頭回回起手以後，村裏的回眾就跟著響應。出動以前，先祭旗，隨著把自己的堡子點火燒了。」〔註 51〕北禹家村有一座清眞大寺，村中富戶禹七兒家亦房產較多，西遷前也都燒了。「1937 年在其被焚房屋的遺址內尚看到麥粒豆粒與磚瓦相雜陳，村人說，八十多年前，此爲禹氏倉庫。」〔註 52〕從廢墟之中的麥粒與豆粒可以想見，當年回民西遷是相當匆忙的，糧穀等財物均未來得及處理，就一把火燒了。倉皇逃命之間，大部分地方當然不可能有如此正式的祭旗燒房之舉。更多房屋可能是清軍或者團練燒的，如多隆阿帶兵入陝之後，「所到的村落，或燒民房，或伐樹木，以此爲清野擒敵

　　　　社，1993 年，第 416 頁。
〔註 51〕馬長壽主編：《同治年間陝西回民起義歷史調查記錄》，西安：陝西人民出版
　　　　社，1993 年，第 145 頁。
〔註 52〕馬長壽主編：《同治年間陝西回民起義歷史調查記錄》，西安：陝西人民出版
　　　　社，1993 年，第 125 頁。

之計。」〔註53〕民間這些回、漢百姓都在口耳相傳的說法雖然破多演義的成分，但還是有一定的可信度。舉家西遷之前，親手把自己的房屋燒掉，這顯示的當然不只是誓死一戰的決心，更多的則是預感到祖輩世居故土可能再也無法返回的無奈與絕望。

　　漢地社會一般都用兩輪車，四輪車比較少見，自秦漢以來率皆如此。一位19世紀末定居北京的外國人甚至認為，「中國人的思維不可能超越兩輪車的想法。」〔註54〕實際上，清代關中地區的回民普遍使用四輪車，當地漢民把這種車稱為「回回車。」〔註55〕也就是馬風風所說的四軲轆車。見圖6.3。

圖6.3　大荔東門外的四輪「回回車」

資料來源：馬長壽主編：《同治年間陝西回民起義歷史調查記錄》，西安：陝西人民出版社，1993年，書前附圖。

　　「大家坐著四軲轆車逃了」一句相當形象地描述了當年關中回民舉族西遷之時，拖家帶口驅馬駕車的匆忙場景。漢人有首叫《秦川》〔註56〕的歌謠

〔註53〕馬長壽主編：《同治年間陝西回民起義歷史調查記錄》，西安：陝西人民出版社，1993年，第127頁。

〔註54〕〔美〕弗朗西斯·亨利·尼科爾斯著、史紅帥譯：《穿越神秘的陝西》，西安：三秦出版社，2009年，第45頁。

〔註55〕馬長壽主編：《同治年間陝西回民起義歷史調查記錄》，西安：陝西人民出版社，1993年，第114頁。

〔註56〕馬長壽主編：《同治年間陝西回民起義歷史調查記錄》，西安：陝西人民出版

也描述了回民西遷時用車拉行李的情形，摘錄如下：

> 喬店堡打聽得大兵不遠，
>
> 套輛車拉行李咱的快搬。
>
> 渭城堡新打城由得自便，
>
> 若緊了丟妻女逃奔北山。

小民置身兵火之中，生命都早不保夕，眞實的逃難經歷顯然沒有這麼淡定與從容。在三原時，清軍夜裏進攻，慌亂之中回民「棄其睡兒，被兵屠戮甚眾。」〔註57〕從「若緊了丟妻女逃奔北山」一句可以想見，危急時刻妻女根本無法保全，大車重載當然更會最先被捨棄。隨著清軍不斷增兵，回民被迫從渭城繼續西撤，自此以後，形勢已變得越來越窘迫。

涇原縣白面鄉馬長恩的曾祖父馬六是當年戰爭的親歷者，戰後被安置在化平川，他寫了一首《反叛歌》，記錄當年關中戰爭及逃難的場景。行文較長，現摘錄如下：

> 油房村拿張非（苃）可勤（欽）可歎，
>
> 將張非（苃）活捉在刁陵村前。
>
> 倉頭鎮任老五細問一遍，
>
> 馬彥英在寶帳就把令傳。
>
> 自東方來一人名叫八眼，
>
> 打一陣殺得他代（帶）傷回還。
>
> ……
>
> 連打了七八月未曾停戰，
>
> 殺了他紅蘭頂約有千員。
>
> 殺妖兵亦不知己（幾）招（兆）己（幾）萬
>
> 曾（怎）奈是妖兵多難以存站。
>
> 無奈了把家眷才往西搬，
>
> 本到了原底下暫且停站。
>
> 他那裡掛帥人名叫生彥，
>
> 把我的男共女一眼不觀。
>
> 每斗麥兩半銀他心不願，

社，1993 年，第 443 頁。

〔註57〕 〔清〕余庚陽：《賊巢棄兒》，見〔清〕余庚陽著《池陽吟草》卷一。

有鐲子和首飾他才喜歡。
無奈了搭席棚各討方便，
在那裡住數日心裏盤算。
米糧貴無度用心中不安，
無奈了帶家眷又往西竄。
走塔底過渭城來到禮泉，
禮泉縣收村堡一千零半。
……

有一日失渭城難以存站，
無奈了把家眷又往西搬。
哪時節把眾人分成兩半，
一半裏走鳳翔一半入山。
鳳翔府路難行我兵未探，
那知道路窄小車行艱難。
無奈了捨車輛行李打捲，
男步行女騎馬愁苦難言。
每天走三十里當就一站，
走的俺渾身痛兩腿發酸。
天氣晴日光好喜眉笑眼，
天氣陰風雪天心如油煎。
走一山又一山山山不斷，
走一嶺又一嶺嶺嶺相連。
走一河又一河兩腿不幹，
過一河上一坡來到當原。
當原南徐家村將身站停，
男耕種女織紡才把身安。〔註58〕

　　這首歌謠從渭南戰起一直寫到化平川安置，行文較長，內容現已殘缺不全。通篇措辭相當平白，用語比較口語化，詞句錯訛之處也不少。比如，「油房村拿張非可勤可歡」一句中「張非」顯然應該是「張芾」，「可勤可歡」應

〔註58〕馬長壽主編：《同治年間陝西回民起義歷史調查記錄》，西安：陝西人民出版社，1993 年，第 436～439 頁。

該是「可欽可歎」。「殺妖兵亦不知己招己萬」一句中的「己招己萬」應該是「幾兆幾萬」等。由此可見，該歌謠作者可能只是粗通文墨，漢文水平並不高，這大概也可以反映同治以前一般回民對漢地傳統文化的接受程度。

儘管如此，作爲當年戰爭的幸存者，作者所記內容大都是個人親身經歷，對戰爭細節和逃難人物的描述尤其鮮活。現在讀來，當年逃難西遷的場景彷彿歷歷在目。而且平實的行文之中，流露著非常強烈的眞情實感，讀者可以眞切地感受到當年的慘烈經歷在這些戰爭幸存者內心深處打下的烙印。此外，更重要的是，後世治史者對於同治西北戰爭的瞭解絕大多數都來源漢人所記漢文文獻，這首回民自己根據親身經歷撰寫的歌謠就具有極高的史料值，不少內容均爲他書所未載。

圖 6.4 是 20 世紀 30 年代在寧夏固原的清水河谷一帶騎馬去趕集的回族婦女。照片上的女人一手拉著韁繩，一手扶著孩子，眼望前方，神情果毅，騎馭技術相當嫻熟。這種男子步行，婦女孩子騎馬的形象，大概在當年陝甘回族人口西遷逃難過程中是較爲普通的場景。

圖 6.4　騎馬的回族女人和孩子

資料來源：王建平編著：《中國陝甘寧青伊斯蘭文化老照片：20 世紀 30 年代美國傳教士考察紀實》，上海：上海辭書出版社，2010 年，第 114 頁。

同治西北戰爭起於渭南，在東府的打鬥持續了數月，之後回民舉族沿渭河北岸西遷，經過臨潼、高陵、涇陽塔下，隨戰隨走，隨走隨戰，在渭城停留並抵抗過一段時間。然後分成兩路，一路從渭城沿渭水北岸繼續往西，經鳳翔，由隴山進入甘肅。另一路則沿涇水，經淳化、邠州、長武出陝西進入隴東平慶一帶，這就是歌謠裏寫的「一半入山」。這一路是陝西回民入甘的主要通道，白彥虎一支走的就是這一線。塔下掛帥人名叫生彥，指的是馬生彥。高價賣糧給東府來的回民，一方面說明回族人內部利益紛爭，並不團結；另一方面，也說明未出陝西之前，各地糧食就已相當短缺。

糧食為人生存每日所必需，人情一日不再食則饑。戰爭起後，各處普遍發生糧荒，因飢餓而死者相當多。戰後官私文獻中有大量旌表捐糧守堡活民的事蹟，記於史志而旌表者事多鮮見，此類故事恰恰是戰時糧食短缺的最好反證。相對漢民，西遷回民隨時處於移動之中，糧食短缺問題更為嚴重。盩厔南集堡鄉約劉壆等人，「湊灰麵買毒藥和之，分裝小口袋，俾壯丁僞為負糧逃難狀，回逆數十人突來，均棄袋，入城固守。賊搶麵袋返駐尚村鎮，被藥麵毒死，其屍七八車。」〔註59〕回軍見糧即搶，運回即食，可見在渭城時，已面臨嚴重的糧食短缺。回民西遷出陝後，一度佔據董志原，數十萬人屯聚其間，人口驟增，發生糧荒，「慶陽府所屬各縣人相食，董志原賊亦掠人而食。」拋開記史者個人的立場，此時回、漢糧食均已匱乏至極，乃有人相食的慘劇。及至城堡被攻破，回民軍隊家屬「墜崖死者實不下二三萬人」〔註60〕餘者乃逃金積堡與河州等處。

西出鳳翔一路，由陝入甘越隴山過程中，因道路難行，車馬輜重已經丟棄得差不多了，至此已相當困頓。內困糧草，外有追兵，又乏交通工具，男女只能步行。且兵眷混雜，不成隊形，進前速度很慢，所以每日只能前行走30餘里。回民自己的另一首歌謠稱：

> 迤迤撒撒到禮泉，
>
> 禮泉的人本敦善，
>
> 他給我們砍柴把水擔，
>
> 迤迤撒撒到礎頭原，
>
> 人也侵犯，

〔註59〕民國《重修盩厔縣志》卷八《紀兵篇》。

〔註60〕慕少堂輯：《甘寧青史略·正編》卷一八。

糧草也缺欠。〔註61〕

男步行女騎馬的場景雖然形象，但眞正有馬可騎的婦女只是少數，大部分女人並沒如此幸運。另一首回民中流傳的歌謠對遷移途中的女性進行了比較細緻的描述，摘錄如下：

> 走臨潼過渭南回民造反，
> 一霎時來到了岐山之間。
> 鳳翔府麻家凹人馬繁遍，
> 人踏人馬踏馬實在可憐。
> 富漢家有車馬來搬家眷，
> 窮漢家無車馬男女步踹。
> 太平年纏小腳爲的好看，
> 荒亂年閃上了大腳片片。
> 奴有心只想望跳溝跳澗，
> 又恐怕奴丈夫尚在人間。〔註62〕

很顯然，當年逃難之時，只有那些比較富裕的家庭才有車馬可用，大多數普通人家只能徒步而行。麻家凹應該是鳳翔東關的麻家崖，戰前是鳳翔回民最主要的聚居區。東府回民遷來之後，兵眷同行，車馬夾雜，後有追兵前有堵截，艱難困頓之情可見一斑。歌謠把小腳女人跟隨大部隊一同逃難中，艱難行走的場景與求死不能的複雜心態，也刻畫地淋漓盡致。但文獻中對戰時回族女性也有不同的記載，如據祖籍西安城東灞橋的舍莫祿老漢講：「同治元年（1862）五月過了端午節正在打麥的時候，東府的回兵便結隊成群過來了。本村回民趁時加入，向西進軍……回兵打仗，男子前面打，婦女在山頂上撐旗。」〔註63〕祖籍在西安城裏的劉金福亦講道：「東府回民性勁，行軍時婦女亦持長矛、長刀列隊征殺。路過西安時，西安回民圍著人家看，婦女用矛干撥開他們，向前進軍了。」〔註64〕這些描述有相當強烈的個人感情色彩，

〔註61〕馬長壽主編：《同治年間陝西回民起義歷史調查記錄》，西安：陝西人民出版社，1993年，第408頁。

〔註62〕馬長壽主編：《同治年間陝西回民起義歷史調查記錄》，西安：陝西人民出版社，1993年，第430頁。

〔註63〕馬長壽主編：《同治年間陝西回民起義歷史調查記錄》，西安：陝西人民出版社，1993年，第406頁。

〔註64〕馬長壽主編：《同治年間陝西回民起義歷史調查記錄》，西安：陝西人民出版社，1993年，第407頁。

對東府回族女性強悍一面的描述，反映的是講述者本人對西安城內回民當年沒有參戰獨自保全的不滿和不屑。實際上，女人兒童歷來是戰爭中的弱勢群體，他們在戰爭中的遭遇尤其悲慘。

陝西回民撤至隴東董志原後，數十萬人屯集其間，發生嚴重糧荒，清軍又四處圍攻，處境相當困難，根本無力顧及家眷。回民諺語說：「董志原上摞婆娘，摞了三天再拖上。」〔註 65〕實際上，每至緊要關頭處於絕望境地時，最先不得不捨棄的就是婦女和兒童。西安馬繼昭的父親是戰爭親歷者，當年曾跟隨白彥虎的隊伍在甘肅攻某城，「白彥虎叫老幼婦女都坐在黃河邊上，白說：『如果打勝，就跟隊伍前來；如果敗下來，你們就趕緊投河。』」〔註 66〕整個戰爭過程中，回軍曾多次動過殺眷的念頭，如涇源縣（即清之化平廳）八十五歲回民耆老馬風風祖籍同州西鄉餘羊村，離王閣村很近。他聽親歷過戰爭的父輩們講：「回民起手之初，看到妻子累人，要殺妻子。正要殺時，真主醒令：『殺不得，前面有路。』於是大家坐著四轱轆車逃了。逃到渭河沿岸，河水水漲，難以行渡，但走到跟前，河忽變淺，於是渡河遠逃。」〔註 67〕同治五年（1866）六月至八月間，回軍與清軍在華亭縣尖骨山一帶進行過長時間鏖戰對陣，雙方死傷均極眾。俗語有「兵行尖骨山，堵營一百天，血染管子峽」之說。祖籍大荔王閣村的涇源縣耆老於春福幼時經過此地，仍看到峽中白骨壘壘。此戰最終以回軍失敗告終，最危急時刻「各營於是想屠殺自己的家眷，後經阿訇阻止，幸未動手」。〔註 68〕這些記載雖然僅有寥寥數語，但卻相當淒涼與悲壯。回民動殺眷之念，當時內心的恐懼、絕望與所面臨的危險由此可見一斑。但舐犢情深，手足相殘的事情，不到完全絕望沒有任何希望的地步是不會做的。真主醒令的說法也恰恰是絕望狀態下的某種自我精神鼓勵。

〔註 65〕馬長壽主編：《同治年間陝西回民起義歷史調查記錄》，西安：陝西人民出版社，1993 年，第 388 頁。

〔註 66〕馬長壽主編：《同治年間陝西回民起義歷史調查記錄》，西安：陝西人民出版社，1993 年，第 209 頁。

〔註 67〕馬長壽主編：《同治年間陝西回民起義歷史調查記錄》，西安：陝西人民出版社，1993 年，第 434 頁。

〔註 68〕馬長壽主編：《同治年間陝西回民起義歷史調查記錄》，西安：陝西人民出版社，1993 年，第 456 頁。

第三節　同治戰時西北回族人口遷移的特點

　　西北漢民人多而力弱，回民人少而力強。戰爭起後，漢族人口的遷移，雖然在不同的空間尺度裏，表現爲不同的形式，但絕大部分人都是選擇從較小的鄉村聚落遷往較大的堡城寨城，人口的空間集聚效應非常明顯。〔註69〕回民的遷移趨勢與特徵則存在明顯不同，主要體現爲從東往西流沙式的人口遷移和從中央往邊緣蛙跳式的人口遷移兩種類型。

一、從東往西流沙式的人口遷移

　　同治年間西北回族人口的遷移，最顯著的特徵就是從東往西流沙式的人口遷移。西遷的回民自渭南出發後，沿渭河北岸西進，途經之處回民紛紛加入。在出陝西之前，人口減員雖然不少，但加入的人口更多。西遷隊伍日益龐大，人數不斷增多。其勢如颶風登陸之時，所到之處，官軍本不足恃，團練一觸即潰，基本沒有受到太多的損失。及多隆阿兵進潼關，陝西回民被盡族驅入甘肅，士氣開始逐漸減弱。甘肅回族人口雖眾，但基本上固守在蘭鞏、寧靈、河湟以及河西等數個較大的區域內。這一時期，加入西遷隊伍的回民人數雖眾，但相對損失的人口而言則少很多。西遷回眾東奔西突，人口逐漸分散，人數不斷減少，逐漸陷於被動之中。及由甘入疆，上百萬西遷回眾已不足十萬，〔註70〕此時已沒有了抵抗能力，完全處於被動逃命之中。而最終由新疆進入中亞者，僅不過萬餘人而已。同治戰時陝甘回族人口西遷，從最初產生，不斷擴大，形成西遷的浪潮，到逐漸減弱，最終結束，整個過程如同流沙，拳頭越攥越緊，沙從指縫流失的也越來越多。

　　戰爭爆發後，關中地區的戰事僵持了數月之久。及至兵敗無力堅守，除了西遷，回民此時其實已經沒有他路可以走了。西遷隊伍，除了各州縣的回民外，其他如西安城內基本處於被拘禁狀態的回民，有些也千方百計往外跑，加入西遷的行列之中。回民出城之法千奇百怪，據說有偷登西北城角，雙手撐一大簸箕下跳者；有手抓褲腰，緊緊兩支褲腳，反轉使之風滿褲桶而

〔註69〕　路偉東：《布朗運動與在城聚居：同治西北戰時人口遷移的特徵與規律》，《江西社會科學》2017 年第 9 輯。

〔註70〕　東幹人自稱當年進入新疆的人馬總數爲七八萬人，見王國傑著《東幹族形成發展史——中亞西北回族移民研究》，西安：陝西人民出版社，1997 年，第11 頁。

下跳者；有手持旱煙袋，穿雙梁鞋，手提豬肉一塊，由南門從容出城者；有混在漢人出殯隊伍中，假搶漢人孝子而出城者；更有強行闖關而出城者。當時西安十三坊總鄉約馬天才的兒子馬凌漢「約了三百餘精壯少年要衝出西門，事為其父發覺，被制止，結果只有馬等十七人衝出，但到大營的僅有四人。」〔註71〕城內回眾往外跑，顯然是城內求生亦不易，洗回消息日夕數警，隨時有性命之憂，年輕力壯者當然以為出城是避難逃命的上策。但城外早已戰火連片，出城者活命的機會更少。戰爭起後，省城西安作為西北首府，官軍團練層層設防，城內回民被嚴格監控，最終真正得以逃出城者人數極少。除了平民，還有部分應差的回民兵弁也一併跟隨西遷。據涇源縣（即清之化平廳）耆老劉金福稱：「我祖籍西安城裏人。爺爺兄弟三人都當官兵打盩厔縣的長毛，敗回來了。到西安不能進城，二爺爺和三爺爺到興平跟回兵在一塊打仗。」〔註72〕

除了積極加入西遷隊伍者，有些回民也選擇就地留居以保性命。這批回民有改為漢民者。比如，西安城內的馬實軒的二曾祖父在同治戰前是一位獸醫，馬實軒稱：「變亂以後，他為西關漢人紳士保作良民，從此就稱作漢人了。但他暗地裏不願意背叛自己的民族和宗教。過了六年，在他作六十大壽時，漢人給他送了豬肉，他把肉埋在廁所，並且私殺牛羊待客，結果為漢紳發現，當晚全家八口被害。我祖父在灑金橋什字得到消息，訴狀於官，西關五位漢紳辦以『先良後莠』，但我二曾祖以因傷臂失鐲，結果我們以『見財起意，砍傷事主』打勝了官司，西關主謀五紳償了命。」〔註73〕大荔王閣村的馬姓回紳因為改教弄的不漢不回，遷化平後被回眾編歌諷刺，歌謠稱：

> 車村馬家兩頭翹，
> 中間蓋個二郎廟。
> 說是漢人沒神道，
> 說是回回沒掌教。〔註74〕

〔註71〕馬長壽主編：《同治年間陝西回民起義歷史調查記錄》，西安：陝西人民出版社，1993年，第207頁。

〔註72〕馬長壽主編：《同治年間陝西回民起義歷史調查記錄》，西安：陝西人民出版社，1993年，第406頁。

〔註73〕馬長壽主編：《同治年間陝西回民起義歷史調查記錄》，西安：陝西人民出版社，1993年，第181頁。

〔註74〕馬長壽主編：《同治年間陝西回民起義歷史調查記錄》，西安：陝西人民出版社，1993年，第467頁。

　　直到 20 世紀 50 年代馬長壽調查時，這件事仍被當地回民提起。從這些史料看，回民改教者即不受漢紳的信任，又爲回民所不恥。回民被保舉爲漢民者，要有一定的身份地位，戰時眞正因保舉爲漢民而得活命者不多。同治三原知縣余庚陽在戰後查處田產事宜時，曾著詩稱：〔註75〕

　　　賊遁群驚鶴唳風，
　　　全拋土斷劫灰中。
　　　一千餘載星居久，
　　　四十雙田露積空。
　　　枳匿難清租上下，
　　　空標直判畝西東。
　　　惟餘三五花門籍，
　　　良善仍編五保同。

　　除了保舉爲漢民，回民中也有隱瞞族屬身份而自稱漢民者。比如，西安城外沈家橋現有幾家漢人，雖不信回教，但相傳不吃豬肉，據傳是當年孫玉寶帶隊退走時偷偷留下的回民後裔。〔註76〕大荔縣的龍庵村同治戰前是回村，至今相傳此地土人爲「變種回回」。〔註77〕鳳翔的潘家坡村，有一兩家撒姓，外傳他們原來是回回。〔註78〕戰時地方保甲冊籍焚毀，人口死亡逃徙一空，只要自己不講，根本無人知曉是否爲回民。部分回民因此留居本地而未西遷，或者西遷途中就地留居。以這種方式而得活命者，人數應該有一些，只是除了他們自己之外，大部分已不爲人所知。

　　撤出渭城後，陝西回民分數路進入甘肅，此時陣勢已開始分散。待董志原失守，或退至寧夏，或前往河湟，其勢更，其力更弱。在這一過程中，大部分回民或死於戰火，或主動求撫，或被動投降。咸陽靠近渭河的楊家堡、朝家、金家以及馬家等堡相連，當年這些村堡的回民都跟著白彥虎西走，一部分人就散落在沿途各地。同治十一年，白彥虎軍隊曾短暫駐留西寧東關，

〔註75〕〔清〕余庚陽：《查產》，見〔清〕余庚陽著《池陽吟草》卷一。
〔註76〕馬長壽主編：《同治年間陝西回民起義歷史調查記錄》，西安：陝西人民出版社，1993 年，第 206 頁。
〔註77〕馬長壽主編：《同治年間陝西回民起義歷史調查記錄》，西安：陝西人民出版社，1993 年，第 100 頁。
〔註78〕馬長壽主編：《同治年間陝西回民起義歷史調查記錄》，西安：陝西人民出版社，1993 年，第 349 頁。

繼續西撤時有部分陝西回民落居於此。〔註 79〕及至大通又有 1,000 多傷員就地流落，未再隨軍再西進。〔註 80〕聚居在涇源縣（即清之化平廳）桂井鄉一帶的回民，大部分祖籍都在西安府各縣。「他們與同州府回民的不同之點，在於他們不是在金積堡投降的，絕大部分跟著白彥虎西至河州、肅州，後因『坐馬不前』，或其他緣故與白彥虎失掉聯繫了，因而才在西寧投降。」〔註 81〕這段講述很有意思，一方面可以看出西遷陝西回民在沿途各處的滯留情況；另一方面，也可以瞭解滯留的原因。所謂「坐馬不前」當然不是馬不想往前行，而是回民自己不想繼續走了。原籍西安附近沙河村的劉景明也說：「我們村裏的人是歸白彥虎領導的，到處跟著他打仗，到甘肅後，因為我們的『坐馬不前』，白元帥就把我們丟了」。〔註 82〕

　　陝甘作為地域共同體，不但自然環境和農業耕作相似，人口的民族構成與風俗習慣也都頗為接近。陝西是中國回回教門之根，歷史最久。甘肅則為中國回回教門淵藪，人口最多。因此，陝西回民西遷入甘，頗有歸屬感。新疆則與陝、甘兩省不同，不論在地域上還是心理上，對於回民來講，都地處千里之外，比較疏遠。所以，大部分回民視之為畏途，並不想西遷進入新疆。而金積堡馬化龍敗亡以後，甘肅作為西遷回民心理上最重要的指歸已不復存在，大部分人也失去了繼續西遷的動力。在這種情況下，以「坐馬不前」作為就地求撫的藉口，最合適不過。從寧夏奔河州，又自河州繼續西進過程中，回民人口數量不斷萎縮，如馬正和、馮阿訇所領的回民，一部分沿途就撫了。還有一部分「為了追趕白彥虎，在肅州死亡或分散了。馮阿訇本人也死在肅州的東關。」〔註 83〕及從河西繼續西行出關入疆者，僅不過七八萬口，尚不及出陝時人口的十分之一。

　　西遷回眾進入新疆之後，更是窮途末路，大部分人口都陸陸續續散佈在

〔註 79〕 區志編纂委員會編：《西寧市城東區區志》，西寧：青海人民出版社，2000 年，第 487 頁。

〔註 80〕 民和回族自治縣志編纂委員會編：《民和縣志》，西安：陝西人民出版社，1993 年，第 16 頁。

〔註 81〕 馬長壽主編：《同治年間陝西回民起義歷史調查記錄》，西安：陝西人民出版社，1993 年，第 404 頁。

〔註 82〕 馬長壽主編：《同治年間陝西回民起義歷史調查記錄》，西安：陝西人民出版社，1993 年，第 403 頁。

〔註 83〕 馬長壽主編：《同治年間陝西回民起義歷史調查記錄》，西安：陝西人民出版社，1993 年，第 391 頁。

沿途各處，如呼圖壁的回族人口祖籍多係陝甘，「至今，不少回族老人一談起他們的祖籍都可準確地說出是來自關內某地的，甚至能說清楚他們的祖先是隨白彥虎或左宗棠的回族軍隊來新疆遣散落戶的。」〔註84〕據東幹老人回憶，「馬背上一邊是做飯的鐵鍋，一邊是裝小孩的筐子。有時飯剛做好，追兵到了，義軍只好將飯倒掉，用濕泥土把鍋冷卻一下馱上馬背，拔腿就走。西出陽關後，條件更為惡劣。茫茫戈壁，荒無人煙，水源極缺，沿途死人不少，走不動掉隊的更多。至今在新疆的哈密、昌吉、清水河、焉耆、鞏留、伊寧、霍城一帶都有操陝西方言的回民鄉莊，他們都是當年陝西回民起義軍的後代。」〔註85〕及至光緒三年（1877）冬天，當西遷的陝甘回民分三批最終到達中俄邊疆時，由陝入疆的七八萬人僅剩下一兩萬口，其中白彥虎一支人數最多，全部不過萬餘人。此時前阻雪山，後有追兵，西遷回眾傷員甚多，老弱病殘亦不少。而入俄前景未卜，人地生疏，言語不通。為防止斷門絕後，據說當時一戶留下一人在中國境內。白彥虎的一個侄子（白彥龍之子）就留在了伊寧。現住在伊寧附近的白萬喜是第三代傳人。〔註86〕這批人是當年西遷的陝甘回民中散佈中國境內最西邊者，現在「主要分佈在今伊犁哈薩克自治州的八縣一市內，全州回族24萬，其中60%以上是陝西回民後裔，伊犁人稱這些人為『老陝』」。〔註87〕

最終到達中亞的三批陝甘回民，分別是：白彥虎帶領的陝西籍回民，1877年12月6日（光緒三年十一月初二日）到達納倫，同月27日（二十三日）到達最終的落腳點托克馬克，總數3,314人；尤素福・哈茲列特（人稱大師傅）帶領的甘肅籍回民，於1878年（光緒四年）1月中旬落腳在伊塞克湖以東的普熱瓦爾斯克縣，總數1,116人；馬大人帶領的陝甘回民，1878年（光緒四年）1月初到達落腳地奧什，共1,779人。以上三批合計，僅有6,209人。〔註88〕這六千餘人就是現在中亞東幹族最初的來源和主體。

〔註84〕 李長春：《呼圖壁回族簡況》，《昌吉文史資料選輯》第7輯，1988年，第42～44頁。

〔註85〕 王國傑：《東幹族形成發展史——中亞西北回族移民研究》，西安：陝西人民出版社，1997年，第375頁。

〔註86〕 《蘇聯回族報》1979年7月11日，轉引自王國傑《東幹族形成發展史——中亞西北回族移民研究》，西安：陝西人民出版社，1997年，第13頁。

〔註87〕 李萬林：《伊犁河畔的陝西回族人》，《伊斯蘭文化研究》2002年第1期。

〔註88〕 王國傑：《東幹族形成發展史——中亞西北回族移民研究》，西安：陝西人民出版社，1997年，第10～18頁。

二、從中央往邊緣蛙跳式的人口遷移

關中回民西遷運動開始後，部分回民，因為各種原因，並沒有被裹挾其中一同往西，而是選擇了不同的逃生路線和避難方式。這部分遷移的人口，人數比較有限，一般以一人一家，或數人數家逃徙為主。遷移的方向亦各不相同，有往內蒙古、山西、河南、湖北及四川等相鄰各省者，也有遠至山東、湖南、雲南等更遠地方者。這種類型的人口遷移，如同青蛙跳躍一般，遷入地與遷出地之間距離較遠，表面看來兩者關聯性不大。

蒙古與陝甘交界，不但地廣人稀，而且官府控制較弱。入清以來，西北小民頻繁往來其間進行農耕墾荒、牧放牲畜以及經商貿易。這種歷史的淵源和現實的聯繫，使得同治戰時小民遠徙蒙古地界避難求生成為最自然的選擇。難民入蒙的線路，陝北出發者多走榆林草原之路，甘肅出發者則以寧夏出磴口、寶豐一線為通途。而最後的居留之所，則以歸綏、包頭為總匯。這兩處皆土沃民豐，商民輻輳，為口外精華之所在。而商賈之中，多有來自陝甘者。西北小民逃往蒙地者雖然不可能全部集中於此，但此處卻是逃蒙難民想像中的最終避難處所。勝保在同治元年（1862）八月底的一份奏摺中即稱：「聞回匪被大軍擊散後，有扮作難民，由北山一帶圖竄歸化之意。臣已行至北山一帶，責成該地方官遇有回匪結黨成群，假扮難民，攜帶婦女輜重逃竄者，一體嚴拏截殺。相應請旨飭下歸化、綏遠兩城……派兵兜截，嚴密防範。」〔註89〕由此可見，戰爭開始之初，已有大批回民由關中北遷意圖或已經進入蒙地避難。

清廷在收到奏報後，諭令德勒克多爾濟、英桂等時進行嚴密佈防。然綏遠城將軍福興在同治五年（1866）冬的一份奏摺中仍稱，戰爭爆發後，「西路回民來包頭者較前更多。」〔註90〕山西巡撫趙長齡在同治六年（1867）七月的奏摺中亦稱：「歸綏等處均與甘蒙接壤，近聞時有西域回民或假辦客商，或口稱避難，結隊過渡，或由蒙古烏蘭察布地面經過，或由河路至三公旗地界乘隙登岸。有在包頭附近村莊寄住者，有由包頭鎮繞越後山前赴歸化者……包頭鎮係屬腹地要路，西通寧夏，人煙稠密，年來回、漢商民沓來紛至。」〔註91〕由

〔註89〕同治元年（1862）八月二十九日（己卯）勝保奏，見〔清〕奕訢等編修《欽定平定陝甘新疆回匪方略》卷二〇。

〔註90〕同治五年（1866）十二月初一日（丙戌）綏遠城將軍福興，見〔清〕奕訢等編修《欽定平定陝甘新疆回匪方略》卷一四三。

〔註91〕同治六年（1867）七月初六日（丁巳）山西巡撫趙長齡奏，見〔清〕奕訢等

此來看，口外蒙古雖然層層設防，實際根本無法進行有效管控。究其原因，主要是蒙地與陝、甘陸路毗鄰，綿延上千千米，所在處處可通。而西北回、漢外貌幾無差別，言語服飾相同，戰時外逃又不可能每人持有憑證路條，回民夾雜漢民之中前往口外，實際上根本無法稽查分辨。整個戰爭期間，陝甘回民進入蒙古地界逃難避禍者人數不少。

民間口述史料中亦有較多相關信息可以佐證，如涇源縣原人民委員會委員馬志顯是包頭人，但其祖籍則是陝西同州府馬家村。其祖上當年被左宗棠軍隊打散後，「從倉頭渡河，到風陵渡，然後經大同走包頭。同行的回民，有西安人，也有咸陽、臨潼和白吉原人。到了包頭以後，祖先們佔據了一個鎮子。外與蒙古旗為鄰，不久就搶到了些好地。」〔註92〕包頭南海子清眞寺，是同治戰時西北陝甘等地逃避來包的難民和船工集資興建的。據說當時遷來時有 100 餘戶，400 多人。〔註93〕歸綏一帶回民中亦有不少戰時逃難而來的回民，如聚居十間房的楊龍一族原籍陝西長安縣仁和七號橋，同治年間逃來；陝西回回哈、安、丁、張等十幾家，是當年拿著煙袋假充漢人逃來的。〔註94〕及至戰後，仍有部分陝甘回民遷往口外蒙古各處，如當年西安城內的石瞎子等 48 家回紳，在同治三年（1864）齊集官府，「奉旨大食豬肉，以表示自己是順民。但人民對他們卻嚴加指責，以致有的羞赧難容，便遷到包頭等地去了。」〔註95〕

晉省四塞之固，戰亂較少，土沃民豐。又因為歷史的淵源，山西、陝西兩省是典型的地域共同體，〔註96〕人員商貨往來極其頻繁。因此，是陝西省小民理想的避難之所。戰時清軍憑藉黃河之險，沿河層層佈防，嚴控西北回、漢難民入境，但實際上同樣也是無法完全禁絕。黃河之險小民並不視為阻隔，尤其入冬以後，河水結冰，形成冰橋，即大車往來亦如坦途。在這種狀

編修《欽定平定陝甘新疆回匪方略》卷一五八。

〔註92〕馬長壽主編：《同治年間陝西回民起義歷史調查記錄》，西安：陝西人民出版社，1993 年，第 459、422 頁。

〔註93〕馬俊英：《包頭回族的源流》，《包頭回族史料》，1987 年，第 1～11 頁。

〔註94〕政協呼和浩特市回民區委員會，《呼和浩特回族史》編輯委員會編：《呼和浩特回族史》，呼和浩特：內蒙古人民出版社，1994 年，第 68～72 頁。

〔註95〕馬長壽主編：《同治年間陝西回民起義歷史調查記錄》，西安：陝西人民出版社，1993 年，第 208 頁。

〔註96〕安介生：《略論先秦至北宋秦晉地域共同體的形成及其「鉸合」機制》，《人文雜誌》2010 年第 1 期。

況下，山西毫無疑問是戰時西北小民避難求生的重要目的地之一。陝西巡撫劉蓉稱「去年（同治元年，1861）回逆滋事，西、同、鳳各屬富戶，多半遷居山西蒲、解、平陽各府縣。」〔註97〕劉蓉此奏目的是希望山西能夠為陝西提供更多糧餉，所言多有誇大之詞，但毫無疑問，戰爭期間，關中地區的確有大量人口避居山西。而回民夾雜其間者，人數不少。比如，長治的陝西十家回回（八戶馬姓和禹、穆姓）就是同治戰時從關中一帶遷來的。他們來後在西大街朱家巷建立了清真寺，稱為東寺，1923年因戰爭災荒而倒塌。〔註98〕還有兩批回民約100戶，共500餘人逃至晉城一帶。〔註99〕另外，也有傳說稱當年大荔王閣村的回民有部分遷往山西，村名也叫王閣村。〔註100〕

　　河南與陝西接壤，出潼關往東至洛陽的大路，自古以來就是由關中前往關東地區的交通乾道。西北戰爭爆發後，河南反應極為迅速。同治元年（1862）七月，地處陝豫交界處的閿鄉縣知縣張楊禧帶兵勇一千四五百名赴陝進剿，剛抵潼關就被河南巡撫鄭元善檄令折回，要求其在本縣認真防堵。〔註101〕商洛一路，控扼河南南陽及湖北等東南地區，至關緊要，清軍亦有防守。李鴻章統兵入陝前，即迅派鄂軍記名提督譚仁芳分兵駐紮河南淅川之荊子關、商洛之武關以及河口、樊城等處要隘，以固秦楚邊防，兼護餉運。〔註102〕在這種情況下，西北回民逃往河南者，大都是長年往來於兩地貿易經商者，人數相對比較有限，如開封鼓樓南側的鵓鴿市街一帶的回民，祖籍皆為陝西。其中有部分是戰爭之初滯留未歸的，也有一部分是戰時逃來匿名落籍的。這些回民多以販馬為生，經濟上較為雄厚，本地人稱之為「馬客夥」，〔註103〕光緒

〔註97〕　〔清〕劉蓉：《請飭山西派委司道勸捐疏（同治二年九月十七日）》，見《劉蓉集》上冊《奏議卷一》，長沙：嶽麓書社，2008年，第19頁。

〔註98〕　趙偉聘：《長治回族和伊斯蘭教》，《山西文史資料》第57輯，1988年，第76～96頁。

〔註99〕　劉戊忠：《回族在山西》，《寧夏社會科學》1989年第6期。

〔註100〕　馬長壽主編：《同治年間陝西回民起義歷史調查記錄》，西安：陝西人民出版社，1993年，第375頁。

〔註101〕　同治元年（1862）七月十一日（壬辰）直隸提督成明奏，見〔清〕奕訢等編修《欽定平定陝甘新疆回匪方略》卷一六。

〔註102〕　同治九年（1870）三月初二日（戊辰），四月二十九日（乙丑）協辦大學士湖廣總督李鴻章奏，見〔清〕奕訢等編修《欽定平定陝甘新疆回匪方略》卷二一六、二二〇。

〔註103〕　苗潤昌：《善義堂清真寺的變遷》，《開封市文史資料》第10輯，1990年，第264～273頁。

十三年（1887）建有善義堂清眞寺。〔註104〕

　　湖北是同治年間西北回民重要的逃難地之一，這些難民大都沿漢水而來，沿途散佈。比如，武昌卓刀泉附近的馬家莊的回民，是當年由陝西逃來的。〔註105〕四川也有逃難的西北回民。比如，平涼專署金少伯的祖籍是陝西同治沙苑金家村人，在同治年間因爲戰爭遷到了四川三臺。〔註106〕松潘廳南坪營一帶（今屬九寨溝縣）與甘肅階岷交界。同治五年（1866），甘肅鹽關縣人馬鼎甲一族先來貿易，後正式遷來落業，至今已有六輩。初來時同住城關，嗣後馬鼎甲娘舅家遷往雙河區陰坡里居住。在清光緒中葉，從甘肅又遷來蘇萬朝家。〔註107〕鹽關縣地名不詳，按方位看，可能是西和縣的鹽關鎮（今屬禮縣）。同治五年（1866），西北戰事尤酣，馬鼎甲一族到南坪一帶大概不會僅僅爲貿易而來，逃難的可能性很大。

　　除了這些接壤的省區，同治戰時還有極少數西北回民逃到河北、山東、湖南及雲南等處。比如，河北張家口的宣化南關一帶的回民，大部分都是當年從「寧夏金積、靈武兩地逃難而來，均以駝業爲主業，家家都養駱駝，人勤苦耐勞有毅力，多發家致富，對伊斯蘭教教規遵守較嚴……百多年來與原城內回民聯姻結親，互相融和，目前已分不清南關回民與城內回民了。」〔註108〕涇源縣（即清之化平廳）的赫三太阿訇，祖籍同州龐閣村（應爲王閣村），曾在山東念過經。馬長壽認爲「不用說，這是同治年間由陝西逃往山東的。」〔註109〕20世紀50年代初馬長壽調查時赫三太70多歲，推測大概是1875年左右生人。顯然是同治戰後出生的，未經歷過戰爭。雖然赫三太不可能是同治年間由陝西逃往山東的，但作爲戰後出生的第一代人，其父母倒有可能是當年逃往山東的陝甘回民。或者，當年有極少數陝甘回民曾經流落

〔註104〕　《河南開封善義堂清眞寺祥符縣告示牌》，見余振貴、雷曉靜主編《中國回族金石錄》，銀川：寧夏人民出版社，2001年，第381頁。

〔註105〕　胡大炎、董祖恩：《馬家莊今昔》，《武漢文史資料文庫》第6輯，1999年，第67～70頁。

〔註106〕　馬長壽主編：《同治年間陝西回民起義歷史調查記錄》，西安：陝西人民出版社，1993年，第374頁。

〔註107〕　馬富剛：《南坪回民概況》，《南坪縣文史資料選輯》第1輯，1988年，第53～55頁。

〔註108〕　馮有孚：《宣化的回民和清眞寺》，《張家口文史資料》第16輯，1989年，第20～47頁。

〔註109〕　馬長壽主編：《同治年間陝西回民起義歷史調查記錄》，西安：陝西人民出版社，1993年，第452頁。

至山東一帶，是有可能的。馬化龍投降後他的二哥逃至河南開封滿城裏做了奴僕，後死於此。侄女名則乃白，流落到湖南的寧鄉縣，作了一位道臺的續妻。〔註110〕

西北回民與雲南回民的關係歷來極為緊密，雲南回族的先民，有相當一部分是元明時來此駐守而落居的西北籍士兵。而雲南伊斯蘭經師亦以西北為宗，回民自稱：「溯雲南之伊斯蘭，盛於元代咸陽王之撫滇時，學士多從王由陝來，故宗教學科，半宗於陝，後之人亦多往陝留學，至今猶然，故恒久無大異。」〔註111〕胡登洲在陝西創辦經堂教育之初，就有馬五師、馬壽清兩位雲南籍回族子弟前往求學。四傳弟子周大阿訇帳下更是出了馬復初這樣的雲南籍經學大師。〔註112〕道光年間杜文秀戰爭時，有部分西北回民參與其間，而同治西北戰時亦有雲南回民的身影，如據陝西提督雷正綰函稱：「連日平涼戰捷……每當接仗，漸多兇狠叛徒，聲音服飾均係雲南回類，並據難民朱元升亦供有雲南馬賊七百往攻鞏昌之語。」〔註113〕基於此種淵源，陝甘與雲南雖路途遙遠，但同治戰時有一部分西北回民逃往雲南是完全有可能的。從一首西北回族歌謠可以看出一些端倪，歌詞如下：

> 京（晴）空京（驚）動一言難，
>
> 固原城內人死完。
>
> 水煙（淹）火燒不上算，
>
> 人馬損失幾十萬。
>
> 真主立克（刻）大能顯，
>
> 清真大寺飛上天。
>
> 一時一克（刻）落雲南，
>
> ……
>
> 自從世亂無處站，
>
> 漂流昆陽河灣前。

〔註110〕 馬六十口述，單化普記錄：《陝甘劫餘錄》，見中國史學會編，白壽彝主編《回民起義》第4冊，上海：神州國光社，1952年，第305～306頁。

〔註111〕 蓮父：《雲南近百年近伊斯蘭教育》，《雲南清真鐸報》1930年2月週年紀念特刊。

〔註112〕 龐士謙：《中國回教寺院教育之沿革及課本》，《禹貢》半月刊第7卷第4期。

〔註113〕 同治三年（1864）五月二十二日（辛酉）陝甘總督熙麟奏，見〔清〕奕訢等編修《欽定平定陝甘新疆回匪方略》卷六六。

貧人每日把魚弔（釣），

打魚過日度飢寒。

人人個個將經念，

五時禮拜遵守虔。

無寺無院實可憐，

真主百思大能顯。

將固原清真大寺，

飛雲南險（墜）落昆陽。〔註114〕

歌謠中所稱的固原的清真寺建於乾隆三十年（1765）四月，毀於同治年間，據說雲南昆陽的清真寺適建成於此時，故有固原清真寺飛雲南之說。昆陽即今雲南晉寧縣昆陽鎮，飛來寺在離城一里多路的堡孜屯。關於飛來寺的得名，昆陽人傳稱：「村裏人商議建一所寺，從外地來了一位師傅幫助建蓋。當事者打算蓋三間四耳，至少要半年的時間。師傅說我幾天就能蓋好，大家都不相信。第二天早上，村裏人看見房子已經蓋好了，村人十分驚奇，大家去找師傅，而建房的師傅早已走了。後來大家就將此寺取名『飛來寺』。」〔註115〕可見，昆陽人關於飛來寺的傳說和固原清真寺沒什麼關係。西北回民流傳的固原清真寺飛雲南，大概是當年西北回民逃難於雲南的一種隱喻。同治西北戰爭時期，雲南亦處在杜文秀戰爭之中，估計西北回民即使有遷往者，人數也極為有限。

戰爭結束後，極少數由中央蛙跳至邊緣地區的回民又從邊緣回跳至中央。比如，西安香米園的耆老鐵水明，原籍長安縣葉馬廠鐵鎖家，同治八年（1869）生於白彥虎大營之中，光緒初，隨父母由新疆紅廟子返回陝西。返程的經歷也很傳奇，鐵水明稱：「到俄國和新疆邊地後，有些人就願意受撫回來。不久，紅廟子縣官接到我爺爺的信，就把我父親叫去，說：『鐵萬寶，你爸想你眼都哭瞎了，你回去吧！』我父親才一站換一站，在光緒七年（1881）前後回到陝西……在我們之後，還回來了有三四家。」〔註116〕鐵萬

〔註114〕馬長壽主編：《同治年間陝西回民起義歷史調查記錄》，西安：陝西人民出版社，1993年，第385頁。

〔註115〕楊文化、徐克明：《昆陽舊貌及其「八景」》，《晉寧文史資料選輯》第2輯，1987年，第165～172頁。

〔註116〕馬長壽主編：《同治年間陝西回民起義歷史調查記錄》，西安：陝西人民出版社，1993年，第209～210頁。

寶綽號「猛出窩」，相當強悍。據說當年起事之後，把家眷送入西安，自己則夾雜在漢人出喪隊伍中混出城外。先跟孫玉寶，又投白彥虎，一直逃到新疆紅廟子才停下來。鐵水明所講的內容，其中頗多演義色彩，但其父跟隨回民西遷至新疆，又從新疆返回陝西的經歷應該比較可信。雖然這一事件只是一個個案，並不具有代表性。但至少說明，同治戰後，仍有極少數回民返回陝西。

　　總之，通過這種方式遠徙的西北回族人口，能夠最終到達落腳之處，首先要有一定的逃生資本。比如，經濟能力或者個人身體素質。其次，還要有一定社會關係網絡。因此，戰時蛙跳式的人口遷移，雖然看似都是簡單孤立的個體事件，但背後實際上有更深層次的相似性。能成功遠徙避禍者，除了極個別的鄉村能人或強人，大部分都是頗有資財或社會關係的行商富賈或士紳精英等。而遷移的動因則主要包括投親靠友，經商販運等。戰時西北回民蛙跳式的人口遷移，相當繁雜。雖然人數有限，但卻是同治西北回族人口遷移的重要組成部分。

第四節　同治戰後西北回族人口的遷移與安置

　　同治戰後，西北人口死傷慘重，田廬多被焚棄，社會經濟遭受嚴重破壞。在這種狀態下，盡快安撫戰區民眾，恢復生產生活，回歸正常社會秩序，是官方和民間，回民與漢人的共識，也是善後事宜中最重要的部分。逃難漢民原則上官給護照，令各歸原籍，安置相對比較簡單。〔註117〕但回民懸於遷出地、暫居地與被置地之間，各方利益糾結，彼此相互博弈，這使得妥善安置散佈西北各處的眾多回民變得極其複雜而棘手。

一、各方對遷移安置回民的態度與分歧

　　同治六年（1867）夏，左宗棠統兵入陝，此時西北戰事正酣，各地打鬥紛亂如麻。為了能夠破解困局，左宗棠主張用兵次序宜先撚後回，先秦後隴。而用兵之策則力倡回、漢一視同仁，不論漢、回，只分良莠。剿撫兼施，以撫為先，剿為撫用。由是，陝西回民被盡驅入甘，戰火燃及甘肅，而甘肅回

〔註117〕〔清〕左宗棠：《填給難民回籍護照刊刻告示通飭各軍營》，見左宗棠著，劉泱泱、廖運蘭校點《左宗棠全集·札件》，長沙：嶽麓書社，1996年，第512頁。

民亦開始逃命避禍而四處遷移，西北回民遂多成客居。

　　對於同治西北戰爭的緣起，左宗棠有自己的看法，他認為「漢、回仇殺，事起細微，漢既慘矣，回亦無歸。」〔註118〕回、漢雙方實際都是戰爭的受害者，當下最緊要的任務是盡快平息戰火，妥善安置各方人眾。而不是一味的進剿，必欲徹底除之而後快。與大多數持嚴重個人偏見和敵視態度的地方官員和士紳們相比，應該說，左宗棠對西北戰局的研判是相當中肯和準確的。正是基於此種認識，自同治六年領兵入關後，左宗棠先後發布《諭回告示》（同治六年，1867）、《諭降眾示》（同治七年，1868）、《諭漢回民示》（同治八年，1869）、《諭被擄難民示》（同治八年，1869）以及《諭回告示》（同治十年，1871）等文告，〔註119〕廣為宣傳自己的剿撫主張與用兵策略。這對安撫戰爭各方，最終平息戰火，發揮了重要作用。見圖6.5。

圖6.5　同治十年（1871）二月左宗棠《諭回告示》

資料來源：見中國史學會主編，白壽彝主編：《回民起義·書前插圖》第4冊，上海：神州國光社1952年。

〔註118〕〔清〕左宗棠：《諭漢回民示》，見左宗棠著，劉泱泱、廖運蘭校點《左宗棠全集·札件》，長沙：嶽麓書社，1996年，第576頁。

〔註119〕〔清〕左宗棠：《左宗棠全集·札件》，長沙：嶽麓書社，1996年，第571～579頁。

　　同治七年（1868），鞏秦階道員張瑞珍因安撫回、漢事宜處理地比較好，
受到左宗棠的表揚，稱其所做「甚爲得要。『論良匪，不論回、漢』此大公至
正之理，聖諭煌煌，罔敢違越。惟賴良有司勤宣德意，俾其耦居無猜耳。同
一世宙，同一生民，朝廷何有漢、回之別？」〔註120〕但是，回民安置問題涉
及到各方面的切身利益，遠非「不論漢、回，只分良莠」一句原則性的宣傳
政策就可以應對。隨著戰事的不斷推進，散處各地的回民求撫者日多，如何
妥善安置這些客居的回民，成爲官方急需解決的問題。在這樣一個過程中，
對於安置回民態度、政策以及具體方式與方法，各方多有爭論，前後亦多有
變化。而最後的安置措施，則是各方利益博弈的最終結果。

　　回民求撫後當然希望可以返回原籍。然而，對歷經多年戰亂之後的陝西
回民來講：「無數死者已成爲生者的痛苦記憶，而生者成了無家可歸的『餘孽』
並承擔著所有『叛逆』的後果。劫後餘生的陝西回民一直想返回故土的夢全
部破碎了。因爲『故土』已經不復存在。」〔註121〕在這種情況下，很顯然，
返回原籍的可能性實際上已經沒有了。

　　陝西回民遣返原籍安置，官府初期似亦有此意。如皋蘭馬家灣回民馬天
雲等同治三年（1864）逃至河州，地方督院初即准許仍回原籍。〔註122〕隴州
回民馬老四、李祥等人亦各攜眷口搬居馬鹿鎮開墾，知州亦飭令該處漢民不
准欺凌。〔註123〕但官方此種安置措施遭到各地方官民的強烈反對，陝西各處
官紳尤甚。關中回民西遷之初，西安地方士紳的民間組織同仁局就曾自行定
立條示，稱：「遇有遠赴外之回戶將來回陝，只准在城外安業，不准進城住
家。」長安舉人柏景偉在反對馬殿邦之父馬德興回籍就養一事中就援引這一
條例。〔註124〕由此可見，這些地方士紳自行制定的規章，在處理各自地方事

〔註120〕左宗棠著，劉泱泱、廖運蘭校點：《鞏秦階張道瑞珍稟辦安撫漢回情形由》，
　　　　　見左宗棠著，劉泱泱、廖運蘭校點《左宗棠全集‧札件》，長沙：嶽麓書社，
　　　　　1996 年，第 134 頁。
〔註121〕樊瑩：《族群如何記憶——六盤山涇河上游「陝回」族群的民族學研究》，蘭
　　　　　州：蘭州大學博士學位論文，2014 年，第 78 頁。
〔註122〕〔清〕左宗棠：《皋蘭馬家灣回民馬天雲等呈稱無地安居懇請仍回原籍由》，
　　　　　見左宗棠著，劉泱泱、廖運蘭校點《左宗棠全集‧札件》，長沙：嶽麓書社，
　　　　　1996 年，第 341 頁。
〔註123〕〔清〕左宗棠：《隴州周牧豫剛稟回民馬老四等攜眷搬居馬鹿任意開墾由》，
　　　　　見左宗棠著，劉泱泱、廖運蘭校點《左宗棠全集‧札件》，長沙：嶽麓書社，
　　　　　1996 年，第 255 頁。
〔註124〕〔清〕柏景偉：《上劉中丞查禁逆酋回籍稟》，《灃西草堂文集》卷三。

務時，還是具有一定約束力的。及戰事臨近尾聲，陝西傳聞因甘肅無處安置，朝廷欲令回民返籍。三原知縣賀瑞麟曾擬上書陝撫，詳陳理由，極力反對。其文如下：

> 夫逆回豺狼之性，狡譎百端。滋事以來，凡有難攻之處，無不善言講和，卒中其計而被害反酷。張副憲諸人以械鬥講和，橫遭戕戮……多帥入關征剿，大荔各處輒來投降，火器馬匹終未肯繳呈，元惡大慝終未肯縛送……奸滅未盡餘黨西奔，日久勢靡，故智復作。則今日之投誠，安可遽保無他？且甘肅逆回為之煽動誘脅……根究禍首斷在不赦之條。為所煽動誘脅者尚不肯招撫，況煽動誘脅者乃獨無罪而並求其安插之所乎？……今逆回殺官屠城，天地所不容，是蓋自取滅亡，無路可生……至於萬不得已而始免其死，視其實心歸順，即擇丁壯分隸兵籍，使之殺賊自效可也，或編管散遣甘省州縣僻遠去處，亦可也。其上策則莫若使之遵王章、棄異教、明學校、嚴保伍。蓋彼既投誠求生，正可定約以示一道同風之治，不宜仍安異類自外生成。是即雜處甘省州縣漢民之中，亦無不可，而陝西則萬萬無可容留之理。逆回之倡亂陝西也，焚戮之慘自古未有。毀燒我室廬，搶劫我財物，屠殺我老幼，淫掠我妻女，骨肉傷殘，不共戴天，死者含冤，生者吞聲，人人思飲其血而食其肉。且此物兇暴，平居無事漢民已被凌侮。今罹毒苦萬倍前日，仇恨填膺，誰肯與之共國而處，比屋而居？方將共圖報復以快一朝之憤。即逆自知惡極滔天，人少則懷不自安，人多則類愈親樞密生疑起釁，勢無兩立，萬一騷動則貽誤地方，其禍更烈……且奉憲諭令有叛產諸邑准其招種，逆回房屋亦多自行焚燒，縱使可歸正難安插。頃者又聞西安現有搜出銅器械等物，詞連馬百齡，包藏禍心，不可測知。逆種若歸，內外鉤結，事益難料……〔註125〕

賀瑞麟是親歷同治西北戰爭者，且主政三原，在戰時城防、同德局運作以及善後事宜等發揮過重要作用。同時，賀瑞麟又是關中理學的領袖人物，晚年於涇陽之清涼原清麓精舍講學，後奉旨加國子監學正及五品銜，號稱三秦名士。他的意見在陝西省地方官紳中，比較有代表性，也很有影響力。概而言之，賀瑞麟反對的理由大概可歸結為五條，即：一、回性狡猾，順叛無

〔註125〕〔清〕賀瑞麟：《擬上三大憲論時事書》，《清麓文集》卷六。

常，投誠不可輕信；二、回民殺官屠城，罪無可赦；三、回、漢殺戮太慘，
彼此互不相融，雜居易生事端；四、回民原有田產業已招種，原有房舍已
被焚毀，返鄉無法立足；五、西安回民暗藏兵器，返回有勾結之嫌。而甘肅
就地安置可分三法以保無虞，即：擇精壯充營伍以分其勢，遣散僻遠之區以
便管控，禁絕宗教以控其心。總之，無論如何不可以返回原籍。五條反對意
見之中，如第一、第五等，類多個人猜疑片面之語，並不可信。第四條亦多
藉口託詞。同治大戰之後，西北人口損失極重。尤其原來人口稠密的膏腴之
區，多因人口銳減，田多拋荒，地廣人稀，急需招墾。比如三原縣原有五百
餘堡寨，戰後除東里、榮王二堡外，餘皆破壞無遺，田野荒蕪，荊蒿成林。「直
到光緒十八年（1892），始召山東人到三原縣墾殖……以後又來了湖北人、商
州人。移民到後，在指定地段內任人選擇，多少不拘。但是後來者勞動力不
足，生產工具落後，所以並不能多佔地畝。」〔註126〕

　　涇陽、咸陽、高陵等縣的營田，也都是由同治初年的「叛回產業」查充
入官的。其中涇陽一縣「原有中級荒地九千九百六十一畝，下級荒地三千六
百九十七畝，共計一萬三千六百五十八畝。這些『叛產』，在同治八九年曾
經分給甘肅的難民一次，去了六千八百九十三畝。後來在光緒九年（1883）、
十四年（1888）、二十二年（1896）分給各省來的難民三次，但還沒分完。」
〔註127〕由此可見，戰後關中招墾工作初期並不順利，直到光緒中期，仍有不
少拋荒的田畝。即使回民原有產業已被招墾，戰後幸存的少數回民返回原
籍，仍然有足夠的田畝撥給耕種。而確保甘肅安民無虞之三方，在陝西同樣
可以施行。所以，陝西地方紳士反對回民返籍，最主要的實際上還是第二三
兩條。大戰之後，彼此互不信任，無法相融，如回民返籍，回漢雜居，易生
事端，官民各方均有所顧忌。

　　甘肅各地方對接收客回一事亦極不情願，多藉口不納，極力擺脫干係。
即或迫於朝廷和地方督撫壓力，不得不進行安置，具體工作也多有遷延，並不
積極主動去執行。同治十二年（1873），畢大才、崔偉等部眾共約 700 餘名由
西寧起程前往秦安等處安置，秦安縣令程履豐接報後隨即稟稱：此次回民準前
縣傳知應赴秦安安置者千二百口，縣境內無處安置。實際上，該縣前任縣令早

〔註126〕馬長壽主編：《同治年間陝西回民起義歷史調查記錄》，西安：陝西人民出版
　　　　社，1993 年，第 239 頁。
〔註127〕馬長壽主編：《同治年間陝西回民起義歷史調查記錄》，西安：陝西人民出版
　　　　社，1993 年，第 253 頁。

先曾報稱縣境龍山鎮一帶（今屬張家川回族自治縣）附近荒絕各產居多，而地址又各成片段，可以安置上萬人。除前面已經安置的 3,000 人餘外，此次撥赴該縣安置者，僅有 280 餘名，其餘均派赴該縣與清水交界的地方進行安置。程履豐稟稱縣境並無處安置，顯係有意推諉。〔註 128〕同年，河州知州潘效蘇也以方便遷移官可省力爲由，稟請將皋蘭城外及各州縣客回一律遷歸本籍。〔註 129〕官可省力方便遷移託詞的背後，更爲直接的原因是推卸了事，惰政不爲。而這背後更深層的原因，其實和賀瑞麟所指第二、三兩條如出一轍。

除了陝甘地方官紳，統兵各員對於如何安置客居各回，也有不同意見，如湘軍將領黃鼎曾於同治十年（1871）春撰寫《徙戎策》並上書左宗棠，專門談論戰後回民的安置問題。其書稱：「昔者先零侵境，趙充國遷之內地，當煎作寇，馬文淵徙之三輔；三國時涼州休屠胡梁元碧等三千餘眾降魏，左將軍郭淮徙居安定之高平，貪一時之暫安，亡經世之遠略，後世皆訾議之。今中堂盰遏鴟凶，操殺生柄，處置叛回，不投諸遠省，而徙之平涼所屬，豈非識微者之爲乎？！」〔註 130〕黃鼎引經據典，談古論今，想要表達的意思簡單地講就是一句話，即：把西北的回民遷移到江南文化比較發達的各處，分別安置以渙其群而孤其勢。西北本爲回回教門之根，其人多而勢眾。大戰之後，回、漢人口損失均極重，彼此隔閡既深，陝西不接納回民返籍，甘肅亦不歡迎客回落居。在這一現實困局面前，徙西北回民於內陸各省的觀點，在當時可能也有一定的代表性。

同治九年（1870），平涼公局紳耆乾尚德等人以回民「侵民地畝，掠取夏糧」爲由，請求將回民安置遠方，以示畏儆。戰後各處安置回民皆係百戰之餘，新撫客居異鄉正處驚魂不定之中，不太可能侵佔漢民地畝，掠取夏糧，乾尚德等人所稟顯係以莫須有之事誣告妄控。對遠徙以安回民的議論，左宗棠給予了嚴厲地批駁，他指出：「回民籍本陝、甘，陝、甘漢民不能與之相安，遠方之民獨相安無事乎？如謂回民性情叵測，前此戕官踞城，殺害百姓，罪

〔註 128〕〔清〕左宗棠：《秦安縣程令履豐稟續到西寧撫回實在無處安插情形由》，見左宗棠著，劉泱泱、廖運蘭校點《左宗棠全集·札件》，長沙：嶽麓書社，1996年，第 324 頁。

〔註 129〕〔清〕左宗棠：《河州潘牧效蘇稟請准令回民遷歸本籍由》，見左宗棠著，劉泱泱、廖運蘭校點《左宗棠全集·札件》，長沙：嶽麓書社，1996 年，第 315頁。

〔註 130〕慕壽祺：《甘寧青史略》卷二三。

不容誅，斯時無論良莠，均爲中土所不容。然則近年長髮、撚逆均中土人，其受撫解散之眾將盡屛之遠方乎？又如孫百萬、蘇存鴻、侯得印等黨眾均係甘肅漢民，亦能因此數起亂賊，將甘肅漢民徙之遠方乎？愚氓無知，固無足責，該生身列膠庠，亦當稍明大略。自古馭夷之道，服則懷之，貳則討之。即內地兵事，剿與撫亦斷無偏廢之理。何得異議橫生，以「勢不兩立」等語居然冒瀆？」〔註131〕西北官紳主張將回民遠徙他鄉，於地方當然是最方便之舉。但對於統管全域事務的左宗棠來講，這一隻求自保的提議，既不合情理，亦無法眞正施行，更達不到「欲圖數十百年之安」的善後目標。

二、安置地點的選擇和就撫回民的遷移

投誠客回人口多以萬計，回民之外，漢民逃難之人更多。這些百戰之餘的人口，大多貧病疲弱。同時，戰區殘破，糧財、車馬、農具等一應安置所需之物十分匱乏。而陝西回民又與甘肅回民不同，客回與土回也有差異，安置需要採取不同的策略和方法。面對如此艱難困境，妥善安置所有難民並盡快恢復正常社會秩序，不但相當棘手，而且刻不容緩。面對如此大規模的回民待安置人口，既無法遠徙內地，又不能遣返原籍。就地安置又需顧及彼此雜處，日後糾紛問題。在這種情況下，唯一可以選擇的大概只有在區域內部尋找偏遠荒絕之處，使彼此在空間上相對隔離，以便統一管理和控制。

同治十年（1871）正月金積堡戰事結束後，安置大量撫回成爲亟待解決的問題。其實早在戰爭完全結束之前，左宗棠就已預爲籌謀。在同治九年（1870）十二月十一日的奏摺中左宗棠稱：「臣前於平涼縣大岔溝、邢家溝、（著者按：邢家溝與北原非一處，校點本句讀有誤）北原安插陝回戶口數千，給以賑種，其餘荒絕地畝雖多，然不成片段。又平涼係入甘肅大道，居關隴之中，北達寧夏，南通秦、鳳，東連涇、原、邠、寧，西趨金城、湟中，形勢最要，不宜多居種人。勘得平涼、華亭交界之化平川，寬六七里，長三十餘里，窰洞三百餘，兼有破屋，土沃水甘，人跡斷絕，可安插萬餘丁口。」〔註132〕崔偉就撫之後，請求安置弓門寨和馬鹿坡等處，左宗棠批覆中

〔註131〕 〔清〕左宗棠：《平涼公局紳耆韓尚德等稟請將投誠回民安插遠方由》，見左宗棠著，劉泱泱、廖運蘭校點《左宗棠全集·札件》，長沙：嶽麓書社，1996年，第229頁。

〔註132〕 〔清〕左宗棠：《平毀馬家灘王洪各堡陝回就撫馬化漋（龍）就擒摺》，見左宗棠著，劉泱泱、廖運蘭校點《左宗棠全集·奏稿四》，長沙：嶽麓書社，1996

稱：「弓門寨可准，馬鹿坡則不能准，以其地連隴州也。」〔註133〕弓門寨即今之甘肅張家川回族自治縣東南恭門鎮，其地在張家川東南約 10 千米處。馬鹿坡即今之甘肅張家川回族自治縣馬鹿鄉，在恭門鎮東南 23 千米處，其地處陝甘交界，1953 年前屬陝西隴縣。由此可見，戰略要衝是絕對不可以安置回民的。而最爲理想的安置地點，則集中成片的荒絕之區。

同治十一年（1872）夏河州戰役結束後，左宗棠在上報戰況的奏摺中詳細說明了對於安置事宜的權衡和考量，他認爲：「謀遷移必先定安插之地。安插之地，漢、回各有攸宜。漢民安插狄道、金縣、安定、會寧一帶，凡近城驛，漢民聚積之處宜也。回民則近城驛非所宜，近漢莊非所宜，並聚一處非所宜。從前安插陝回，如化平廳、平涼縣大岔溝及北原各處，丁口已一萬數千名，既未可多所附益，又此次安插回民，有籍隸陝西者，有籍隸甘肅者，當其並力抗拒官軍，固無彼此之分也。一旦繳馬械就撫，還爲齊民，則甫被新恩，旋尋舊怨，不但陝回與甘回氣類攸分，即陝回與陝回、甘回與甘回，亦有難並域而居者。以撫局論，分起安置，渙其群，孤其勢，計之得也。即以回情而論，亦非分起安置不可。乃預飭安定、會寧、平涼、隆德、靜寧州各牧令，覓水草不乏、川原相間、荒絕無主、各地自成片段者，以便安置。」〔註134〕

在同治十二年（1873）一份給河州知州潘效蘇的批札中左宗棠又對這一策略進行了簡單而經典的論述，他說：「回民自成氣類，與漢民仇隙素深，從前陝迴避剿以甘肅爲退步，甘回又以金積、河湟爲歸宿。撫局定章，除金積新教勒限遷移，此外准河、湟本地回民就近安插，餘皆概令遷移，不准安插故土。蓋當時兩省各屬回民業已從亂如歸，與其鄉鄰尋仇構釁，漢民被其戕害數辱，慘目傷心。此時若准其仍歸舊業，漢民目睹舊仇復至，必不甘心，因而糾聚報復，滋生事端，官司防禁難周，勢所必至。故定章撫回須遷移安插，而又必於異地荒絕各產另成片段者安置，方期周妥。」〔註135〕

年，第 443 頁。

〔註133〕 〔清〕左宗棠：《劉京卿稟馬桂源率黨千餘盤踞堂俞頭地方由》，見左宗棠著，劉泱泱、廖運蘭校點《左宗棠全集・札件》，長沙：嶽麓書社，1996 年，第315 頁。

〔註134〕 〔清〕左宗棠：《收復河州安插回眾辦理善後事宜摺》，劉泱泱等校點《左宗棠全集・奏稿五》，第 259 頁。

〔註135〕 〔清〕左宗棠：《河州潘牧效蘇稟請准令回民遷歸本籍由》，見左宗棠著，劉泱泱、廖運蘭校點《左宗棠全集・札件》，長沙：嶽麓書社，1996 年，第 315頁。

綜上可見，左宗棠對回民安置地方的選擇，有兩個標準，即：一、要大片荒絕地產，有水可資灌溉；二、所處位置要距離大道不遠，但又不能太近。前者能夠安置較多人口，回民可以聚族而居，不和漢民雜處，不易產生糾紛。並且，也可以為今後較長一段時間的發展，預留足夠的空間；後者，則易於官府控制，方便進行管理。根據這一原則性的指導意見，經過實地查勘，左宗棠最終選擇的安民之地，除了零星散佈的小區塊外，主要是集中在甘肅隴東平涼府南部與秦州北部的交界地帶。這一區越以化平川、張家川等為中心，處涇、渭二河上源六盤山地，為眾水發源之區，地勢高亢，土著人口較少。除了可以滿足安置大量回族人口的需求外。這一區域距陝西出長武通隴東涇水大道不遠，四周隆德、靜寧、秦安、清水、隴州、華亭以及崇信等州縣密佈，尤其距平涼府城較近。是一個相對獨立且又封閉的區域，極易管控。見圖6.6。

圖 6.6　戰後隴東回民主要安置區域

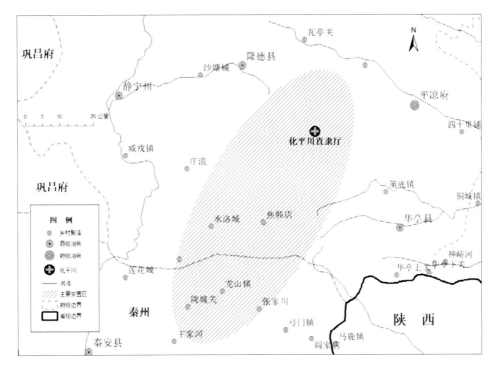

遷移安置涉及面極廣，不同人員的處置方式亦不相同；另外，安撫程序本身又相當繁雜，稍有不謹，就容易引發事端，留下後患，如同治八年

（1869），有陝西回民雜集二百餘家攜眷求撫，軍功李德昌當即劃給無主荒絕各產，給以良民門牌，就中選擇稍明白男丁爲十家長、百家長，開列大小男女名口清冊存官，俾其各安本業。左宗棠收到該所稟之後，對李德昌私自安置回民的行爲極爲震怒，認爲「事關良民就撫，必須遞呈開造戶口冊籍到官，由縣通稟，候示分別安插。該軍功不諳事例，不稟地方官司，輕率招納，致啓疑端。」〔註136〕此事雖然事由軍功李德昌不諳事例所致，但從另一個方面也可以看出，彼時激戰正酣，安置回民尚無具體章程可以遵循。天賦人性，賢愚不一，要求所有人都深諳事例是不可能的。因此，制定完備的安置流程和具有較強可操作性的安撫細則，成爲保證安置工作順利推進的基礎。隨著戰事逐步接近尾聲，回民求撫日漸增多，這一工作的迫切性也日益增強。因此，在找尋勘定安置地點，處理具體問題過程中，左宗棠也不斷細化並完善了安置回民的章程。

在同治六年（1867）領兵入陝時的《諭回告示》中，左宗棠即稱：「良回及悔罪自新之回民來歸後，各給予良民牌票，拊循安集，俾其得所，不准漢民欺凌。如漢民仍敢仇殺，即將漢民照故殺律抵罪；該回民仍當告官論理，不得尋仇鬥殺，再啓釁端。」〔註137〕此良民牌票應該是良民門牌、腰牌和路票的總稱。彼時西北正處於激戰之中，戰事何時結束，尚未可知。但從此文告可以看出左宗棠對戰後安撫的初步謀劃，那就是官給文書，出入各有憑據。同治十年（1871）正月攻陷金積堡後，官方開設置撫局，處置招撫及安置事宜。十一年夏，河州兵事結束後，左宗堂還頒佈了專門的《准撫條規》，分六條對相關事宜進行了詳細的說明和規定。在本地土回的安置方面，尤其說明「繳盡馬械後，各歸各鄉，聽本大臣委員並酌派兵勇帶該頭目等親履各鄉點驗丁口，編審戶籍，丈量地畝，擇立十家長、百家長，發給良民門牌，該回民等不必疑懼。如有兵勇搶掠姦淫，准呈報委員及該管帶官處，立即訊明。如果確實，即照軍法辦理。」〔註138〕此外還有《撫後禁令》等，對糾紛的類

〔註136〕〔清〕左宗棠：《軍功李德昌稟陝回零股攜眷乞撫求安插情由》，見左宗棠著，劉泱泱、廖運蘭校點《左宗棠全集·札件》，長沙：嶽麓書社，1996 年，第172 頁。

〔註137〕〔清〕左宗棠：《諭回告示》，見左宗棠著，劉泱泱、廖運蘭校點《左宗棠全集·札件》，長沙：嶽麓書社，1996 年，第 571～572 頁。

〔註138〕〔清〕左宗棠：《准撫條規》，見左宗棠著，劉泱泱、廖運蘭校點《左宗棠全集·札件》，長沙：嶽麓書社，1996 年，第 580～581 頁。

型和處罰方式與方法,進行了明確說明。〔註139〕這些條規雖然是河州戰事結束後才頒佈的,但撫回的工作此前早已有之,條規只不過是對此前招撫流程的總結與明確。

從具體流程上來看,回民安置的工作大概可以分為四步,即:一、前線接受求撫;二、本地暫為安置;三、專人護送安置地點;四、在安置點最終安置。所有工作,均需第一時間呈報左宗棠,由其親自核准備查。

第一、二兩步一般是由負責進剿的統兵將領接受投誠,點驗人數、馬匹及兵器等,分別造冊。然後,擇精壯男丁安置各營,餘眾婦女老弱等給以賑糧,聽候安置。肅州兵事結束後,左宗棠籌謀兵發新疆,曾有大規模裁兵之舉。但在此之前,選擇撫回強壯者充為營伍是慣用做法。接受客回求撫之後,一般會盡快派兵護送至安置地點。但如需等候具體安置地點就無法立即起程,加之各處協調亦耗費時日,有時就不得不在就撫之地暫為安置,如馮均祿一部就撫後,暫於河州西北二百餘里黃河北岸,耕墾栽種一季,收穫後才又遷移安置他處。〔註140〕又如崔偉、禹得彥所部回民於同治十一年(1872)十一月下旬在西寧求撫,此後客回陸續遷往他處安置,其中第二起遲至同治十二年(1873)正月的下旬才遷出,「定於二十一日由省起程,至清水縣安插。仍飭老湘軍營官陳提督啟明原率馬隊八十騎、馬殿林回馬隊一百三十騎暨化平川回目閻興春沿途護送,並由大營加派差官副將陳南波、參將林得貴沿途照料。所需行糧,按大口每日一斤、小口每日半斤。除省城已發行糧四日外,至安定,應由安定縣糧局給發行糧二日;至馬,應由馬營糧局籌發一日;至通渭,應由通渭縣給發二日;至秦安,應由秦安縣給發二日;至清水,應由清水縣籌發,陸續安插。」〔註141〕為避事端,護送人員除了各級官兵馬隊外,還有回民阿訇沿途照料。每日行程及所需糧米出處等具體事宜,亦籌劃相當細緻。回民到達安置地點後,後續事宜,移交當地州縣,由各處地方官員具體負責。

〔註139〕 〔清〕左宗棠:《撫後禁令》,見左宗棠著,劉泱泱、廖運蘭校點《左宗棠全集‧札件》,長沙:嶽麓書社,1996年,第581~582頁。

〔註140〕 〔清〕左宗棠:《收復河州安插回眾辦理善後事宜摺》,見左宗棠著,劉泱泱、廖運蘭校點《左宗棠全集‧奏稿五》,長沙:嶽麓書社,1996年,第261頁。

〔註141〕 〔清〕左宗棠:《安插西寧遷出回民札各州縣營局》,見左宗棠著,劉泱泱、廖運蘭校點《左宗棠全集‧札件》,長沙:嶽麓書社,1996年,第533~534頁。

總之，這一在具體操作過程中遇有問題而逐漸細化安置條例規章，具有極強的可操作性和重要的指導意義，爲具體操作層面的規範與約束提供了依據，保證了安置工作的順利進行。

三、官方組織的回族人口遷移與安置概略

同治西北戰爭期間，西北回族人口遷移與安置工作主要由官方組織實施，如果僅從時間順序上來看，大致可以分爲四撥。甘肅省內戰事，以寧夏金積堡、河州、西寧和肅州四處爲核心。每處戰事結束之後，官方都組織有較大規模的人口遷移和安置。現分述如下：

（一）寧夏金積堡戰區的回民遷移與安置

金積堡雖然僅是寧夏靈州的一個村堡，但位「居秦漢兩渠間，黃流分釃，舊稱沃壤，足以阻水自固而困官軍」，〔註142〕地理位置相當重要。同治戰前，金積堡所處寧夏地方，是甘肅回民最重要的聚居之區，尤其新教巨魁馬化龍坐鎮其間，爲甘肅北路回民中心，同時也是西遷陝西回民心理上最重要的指歸。同治二年（1863）十月，馬化龍攻佔寧夏府城，其後屢撫屢叛。及至同治八年（1869）二月底，董志原失守之後，大批西遷陝西回民避居其間。而甘籍客回依附其間者，人數也不少。自同治八年（1869）八月至同治十年（1871）正月，金積堡的攻守戰前後持續長達一年半之久。各方爭鬥非常慘烈，加之期間發生嚴重糧荒，人口損失相當嚴重。自清軍合圍金積堡後，回民就撫者日衆，及至九年（1870）冬，「堡外能戰者不過千餘，老幼婦女五六千皆飢餓垂斃……投出者絡繹不絕，其壯丁甚有涕泣號救不得，引領以待就戮者。」〔註143〕同治九年（1870）十一月，馬化龍自縛赴劉錦棠營就撫，十年（1871）正月十三日，被凌遲處死，金積堡戰事正式結束。

以金積堡爲首的寧夏一帶，是整個同治西北戰爭中最重要的一個戰區。陝西回民陳林、閻興春、余彥祿、馬振江、赫青選、余兆臨、拜萬江、金明堂、安傑、劉秉信、穆生花〔註144〕以及馬壽清〔註145〕等部，均在此就撫。戰

〔註142〕〔清〕左宗棠：《北路官軍連獲大捷摺》，見左宗棠著，劉泱泱、廖運蘭校點《左宗棠全集·奏稿四》，長沙：嶽麓書社，1996年，第140頁。

〔註143〕〔清〕左宗棠：《圍攻馬家河灘賊堡安置拔出陝回片》，見左宗棠著，劉泱泱、廖運蘭校點《左宗棠全集·奏稿四》，長沙：嶽麓書社，1996年，第428頁。

〔註144〕馬長壽主編：《同治年間陝西回民起義歷史調查記錄》，西安：陝西人民出版

事結束後，經左宗棠事後點驗奏報，總共「拔出被裹陝西漢、回難民以數萬計。除籍隸陝西回民，解赴化平川、大岔溝一帶，擇地安插外。其籍隸甘肅及寧、靈土著漢、回人民，均……在寧、靈一帶分別擇地安插。其曾爲賊據各堡寨，均屬要區，未便仍令從前恃強霸佔各回民安居故土，致肇釁端，而貽異日之患。」〔註146〕因此，金積堡善後處理，首先搗毀回民堡寨城牆，土回遷出戰略要衝之地，本境內另擇地安置。甘籍客回根據情況，分別擇地安置。所有陝籍客回一律遠遷至隴東一帶安置。根據這一要求，金積堡土回於十二月初二日自行「將池及城外圩卡全行撤空，各堡回民俱移往城南納家閘一帶，散處村落，聽候安插。」〔註147〕周邊其他重要的堡寨的回民，亦多被強令遷出，不許仍居故土，如王洪堡土回就被遷至靈州附近，馬家灘土回則被遷至張家圈居住。「其貿易僑寓之客民及被擄、被脅之甘回三千餘名，解赴平涼安插。金積堡老弱婦女一萬二千餘名，解赴固原州附城數十里地方，分撥荒地安插。」〔註148〕陝西客回的遷移與安置則更爲詳細和具體，據左宗棠奏稱：

> 分起押解陳林一起男婦大小一千五百六十四名口，馬振江一起男婦大小八百四十八名口，赫青選一起三百八十三名口，馬化灝一起一千二百七十八名口，余彥祿、閻興春、余兆臨、拜萬江、金明堂、安傑等各起男婦大小五千五百五十餘名口，內除挑出壯丁四百名交安傑、藍明泰帶隨官軍征剿外，餘俱陸續解赴平涼。其老幼婦女無親屬夫男者五百七十餘口，病餓不能行走，留養廣武營，聽其痊癒擇配。沿途除病斃外，復收集從前散匿東、西兩山餘眾五百餘名口。比齊抵平涼，臣兩次親臨點驗，實共一萬有奇。內除前安插平涼回民認領親眷五百餘名口外，實發化平川安插者男女共九千四

社，1993 年，第 465 頁。
〔註145〕馬壽清，又稱普洱馬，雲南普洱人，是同治西北回戰爭時回軍重要首領之一。
〔註146〕〔清〕左宗棠：《籌辦金積堡善後事宜摺》，見左宗棠著，劉泱泱、廖運蘭校點《左宗棠全集‧奏稿五》，長沙：嶽麓書社，1996 年，第 206 頁。
〔註147〕同治五年（1866）正月初四日（甲子）穆圖善奏，見〔清〕奕訢等編修《欽定平定陝甘新疆回匪方略》卷一二五。
〔註148〕〔清〕左宗棠：《平毀金積各業首要各逆伏誅寧靈肅清摺》，見左宗棠著，劉泱泱、廖運蘭校點《左宗棠全集‧奏稿五》，長沙：嶽麓書社，1996 年，第 3 頁。

百餘名口，察看壯丁不過二千，餘皆老弱疲病而已。〔註149〕

最終，金積堡戰事結束之後，該區域共外遷陝甘回民約 25,000 餘人，主要安置在平涼大岔溝、固原城周圍方圍數十里地方和化平川等處。從金積堡到化平川，步行距離大約有 650 里，疲病之眾，以日行 30 至 50 里計算，即便沿途一切順利，亦需 20 日左右方可到達。金積堡安民是西北戰爭中官方第一次大規模的人口遷移和安置工作。因為左宗棠事先謀劃極其詳細，安置過程事無鉅細均親自過問，整個安置工作進展比較順利。其中不少做法，如土回本境異地而居、陝西客回遠徙隴東、挑健壯充為營伍以及擇婦女留養軍營等，也都為之後的安民沿為成例。

（二）河州戰區的回民遷移與安置

河州轄境廣闊，回多漢少，雜以番眾。同治戰前，河州及周邊各處是甘肅回民最重要的聚居區之一。不但人口眾多，教門繁盛，而且也是伊斯蘭經學中心，文化亦相當興盛。本地回眾以馬占鰲等人為首。同治三年（1864）元月起事，佔據州城及周邊各處地方，並攻打安定、會寧、隆德等處，襲擾圍攻金積堡清軍的後路。且自起釁以來，陝甘客回多避居期間，而本籍漢民與客籍漢民亦多有脅迫者，人員構成亦極其複雜。因此，甘肅北路各處肅清後，左宗棠即移師西南。同治十年（1871）八月，左宗棠由靜寧進駐安定，開始謀劃河州。十一年（1872）正月初河州回軍於太子寺大敗清軍，隨後馬占鰲率眾以勝利之師就撫，河州戰事結束。

陝西回民余彥祿、馬正剛、冶士俊、楊文彥、張代雨、拜崇花、馬生彥、馬文元、馬維驤、馬振清等部以及甘肅回民安鴻慶部，均在此就撫。西北戰事眾兵強壓只不過是應事之舉，若以久遠之計，需在地方回民之中培養既可服回眾，又能順從的精英人物，進行管理。左宗棠雄才大略，當然深諳其道。因此，剿撫之間，亦極力訪求這樣合適的人選。〔註150〕河州舊教回首馬占鰲勝利之師乞撫後，左宗棠認為其是回中之傑，其子亦非凡品，〔註151〕頗為賞識。遂令馬占鰲統領河州事務，組織回民馬隊協助進剿，並奏請賞給花

〔註149〕 〔清〕左宗棠：《安插就撫回眾請增設平涼通判都司摺》，見左宗棠著，劉泱泱、廖運蘭校點《左宗棠全集‧奏稿五》，長沙：嶽麓書社，1996 年，第 15頁。

〔註150〕 〔清〕左宗棠：《答劉克庵》，見左宗棠著，劉泱泱、廖運蘭校點《左宗棠全集‧書信三》，長沙：嶽麓書社，1996 年，第 265 頁。

〔註151〕 秦瀚才：《左宗棠逸事彙編》，第 209 頁。

翎，五品頂戴，以示恩威並重。〔註152〕這與對待馬化龍的態度完全不同。也正因爲如此，河州善後事宜處理方法與寧夏金積堡亦有較大不同。辦撫之道「以編審戶口爲要；編審戶口，以遷移客回、安輯土回爲要。」對於夾雜其間的部分土著漢民，凡被脅迫、仇隙已深者，「宜分別拔出，以免釁端」，〔註153〕簡單地講就是把所有客民及本地受脅迫的漢民一併遷出。根據這一原則，「本地回民就近安插，餘皆概令遷移，不准安插故土。」〔註154〕遷民之前，左宗棠預先飭令安定、會寧、平涼、隆德以及靜寧等處地方官員，挑選合理區域。又委派專員前往勘驗，根據實際情況分別指派各處安置地點。最終：

> 遷陝回楊文彥一起二百五十三名口於平涼之謝家莊、桃家莊；遷陝西張代雨一起二百九十一名口於平涼之張家莊、曹家莊；遷陝回拜崇花一起五百三十七名口於會寧之姚王家、曲家口；遷陝回馬生彥等一起六百四十三名口於靜寧州、隆德縣境之王家下堡、劉戴家山；遷陝回馬文元一起一百五十七名口於安定之劉家溝；遷陝回馬維驤七十四名口於安定之石家坪；遷陝回馬振清一起三百六十三名口於安定之好地掌；遷甘回安鴻慶一起四十三名口於安定之劉家溝；遷漢民陳富貴等四百四十七名口於安定之青嵐山；遷漢民董永海一百零八名於安定之新套河；遷漢民水映江一起四百二十八名口於安定之夏家營坊。〔註155〕

此外，又有余彥祿、馬正剛、冶士俊等部陝西回民，具體人數未知，遷往化平川安置。〔註156〕合而計之，由該區域遷出者共 3,400 餘人，其中回民

〔註152〕〔清〕左宗棠：《請給回目馬占鼇等翎頂片》，見左宗棠著，劉泱泱、廖運蘭校點《左宗棠全集‧奏稿五》，長沙：嶽麓書社，1996 年，第 376 頁。

〔註153〕〔清〕左宗棠：《收復河州安插回眾辦理善後事宜摺》，見左宗棠著，劉泱泱、廖運蘭校點《左宗棠全集‧奏稿五》，長沙：嶽麓書社，1996 年，第 260 頁。

〔註154〕〔清〕左宗棠：《河州潘牧效蘇稟請准令回民遷歸本籍由》，見左宗棠著，劉泱泱、廖運蘭校點《左宗棠全集‧札件》，長沙：嶽麓書社，1996 年，第 315 頁。

〔註155〕〔清〕左宗棠：《收復河州安插回眾辦理善後事宜摺》，見左宗棠著，劉泱泱、廖運蘭校點《左宗棠全集‧奏稿五》，長沙：嶽麓書社，1996 年，第 260 頁。

〔註156〕〔清〕左宗棠：《招回王家瞳助逆悍黨何生洲及河回乞撫情形片》，見左宗棠著，劉泱泱、廖運蘭校點《左宗棠全集‧奏稿五》，長沙：嶽麓書社，1996

約 2,400 人，漢民約 1,000 人。與金積堡安民相比，河州安民雖然基本上也算順利，但也遇到一些問題。比如，客居河州的皋蘭等處甘籍回民希望可以返回原籍；陝西回民馬生彥等則久住河州，頗有安土之意，多方要求，延不遷移；而陝西回民馬振清等人，則要求遷往化平川和大岔溝。〔註157〕河州知州潘效蘇與陝西按察使陳湜，對相關事件都有所請，這些要求顯然有其合理一面。但左宗棠對於此類事件均給予嚴厲斥責，曉諭稱：「安插聽官，不能由你；其不願聽官安插者，即非真心就撫，官即不與安插。願撫者撫，官必不剿；當剿者剿，官亦不能撫。」〔註158〕善後事宜頭緒繁多，左宗棠作為執事者，當然希望凡事可以按章程統一辦理，儘量不要節外生枝。但由此可見，官方強令推行的遷移安置政策，不論從回民來講，還是地方官員來講，都有不少反對意見，具體的移民安置工作的確也遇到相當多的困難。

就安置區域來講，河州善後安民地點，散佈在從會寧到平涼東西長約近三四百里的狹長區域內。遷出客回 2,400 人，被安置在 13 個不同的地點，平均每處不過 180 餘口人。與金積堡善後安民相比，已非常分散。這也說明，此時在隴東一帶，已不太容易找到符合要求的大面積安民區域。從河州到隴東靜寧等安置區域，步行距離大約有 500 到 800 多里。這一距離與金積堡安民時相差不多，但很顯然，此時安民已經開始面臨一定困難了。

（三）西寧戰區的回民遷移與安置

西寧轄境東南部是巴燕戎格、循化兩廳，與河州相連。北面為大通，再北為大通營，直達甘、涼、肅等處。西出水峽口則可至青海。因此，西寧雖然地處漢地社會邊緣，回番雜處，但轄境通達，又處湟水谷地，地理位置極其重要。同治戰前，西寧府城及所屬地方，是甘肅回民重要的聚居之區，巴燕戎格、循化一帶尤為密集，本地回眾以馬桂源等人為首。同治元年（1862）十月起事，同年經青海辦事大臣舉薦，回首馬桂源署西寧知府，維持撫局近十年。甘肅鏖戰之時，陝西回民部分遷入西寧南川等處避居，而西寧、肅州

年，第 12 頁。

〔註157〕〔清〕左宗棠：《河州潘牧效蘇稟請准令回民遷歸本籍由》，見左宗棠著，劉泱泱、廖運蘭校點《左宗棠全集·札件》，長沙：嶽麓書社，1996 年，第 315 頁；〔清〕左宗棠：《答陳舫仙（0925）》，見左宗棠著，劉泱泱、廖運蘭校點《左宗棠全集·書信二》，長沙：嶽麓書社，1996 年，第 281 頁。

〔註158〕〔清〕左宗棠：《答陳舫仙（0926）》，見左宗棠著，劉泱泱、廖運蘭校點《左宗棠全集·書信二》，長沙：嶽麓書社，1996 年，第 282 頁。

回民之間也多有互援。及河州戰事結束之後，左宗棠派員再行招撫，未果，遂兵伐西寧，以圖斷肅州之援。〔註159〕至同治十二年（1873）初，清軍佔領大通縣城，馬桂源被處死，西寧戰事結束。

陝西回民禹得彥、畢大才、崔偉等部，皆於此就撫。西寧回民安置方式與金積堡類似，原居要衝之處的土回皆被遷往他處，如丹噶爾廳城內的回民先被遷在城外，後復將這批回民「盡數撥於西納川一帶安插」。貴德城關的回民則被分散安插於康城、札什巴以及康楊等處。〔註160〕大通城關之土回即被遷於「河東、西，另招城西北遜布、馬廠、利順、張家寺各漢堡難民實之，路旁回堡亦量與漢民更易。」〔註161〕大通所屬寶庫一帶的回民，被遷往新莊、峽門等偏遠之處。〔註162〕所有客回挑選精壯組成「旌善馬隊」，隨軍西征肅州、新疆等處，直到光緒十年（1874）左右才遣散回甘，各安耕業。〔註163〕其他客回共約二萬餘眾，則分三起，派隊一律押送至平涼、秦安及清水等縣安置。其中頭起禹得彥等部回民，分兩批遷出平涼安置「通計不過七千二百餘名口，內除應撥入化平廳安插各戶口外，其安插平涼縣境約不過六千餘名口。除大、小蘆河外，華亭之策底鎮、十堡子兩處及此外荒絕地畝均可分散安插，惟不宜與漢民雜處。」〔註164〕第二起共遷出崔偉等部回民，「大小共四千三百八十一丁口，總為大批，定於二十一日由省起程，至清水縣安插。」〔註165〕第三起包括畢大才、崔偉等各部，大概有一萬多人，至少也分兩批押送，主要安置

〔註159〕〔清〕曾毓瑜：《征西紀略》卷三，見中國史學會編，白壽彝主編《回民起義》第 3 冊，上海：神州國光社，1952 年，第 39 頁。

〔註160〕貴德縣地方志編纂委員會編：《貴德縣志·大事記》，西安：陝西人民出版社，1995 年，第 12 頁。

〔註161〕〔清〕左宗棠：《收復大通縣城擒斬逆目及籌辦遷徙安插事宜摺》，見左宗棠著，劉泱泱、廖運蘭校點《左宗棠全集·奏稿五》，長沙：嶽麓書社，1996 年，第 390 頁。

〔註162〕概況編寫組編：《青海大通回族土族自治縣概況》，北京：民族出版社，2009 年，第 18 頁。

〔註163〕〔清〕左宗棠：《修治畿郊水利報銷懇敕一律准銷摺》，見左宗棠著，劉泱泱、廖運蘭校點《左宗棠全集·奏稿八》，長沙：嶽麓書社，1996 年，第 462 頁。

〔註164〕〔清〕左宗棠：《魏道光燾稟奉文安插回目禹得彥等由》，見左宗棠著，劉泱泱、廖運蘭校點《左宗棠全集·札件》，長沙：嶽麓書社，1996 年，第 317 頁。

〔註165〕〔清〕左宗棠：《安插西寧遷出回民札各州縣營局》，見左宗棠著，劉泱泱、廖運蘭校點《左宗棠全集·札件》，長沙：嶽麓書社，1996 年，第 533 頁。

秦安龍山鎮和秦安清水交界處。在回覆秦安縣令程履豐的批札中左宗棠稱：
「安插該縣撫回畢大才等戶口，未由西寧起行之先，接準劉京卿牘報約有萬
人，當飭該縣預擇安插地址。嗣據稟報，龍山鎮附近荒絕各產居多……當經本
爵大臣批准照辦……此次劉京卿續解陝回畢大才、崔偉各股內零星戶口到轅
點驗：畢大才股內共計二百八十名口，飭解該縣安插；又崔偉股內共計四百
七十七名口，飭於秦安、清水兩縣交界地方擇荒絕地畝安插。」〔註166〕

　　與前兩次安民相比，西寧戰後的人口安置遇到較大困難。在二月二十四
日給陳湜的信中，左宗棠稱：「毅齋遷出陝回三起，已過二起，一安插平涼，
一安插清水，均經點驗，發給車騾，勞費甚多。蓋事前未及預備，接到公牘
後，三數日即點驗起解，倉促料理，難於籌措也。」〔註167〕由此來看，第三
起遲遲無法遷出與費用過多，無法按時籌措有關。實際上，押解費用，軍隊
只負責初始起程之資，其他盡由沿途所經各州縣負責。這些起程費用都無法
按時籌措到，由此可見當時清軍經費緊張程度；除了解送費用，具體安置區
域也面臨一定困難。畢大才、崔偉各部續解陝西回民到地方後，秦安與清水
兩縣均上稟拒絕接收遷來客回。〔註168〕後經查明，係清水、秦安兩縣交界處
大、小楊家川的被安置回民與附近松樹鎮回民，因爭地糾鬥，地方擔心事態
擴大，遂有拒收之舉。〔註169〕此事雖經左宗棠強令暫時得以解決，但由此可
見，此時回民安置地點，已經不再是初期安民之時的偏遠荒絕地產，而是又
與漢民完全相鄰了。安置地方捉襟見肘，由此可見一斑。

（四）肅州戰區的回民遷移與安置

　　肅州地處河西走廊的西端，西出玉門而入新疆，扼道路要衝，地理位置

〔註166〕〔清〕左宗棠：《秦安縣程令履豐稟續到西寧撫回實在無處安插情形由》，見
　　　　左宗棠著，劉泱泱、廖運蘭校點《左宗棠全集・札件》，長沙：嶽麓書社，1996
　　　　年，第324頁。

〔註167〕〔清〕左宗棠：《答陳舫仙》（1032），見左宗棠著，劉泱泱、廖運蘭校點《左
　　　　宗棠全集・書信二》，長沙：嶽麓書社，1996年，第379頁。

〔註168〕〔清〕左宗棠：《清水縣高令蔚霞稟張家川一帶不能安插崔偉一股情形由》、
　　　　《秦安縣程令履豐稟續到西寧撫回實在無處安插情形由》，見左宗棠著，劉泱
　　　　泱、廖運蘭校點《左宗棠全集・札件》，長沙：嶽麓書社，1996年，第321、
　　　　324頁。

〔註169〕〔清〕左宗棠：《秦安縣程令履豐稟安插撫回悉在屬境並無推諉情形由》，見
　　　　左宗棠著，劉泱泱、廖運蘭校點《左宗棠全集・札件》，長沙：嶽麓書社，1996
　　　　年，第325頁。

極其重要。同治戰前，肅州州城及所屬地方，是甘肅回民重要的聚居之區，城關回族人口多至數千，〔註170〕城外塔兒灣、黃草壩、朱家堡、北崖頭、枯樹、四壩、北崖頭廢堡等處，亦有不少回民。〔註171〕本地回眾以馬文祿、馬永福等人為首。同治四年（1865）二月起事，同治七年（1868）就撫之後仍掌控其地。肅州遂成甘肅省西路回民總匯，「關外則沙州、哈密、纏頭、紅廟子各種，關內則西寧、河州、循化、保安營、隴西、狄道、伏羌、甘州各種，及陝西流徙之回，約共兩萬有奇。」〔註172〕同治十二年（1873）九月二十三日清軍攻陷肅州，馬文祿等人被殺，戰事結束。

戰後土、客回民老弱婦孺兩千數百名，遞解蘭州，暫時設局留養，嗣後擇地安置。哈密遷來纏頭客回 208 名與沙州、紅廟子一帶少量客回，解赴蘭州，再候安置。肅州是河西重鎮，城高池深，人口繁盛。同治七年（1868）就撫時，城內漢民約有三萬口，合土、客各回，人數多至五六萬口。但左宗棠奏報肅州回民安置，卻極其簡單，主要原因是戰後所剩人口不多。此役作為同治西北戰爭最後一戰，雙方戰守攻伐極其慘烈，人口損失較多。清軍從同治十一年（1872）六月攻至城郊，至次年九月底破城，前後長達一年數月之久。最後城中糧盡，人多餓死。期間，僅九月初四日從南城門逃出部分老弱婦孺。十五日，陝西回民馬文祿等出城乞撫，又有部分客回，按籍貫分由東南各出城，點驗造冊，於附近廢堡分男女安置。其中漢民 1,100 餘名。其他未出城者除老弱婦孺九百餘人外，土、客各回六千餘眾盡被駢誅。左宗棠稱肅州自此「無一回屬雜。」由此可見，同治七年（1868）五六萬口至十二年（1873）九月底城破之時，漢民僅一千一百餘，回民兩千數百餘。兩者合計不過四千口，五年之間，人口損失超過 90%，倖存者已十不及一。清軍在肅州屠城，與肅州圍城日久，雙方攻伐慘烈有關；與西北十年戰事，終此一役，各方心理承受已臨近極限有關；也可能與西寧戰後，遷移安置回民困難有一定關係。肅州地處甘肅西端，至隴東化平一帶，步行距離長達兩千餘里，即

〔註170〕同治四年（1865）六月初四日（丁酉）熙麟奏，見〔清〕奕訢等編修《欽定平定陝甘新疆回匪方略》卷一〇五。

〔註171〕路偉東：《清代陝甘人口專題研究》，上海：上海書店出版社 2011 年，第 268 頁。

〔註172〕〔清〕左宗棠：《克復肅州盡殲醜虜關內肅清摺》，見左宗棠著，劉泱泱、廖運蘭校點《左宗棠全集‧奏稿五》，長沙：嶽麓書社，1996 年，第 460～468 頁。

使只到蘭州，亦有一千四五百里。把大批降眾妥善解赴至隴東一帶，顯然並不是一件容易的事情。

除了以上四起外，其他還有很多。比如，靜寧李得倉與鹽關何士秀等同治五年（1866）冬率六萬餘眾投誠，初陝甘總督穆圖善令其各歸原籍，但遭到清水、秦安等縣紳民的強烈反對，最後只得在蕭河城附近地方暫爲安置。〔註173〕同治八年（1869）該回眾請求返回原籍，穆圖善令道員張瑞珍等前往妥善辦理，「查明伊等舊住之張家川、馬家堡、龍山鎮、條子溝、劉家山、福祥溝、楊家店、馬蘭坡、公門鎮、馬家河等處，派員攜帶回眾，令其各認各產，安分耕種，不許擾及漢民。該回目李得倉恪遵訓示，約束甚嚴，自安插後一年有餘，各安生業，與漢民往來交易耦俱無存。」〔註174〕此次安置回眾數萬，未煩一兵，未糜一餉，南路州縣獲保全。張瑞珍等也因辦理有方，獲得嘉獎。

除此之外，也有部分西北回民被官方強令安置於其他省區。比如，據說有約一千多戶的被俘回軍及其家屬被押至成都一帶管制屯田，主要分佈在成都北門外二檯子、新都的彌牟鎮、郫縣安德鋪、崇寧等處。此事不見於督撫奏摺或其他清代官方文獻，但四川成都地方史志中卻有較多記載，本地回民亦有此說，當確切無疑。〔註175〕官府爲何獨遷移此部分回民至成都一帶屯田，具體細節尚待考證。

除了官方組織的成規模人口遷移，也有部分回民由官給路票，自行遷移到指定地點進行安置。光緒二年（1876），回民李發祥與戚眷尙馬氏等六口由肅州前往平涼安置，途經甘州時被查獲使用了偽造的路票，據李發祥供稱，該路票係其舅父尙桂林在肅州南街娘娘廟牌長李長太處用錢買得。尙桂林已由肅州遞回平涼。接稟後左宗棠准李發祥及尙馬氏等「先由張掖縣遞解平涼，傳該管百家長及尙桂林等赴領具報。」同時令肅州差提李長太到案審訊，後經查實，「安插回民無票私逃，或買舊票剜補執持出境，不向地方衙門請票，

〔註173〕同治六年（1867）九月初七日（丁巳）陝甘總督穆圖善奏，見〔清〕奕訢等編修《欽定平定陝甘新疆回匪方略》卷一六〇。

〔註174〕同治八年（1869）八月初八日（丁未）陝甘總督穆圖善奏，見〔清〕奕訢等編修《欽定平定陝甘新疆回匪方略》卷一九九。

〔註175〕四川省地方志編委員會編：《四川省志·民族志》，成都：四川人民出版社，2000年，第369頁；達鵬軒：《鹽亭回族的來源和初步發展》，見達鵬軒編《鹽亭回族》，鹽亭縣政協學習聯誼民族宗教委員會2005年，第15頁。

由於書役門丁遇其請票時通同索費所致。」〔註176〕忽略書役索費這些細節問題，從移民的角度來看，這一案例說明，在光緒初年官方成規模的遷移安置結束之後，移民政策與方法發生了改變。對於仍然零星散處各地的客回，官方准其申請路票，自行前往已有的安置區域投親靠友。

綜上所述，同治年間，官方對回民安置工作大都隨著回民的就撫，在戰爭進行之中隨時展開。因此，不但頭緒相當繁多，人員複雜，而且遷移的股數很多，被遷移人口數量相當龐大，安置措施亦各有不同。左宗棠在西北戰爭結束後對戰爭原因、處置辦法的不同、安置人數、最後結果等進行了總結，他稱：「甘肅一省變亂十餘年，被禍之慘，甲於天下，推原其故，回變與髮逆、撚逆不同，而甘回與陝回起釁緣由又異。陝回之禍由於漢、回構怨已久，起釁之故實由漢民，而回匪乘機構變，戕害大臣，據地阻兵，法難曲貸。官軍屢予痛剿，首逆馬政和等業經授首，其餘各逆俯首輸誠，自可概予從寬，安置甘境，與漢民異處，以杜釁端。通計陝回七八十萬，現存者除白彥虎股內二千有奇，此外安插甘境者不過六萬餘眾而已。甘回雖不如陝回之悍，然人數較多，自乾隆年間新教潛入內地，久懷不軌，屢撫屢叛，橫亙數省，無所畏忌，是法所必誅，時不可緩者也，辦法宜嚴，首惡不可稍縱……安西、肅州、甘州、涼州一帶二千餘里並無回族聚處，實漢唐以來未有之奇。」〔註177〕本節所列舉安置回民之數，金積堡約 25,000 人，河州約 2,400 人，西寧約 20,000 人，肅州約兩千數百人，合而計之，共 5 萬餘人。與左宗棠所指 6 萬人相比，還有 1 萬餘人有待以後繼續查核文獻，進行輯錄。

現將已知見於記載者，略作整理，簡單匯總為表 6.1。

表 6.1　同治西北戰爭期間官方安置回民信息匯總

編號	安置對象	就撫人數	就撫地點	安置地區
1	李得倉、何士秀等部甘肅回民	五萬餘眾	靜寧	初在蕭河城附近暫居，後安置原籍張家川、馬家堡、龍山鎮、條子溝、劉家山、福祥溝、楊家店、馬蘭坡、公門鎮、馬家河等處

〔註176〕〔清〕左宗棠：《甘州府龍守錫慶稟各處回民過境加意盤查路票由》，見左宗棠著，劉泱泱、廖運蘭校點《左宗棠全集・札件》，長沙：嶽麓書社，1996年，第 391 頁。

〔註177〕同治十二年（1873）十二月二十二日（丙申）陝甘總督左宗棠奏，見〔清〕奕訢等編修《欽定平定陝甘新疆回匪方略》卷二八六。

2	王洪堡土回	未知	金積堡	靈州城附近
3	馬家灘土回	未知	金積堡	張家圈
4	金積堡貿易喬寓陝甘籍客回	3,000 餘人	金積堡	平涼
5	金積堡土回老弱婦孺	12,000 餘人	金積堡	固原州附城數十里地方
6	馬壽清部回眾	未知	金積堡	平涼
7	陳林部陝西回民	1,564 人	金積堡	由前安置平涼回民認領親眷 500 餘名，其他約 9,400 人安置在化平川。
8	馬振江部陝西回民	848 人	金積堡	
9	赫青選部陝西回民	383 人	金積堡	
10	馬化瀷部陝西回民	1,278 人	金積堡	
11	余彥祿、閻興春、余兆臨、拜萬江、金明堂、安傑各部陝西回民	5,550 人	金積堡	
12	平涼東、西兩山散匪客回	500 多人	平涼	
13	楊文彥部陝西回民	253 人	河州	平涼謝家莊、桃家莊
14	張代雨部陝西回民	291 人	河州	平涼張家莊、曹家莊
15	拜崇花部陝西回民	537 人	河州	會寧姚王家、曲家口
16	馬生彥部陝西回民	643 人	河州	靜寧州、隆德縣境之王家下堡、劉戴家山
17	馬文元部陝西回民	157 人	河州	安定劉家溝
18	馬維驤部陝西回民	74 人	河州	安定石家坪
19	馬振清部陝西回民	363 人	河州	安定好地掌
20	安鴻慶部甘肅回民	43 人	河州	安定劉家溝
21	余彥祿、馬正剛、冶士俊等部陝西回民	未知	河州	化平川
22	禹得彥等部	7,200 人	西寧	平涼大小蘆河、華亭策底鎮、十堡子、化平川等處
23	崔偉等部陝西回民	4,381 人	西寧	清水
24	畢大才部陝西回民	3,000 餘人	西寧	秦安龍山鎮等處
25	陝、甘、新客回及哈密纏頭客回	兩千數百	肅州	蘭州一帶
26	陝西回民	一千餘戶	未知	成都北門外二檯子、新都的彌牟鎮、郫縣安德鋪、崇寧等處
27	穆生花部甘肅回民	未知	金積堡	化平川

28	白彥虎固原留下一支、馬正和餘部、馬正彥部等陝西回民	未知	固原、金積堡等	隆德縣單家集
29	赫明堂部陝西回民	未知	固原	固原黑城子、中瑞和村等處
30	馬正和、馮均福等部	未知	金積堡	靜寧縣禹橋、東西拜、西冶、咸南及上下川一帶
31	渭城一帶回族民眾	未知	未知	平涼的白水、甲積峪和下陽家一帶
32	耀州白吉原回族民眾	未知	未知	平涼的北原和南原四十里鋪，化平

數據說明：

編號 1，同治六年（1867）九月初七日（丁巳），同治八年（1869）八月初八日（丁未）陝甘總督穆圖善奏，見《欽定平定陝甘新疆回匪方略》卷一六○、一九九；編號 2-5，〔清〕左宗棠：《平毀金積各巢首要各逆伏誅寧靈肅清清晰》，見左宗棠著，劉泱泱、廖運蘭校點《左宗棠全集‧奏稿五》，嶽麓書社 1996 年，第 3 頁；編號 6，〔清〕左宗棠：《圍攻馬家河灘賊堡安置拔出陝回片》，見左宗棠著，劉泱泱、廖運蘭校點《左宗棠全集‧奏稿四》，嶽麓書社 1996 年，第 428 頁；編號 7-12，〔清〕左宗棠：《圍攻馬家河灘賊堡安置拔出陝回片》，見左宗棠著，劉泱泱、廖運蘭校點《左宗棠全集‧奏稿四》，嶽麓書社 1996 年，第 428 頁。內除壯丁 400 名充為營伍，婦女 570 人留養廣武營外，其餘解赴平涼，最後到達者約有一萬餘人。其中由前安置平涼回民認領親眷約 500 餘名，其他約 9,400 人安置在化平川；編號 13-21，〔清〕左宗棠：《招回王家疃助逆悍黨何生洲及河回乞撫情形片》，見左宗棠著，劉泱泱、廖運蘭校點《左宗棠全集‧奏稿五》，嶽麓書社，1996 年，第 2 頁；編號 22-24，〔清〕左宗棠：《魏道光燾稟奉文安插回目禹得彥等由》、《安插西寧邊出回民札各州縣營局》、《秦安縣程令履豐稟續到西寧撫回實在無處安插情形由》，見左宗棠著，劉泱泱、廖運蘭校點《左宗棠全集‧札件》，嶽麓書社，1996 年，第 317、533、324 頁；〔清〕左宗棠：《答陳舫仙》（1032），見左宗棠著，劉泱泱、廖運蘭校點《左宗棠全集‧書信二》，嶽麓書社，1996 年，第 379 頁；編號 25，〔清〕左宗棠：《克復肅州盡殲醜虜廓關內肅清摺》，見左宗棠著，劉泱泱、廖運蘭校點《左宗棠全集‧奏稿五》，嶽麓書社，1996 年，第 460～468 頁；編號 26，四川省地方志編纂委員會編：《四川省志‧民族志》，四川人民出版社 2000 年，第 369 頁；達鵬軒：《鹽亭回族的來源和初步發展》，見達鵬軒編《鹽亭回族》，鹽亭縣政協學習聯誼民族宗教委員會 2005 年，第 15 頁；編號 27，馬長壽主編：《同治年間陝西回民起義歷史調查記錄》，西安：陝西人民出版社，1993 年，第 465 頁；編號 28，馬長壽主編：《同治年間陝西回民起義歷史調查記錄》，西安：陝西人民出版社，1993 年，第 458 頁；編號 29，馬長壽主編：《同治年間陝西回民起義歷史調查記錄》，西安：陝西人民出版社，1993 年，第 454 頁；〔清〕左宗棠：《固原回眾自相戕害飭員鎮壓片》，見左宗棠著，劉泱泱、廖運蘭校點《左宗棠全集‧奏稿三》，第 512 頁；編號 30-32，馬長壽主編：《同治年間陝西回民起義歷史調查記錄》，西安：陝西人民出版社，1993 年，第 391～392 頁。

第五節　本章小結

　　本章主要討論了清代西北地區回族人口遷移問題，以同治西北戰爭為界，區域內回族人口遷移的方向、動因、規模與特點等，前後均存在較大差異。其中戰前回族人口的遷移，主要可以劃分為向邊疆地區的生存型遷移與向內陸地區的發展型遷移兩大類。這其中，又以在西北邊疆擴展這一大背景

下，民間自發前往天山南北及口外蒙古等邊疆地區的生存型遷移最為重要，不但遷移的人口數量相對較多，而且持續的時間也比較長。戰後回族人口遷移又可分為兩種類型，即自發的避難型人口遷移和官方組織的安置型人口遷移。前者集中表現為從東往西颶風式的人口遷移和從中央往邊緣蛙跳式的人口遷移兩大特點。

同治戰後官方組織的回民安置是戰爭善後事宜的重要組成部分，也是這一時期西北回族人口遷移的另一種重要形式。甘肅省內戰事，以寧夏金積堡、河州、西寧和肅州四處為核心。每處戰事結束之後，官方都會有組織進行較大規模的人口遷移和安置。因此，從時間順序上來看，這一類型的人口遷移大致可以分為四個批次。由於被遷移的客居回民孤懸於遷出地、暫居地與被置地之間，各方利益糾結在一起，彼此相互博弈。因此，對這一類型人口的遷移與安置問題極其複雜而棘手。經過細心籌劃和精心組織，最終，四個批次的人口遷移總量多至六萬餘口，其中主要是散落甘肅的陝西回民，也有部分甘肅籍的客居回民。這批人口最終被安置在以化平川、張家川為中心的平涼與秦州交界的隴東一帶。

同治以前西北地區回族人口規模約占全國回族人口總數的 70%以上，貫穿整個清代的西北回族人口遷移，尤其是向區域外遷移，減小了該區域回族人口在全國回族人口中的比重，增加了回族人口在空間分佈上的平滑度，奠定了中國當代回族人口空間分佈的格局，影響極其深遠。

第七章 回族人口變動背景下的歷史重新書寫與長遠影響

　　同治西北戰爭引發的區域人口遷移錯綜複雜，這種遷移不但極大改變了回族人口空間分佈格局，而且還涉及社會秩序重建與幸存者心理創傷等諸多方面，影響極爲廣泛和深遠。本章分兩個小節進行論述，關注重點包括但不限於以下內容：官方組織的人口遷移、安置與社會秩序重建，制度層面的調整與國家管控的延伸，勝利者對歷史的重新書寫，戰爭造成的心理創傷，幸存者選擇性遺忘與戰後回族群體性記憶的重塑等問題。

第一節　同治戰後西北回族人口的管理

　　本節通過還原被安置回民在安置區域內的生產、生活狀況，探討作爲勝利一方的清政府如何在戰後重新建立基層的管理體系、恢復正常的社會秩序，並在制度方面進行適當調整，把國家權力和官方意志延伸到民間地方和基層社區中，從而根據自己的意願最終完成對歷史的重新書寫與建構。

一、安置區域回民的管理與社會秩序的重建

　　戰時臨時制定的《准撫條規》、《撫後禁令》以及其他章程條規雖然簡單，卻極具可操作性。這些條規禁令不但對散佈各地的客居回民起到了安撫作用，也保證了就撫回民在投誠地點暫時安置以及解赴最終安置地點等工作的順利推進與最終完成。回民到達安置地點之後，如何進行有效管理以杜絕再起糾紛，更爲複雜，也需要更加具體有效的條例與規章作爲制度保障。同治

十二年（1873），左宗棠頒佈了《安插回民告示》，對相關問題進行了極爲詳盡的說明。該告示全文共十一條，現擇其緊要部分摘錄如下：〔註1〕

一、初到遷插地方，應候地方官點名造冊，計戶按口分地安插。爾等各以分地爲業，盡力墾種，毋得出外游蕩，滋生事端。

一、到地安插後，地方官查明戶口。每戶發一良民門牌，填寫姓名、年歲、籍貫、男女丁口，分晰開載。每十戶，由官擇立一人充十家長，給十家長門牌一張；每百戶，由官擇立一人充百家長，給百家長門牌一張，均張掛門口。其限於地勢不滿十戶、百戶，或過十戶、百戶者，均隨多少約計，一律設立十家長、百家長，以資約束而便稽察。

一、安插定妥，由官劃給地畝，酌發種籽農器，俾得及時耕種。併發賑糧，大口每日半斤，小口每日五兩，俾免飢餓，秋後停止。其力能自給之戶，應聽自行糴買，由地方官出示鄰近地方，招致商販，任其彼此交易。

一、遷移各戶內，有極貧孤寡、老弱殘廢不能自食其力者，應由官查明人數，另編一冊，酌給賑糧，秋後亦不停止，以廣皇恩。

一、遷移各戶內有從前被擄漢民丁男婦女，其有家可歸者，應令其歸家完聚，該回民不得阻留；其無家可歸者，應由該十家長、百家長報明地方官，資遣各歸原籍。倘各回民希圖收留漢民子女作爲奴婢雇工匿不呈報者，一經訪察得實，定將該回民照例治罪，決不寬饒。其婦女被擄已久，生有子女，不願回籍者聽。

一、各回民既經收撫，即屬平民，從前過惡概置不問。不但漢民不得以從前仇怨藉口尋釁，即回民與回民從前積有嫌隙亦不准申理。唯收撫後犯事，應按照所犯情罪科斷，其情浮於罪者，照本律加等治罪。

一、回民安插地方，由地方官指定，不得擅自出外閒遊，混入城市，致滋事端。如須赴城關、市集買物、探親，應由各百家長詣州縣官衙門預領木牌號簽〔註2〕，令其執持。以憑察驗照護。每百

〔註1〕〔清〕左宗棠：《安插回民告示》，見左宗棠著，劉泱泱、廖運蘭校點《左宗棠全集・札件》，長沙：嶽麓書社，1996年，第583～585頁。
〔註2〕原書寫作「本牌號簽」，有誤。

家准領板號簽三十枝，一簽以兩人為度，不得過三人。如有事遠赴
各廳州縣境，由百家長報明地方官請給路票，注明所往何處，所幹
何事，限期繳銷；每張取路票紙朱錢四文。如無路票，定行查辦。
縱途中遇有損失，亦不准究。至過省行走，必須由州縣申明該管道
衙門發給護照，始憑盤驗。倘無護照私行往來，查出一律嚴辦。

一、士農工商各有執業。見發新刻《六經》善本，分給漢、回
士子誦習。其回民業儒者，准附就近州縣考試，由府而院，即以安
插地方為其籍貫。見在平涼取進文生及補廩出貢者已多，爾等如肯
立志讀書，豈患無進身之階，何至自甘廢棄？至士人以外，唯力農
之民足重，以其有益於世無損於人也。百工為世所必需。亦能自食
其力。商賈轉移貨物，足通有無，亦於世有濟。惟為農者不准栽種
罌粟，為士者不准干予外事、出入衙門，為商賈者不准販運鴉片，
致干禁令。

一、回教以穆罕默德為宗，即今回民所行老教，其經典亦是教
人學好向正，並無異端參雜其中，千數百年未之有改，亦無悖亂不
經之事自干刑戮，久為聖世所兼容。惟乾隆四十餘年馬明心、蘇四
十三、田五等犯自西域歸，傳授新教，煽惑愚回，馴致結眾為逆……
是新教在天方為異端，本穆罕默德之罪人；在中國為妖孽，乃國家
必討之賊……既經奏明嚴禁新教，奉旨尤應一律遵守，永杜異端，
共沾聖化，嗣後遇有海裏飛、滿拉等復敢以新教潛相煽惑者，十家
長、百家長即拘送官司，審明嚴辦，勿為所惑，自取滅亡。其從前
誤被新教煽惑者，准其遞具甘結，概予免究。如敢陽奉陰違，仍從
新教者，查出嚴辦，斷不姑容！

一、民間畜養騾馬，私藏槍炮軍火，本干例禁。自此次搜繳之
後，如有隱藏馬匹槍炮軍火者，一經訪察得實，或被告發，除將馬
匹槍炮入官外，仍行照律治罪。

一、各處外來親友到家，必須報知百家長方准招留，違者察究。
如容留匪人，滋生事端，即將容留之戶照匪人治罪。

隨著戰事的不斷推進，同治五、六年後各地回民逐漸就撫，遷移與安置
工作亦隨之展開。在辦理具體的安置工作並不斷解決所遇問題的同時，左宗
棠開始制定並逐步完善了各類相關的規章和條例。因此，《安插回民告示》雖

然直到同治十二年（1873）才正式頒佈，但這只不過是在具體工作中早已應用的那些既有條例規章的總結和歸納。

　　從上述所列《安插回民告示》十一條內容來看，就撫回民被解送到預設地點後，安置工作的首要任務是建屋分地、開荒種田，但編審戶口，遴選地方管理人員以重建基層管理體系是整個安置工作更為核心的內容。所以，真正的戰後安置是從恢復和建立新的基層管理體系開始的。左宗棠在同治十年（1871）二月的一份奏摺中稱：「惟回俗畏頭目較漢民畏官尤甚，而彼教誦經祈福之阿渾又時以異說蠱惑愚蒙，以致一夫倡變，亂者四起……惟於安插伊始編審戶口之中，隱寓聯甲之意，十戶一長，百戶一百家長，令其鈐束散戶，而設官董之，一切戶婚詞訟均取決焉，乃可散回目之勢，而以其權歸之官。」〔註3〕這種以十家長、百家長為執事者的分級管理基層社會組織，實際上，仍然是原有的保甲制度。只不過與甲長、保長們相比，十家長與百家長們的職責更為清晰。十家長與百家長的人選由官方指定，並分配其有限的行政職權。同時，通過份給不同於普通民戶的門牌，協助其確認在基層的權威和地位。這一做法的實質，是力圖打破回民社會中自戰爭以前就已經長期存在，並在戰爭中得到極大強化的，以阿訇、頭目為核心的基層管理體系，部分削弱了宗教上層人物對普通回民的控制，並且也把國家行政權力的觸角深入到安置地區最基層的管理體系之中，從而加強對全體安置回民的管控。

　　「戶」是基層管理體系中最小的基本單元，對於「戶」的管理主要通過「良民門牌」制度來實現。

　　圖7.1是左宗棠當年安民時的門牌樣張。從該圖看，良民門牌是刻板印刷的統一格式的紙製文憑，留白部分由執事者根據各戶實際情況進行填寫。需填報項目除了戶主及成員姓名、年歲、籍貫、男女丁口數目外，還有具體門牌編號。右側邊緣有「齊縫」的簽字和印章，應該一式兩份，官私各執，以確保追查到任何一個具體的「戶」和「口」。這種紙製的良民門牌極易損毀，雖經風雨，不可能真的張貼在大門之上，因此，很有可能只是各戶自行保存以備查核的憑證。

　　對於單一個體的管理，則通過腰牌、號簽和路票的形式來實現。《安插回民告示》中對腰牌制度沒有說明，根據民間口述史料推測，這一制度最早應

<hr>

〔註3〕同治十年（1871）二月初二日（壬戌）陝甘總督左宗棠奏，見〔清〕奕訢等編修《欽定平定陝甘新疆回匪方略》卷二三九。

圖 7.1　同治戰後安置回民時的良民門牌

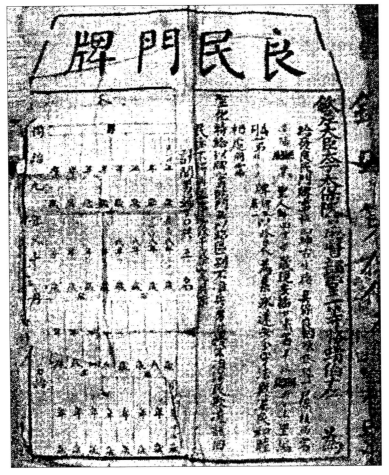

資料來源：樊瑩：《族群如何記憶——六盤山涇河上游「陝回」族群的民族
學研究》，蘭州：蘭州大學博士學位論文，2014 年，第 86 頁。

該是在西安城內的回民之中施行的。傳稱當時城內有個叫李家豐的回族文舉
人，他建議官府實行腰牌制度，「腰牌上有表格，書明出城者姓名、住址及出
城何幹等，西門在甕城東南、南門在火神廟交牌……就在李家豐建議官府給
回民帶腰牌不久，回民在城西北角這一帶是難越界外一步的。當時各街口都
有木柵欄，據說是曾大人命防長毛時所立。當時回民在橋梓口以西如果要越
出柵欄，即被挾去西關鋤死，直至腰牌制度建立，此風才略為收斂。」〔註4〕

───────────────

〔註 4〕　馬長壽主編：《同治年間陝西回民起義歷史調查記錄》，西安：陝西人民出版
　　　　社，1993 年，第 207～208 頁。

回民被安置在化平川後，亦有此腰牌制度，如據涇源縣（即清之化平廳）涇南冶家村的于建功阿訇講：「回民被安置到涇源後，到平涼賣柴，還得在城關領腰牌帶上。」〔註5〕

從上述這些描述來看，腰牌應該是一種個人可以領用、交還的憑證，供需要出城的人臨時使用，其實就是一個臨時通行證。從功能上看，腰牌和號簽有相似之處，但兩者是否為同一憑證的不同稱呼，目前尚無法確定。因為需要現場填寫領用人的相關信息，所以，所謂腰牌最初雖然可能是木製的，但後來可能演化成為更易填寫攜帶的紙質憑證，甚至只是一個可以更方便加蓋的標識或者印跡。比如據平涼一帶的回民口頭傳稱，當年回民進城繳糧，「守城士兵在他們頭上蓋一戳。出城時經過檢查，沒事才行。回民進城早進晚歸，不能在城裏住宿，故當時有『夜不留回』之語。」〔註6〕

李家豐因為倡議腰牌制度，遭到回民的強烈抵制，回民把他稱為回奸，在其家門上潑糞抗議。更有憤怒的回民用豬大腸拴其大門，在門上掛兩片豬肉，並編歌謠「早晨開門兩扇，門上拴著兩片。全家一人一蛋（塊），吃個稀罕。」進行譏諷。其實，從腰牌制度施行的具體效果來看，李家豐的提議對於改善當時城內回民的處境是有所幫助的。回民之所以如此憤怒，主要是因為腰牌制度本身具有明顯的族群歧視與人格侮辱性質。如平涼回民進城交糧頭上蓋戳與在罪犯臉上刺字的黥刑無異，是典型的人格侮辱。作為官方善惡判斷標準的直接體現，良民門牌、號簽、路票與腰牌的性質大概相似。

總之，通過具有層級的地方管理體系和良民門牌、腰牌、號簽與路票等具體的實物憑證，戰後回民被牢牢地禁錮在安置區域之內，內部的活動與外界的聯繫均受到嚴格監管。

從另一方面來看，為了保證安置工作的順利推進，減少應對維穩成本以便更好的進行管控，安置政策也有較為人性化的一方面。比如在一定程度上關照鰥寡孤獨等較弱勢的群體，對親屬分佈在不同安置區域的回民，也允許其「自行投赴完聚」，並且給以必要賑糧，〔註7〕對夾雜漢民的安置區域，採

〔註5〕 馬長壽主編：《同治年間陝西回民起義歷史調查記錄》，西安：陝西人民出版社，1993年，第417頁。

〔註6〕 馬長壽主編：《同治年間陝西回民起義歷史調查記錄》，西安：陝西人民出版社，1993年，第388頁。

〔註7〕 〔清〕左宗棠：《收復河州安插回眾辦理善後事宜摺》，見左宗棠著，劉決泱、廖運蘭校點《左宗棠全集·奏稿五》，長沙：嶽麓書社，1996年，第261頁。

取不同的處置方法政策靈活變通,不拘一格。此外,條規中沒有體現的住房問題,左宗棠在選擇安置區域之時就給予了充分的考量。比如最初選擇化平川爲安置區,該處有窯洞三百餘口也是重要原因之一。在金積堡戰事結束之前,左宗棠就預爲籌謀,挑已撫回民稍壯者百名裏糧前往,進行修葺,「俟各起回民解到,即量地居之」。〔註8〕

應該說,左宗棠強令推行的這些安民舉措,在大戰之後從亂如麻的混亂狀態下,對於快速安置就撫人口,徹底中斷各方糾鬥,盡快恢復社會秩序等,都起到了極其重要的作用。但是,一刀切的高壓政策不可能長久實施,歧視性的條規與法律也終將引發回民的反抗與抵制,同時,人作爲鮮活的社會個體也很難禁足在特定的區域之內。因此,在地理空間上試圖把回、漢完全割裂開來的做法,對於處理西北回、漢關係來講,只能治標而無法治本。

依賴戰時高壓政策和左宗棠的個人權威,建立完善的管理體系並實現具體到每一個個體的嚴格管控,並不是一件太難的事情。但是,當數以萬計劫後餘生的疲病之眾最終到達滿是荒絕之區的安置地點後,如何在幾近赤貧的狀態下重新開展生產與生活,恢復正常的社會秩序,卻不只是紙面上的條規就可以解決的。這其中,不論對安置者還是被安置者來講,首先面臨的最大困難就是經費問題。即使平常年景,西北財力也不是十分充足。尤其甘肅一省,經費向來仰仗東南各省接濟。自同治西北戰事爆發以來,不論官方還是民間,均消耗資費巨大,沃野盡爲焦土,財力捉襟見肘,糧食等一應物資更是嚴重缺乏。在同治七年(1868)八月的一份奏摺中,左宗棠對此困境有過較爲詳細的說明,他稱:「陝甘籌餉之艱,倍於諸省。陝西釐稅每年尙可得十餘萬兩,甘肅則並此無之,捐輸則兩省均難籌辦。而且山徑犖確,饋糧轉餉,勞費倍常。用兵之道,剿撫兼施,陝甘則撫難於剿。以其釁由內作,漢、回皆是土著,散遣無歸,非籌安插之地,給口食之貲不可,用費浩繁,難於數計。」〔註9〕因此,戰後回族人口的遷移安置均相當不容易。在這種情況下,《安插回民告示》中業已注明的條規,比如分配口糧、種籽、農

〔註8〕 〔清〕左宗棠:《平毀馬家灘王洪各堡陝回就撫馬化漋(龍)就擒摺》,見左宗棠著,劉泱泱、廖運蘭校點《左宗棠全集·奏稿四》,長沙:嶽麓書社,1996年,第443頁。

〔註9〕 同治七年(1868)八月十八日(壬戌)左宗棠奏,見〔清〕奕訢等編修《欽定平定陝甘新疆回匪方略》卷一八二。

具以及耕牛等，可能很多只停留在紙面之上，實際難以施行，或者無法完全施行。

　　由於安置地點預先選擇的就是成片荒絕之區，按戶計口分地大概沒太多問題。口糧有多無少，能夠勉強維持最基本的需求就行。種籽所需數量更屬稀少，而鐮、钁、鍬、鏟、犁等一干農具亦皆需費較低，都不難湊齊，或部分湊齊。但是，對於耕牛、騾、馬這種大牲畜來講，因其價值較高，就不那麼容易可以按照條規足額發放。因此，安民時並沒有具體數額規定，只稱：「點驗之後，按口給糧，丈量地畝，分撥房屋，大致已定，購給土宜種籽，酌發耕牛贏驢。」〔註10〕據涇源縣（即清之化平廳）余羊村耆老馬風風講：「安到華亭的，那裡地廣人少，男女都分到地。化平地狹人多，只有男人分到地。每男子一名分地十畝，三千六百多戶分爲四里，稱曰『四里百姓』。分發的農具，鑊頭、鐵鍬、犁頭，家家都有，牛則只准十家合用一條。初到此時，樹林很多，蒿草高深，黑刺滿地。後來起由回民開爲良田了。」〔註11〕該縣金家村耆老餘彥福亦稱：「初到時，化平熟地少，荒地多，荒山野林很難開墾。糧食不夠用，有的餵牲口牛羊，有的出外作生意，還有不少人每天伐木爲柴，挑到平涼去賣。」〔註12〕化平川安民人數較多，資費及各類物資所需較多，耕牛比較缺乏。有些地方十家一頭都不夠分，只能用其他牲畜，或者只能使用人力替代。比如，涇源縣河北村一帶的回民初來時，「分給一些田地，一些種子，十家一頭駱駝，以外還有一些農具。」〔註13〕涇源南營一帶當年安民時「一男子可分到土地十畝，但多是荒地或二荒地。五人一犁，沒有牛，用人拉著耕地。全村只有一頭駱駝是外頭帶來的。大家也用駱駝拉犁耕地。鐮刀是反手的，須用左手拿，這與左宮保的姓有關。」〔註14〕全村以駱駝耕地應該是比較可信的，但反手鐮刀與左宮保的姓有關顯係小民附會訛傳之詞，

〔註10〕同治十年（1871）二月初二日（壬戌）陝甘總督左宗棠奏，見〔清〕奕訢等編修《欽定平定陝甘新疆回匪方略》卷二三九。

〔註11〕馬長壽主編：《同治年間陝西回民起義歷史調查記錄》，西安：陝西人民出版社，1993年，第434頁。

〔註12〕馬長壽主編：《同治年間陝西回民起義歷史調查記錄》，西安：陝西人民出版社，1993年，第432頁。

〔註13〕馬長壽主編：《同治年間陝西回民起義歷史調查記錄》，西安：陝西人民出版社，1993年，第444頁。

〔註14〕馬長壽主編：《同治年間陝西回民起義歷史調查記錄》，西安：陝西人民出版社，1993年，第444頁。

其根本原因應該是防範回民將其用作武器。

回民安置之區多為荒絕地產，大戰之後撂荒日久已多成生地，重新開墾並不容易。不少地方，甚至是從未開發過的荒野之區。據涇源縣（即清之化平廳）耆老于德瑞講：「我們初到化平時，涇河兩岸都是大森林，從這梁看不見那梁。我們十家共築一個院落，住在裏頭，名『十家院』。」〔註15〕牛、驢等大牲畜是農人耕地所必備，單靠人力開墾荒絕之地是相當困難的。對於有青壯勞力的家庭來講，只要肯吃苦，日子會稍好一些。比如，「涇南白面河東山上當年有孫萬隆夫婦，他倆的勞動是著名的。家窮無牛無犁，只用鐝頭開墾，把地裏無數的黑刺樹根都挖光了，夫婦二人開出了幾十畝田地。」〔註16〕但百戰之餘，多是老弱婦孺，青壯較少，因此，安民之初大多數人家日子都不好過。比如，南營村飯館老闆伍森之一家當年安民時，「祖父伍進德從渭南遷此，不久就死亡了。祖母寡婦，有二男一女，年幼不能生產。時化平土地荊蒿滿地，不能種植。且山裏狼豹野豬蛇蠍很多，人命時有危險。祖母開田無工具，以三寸長小鏟墾地，幾年才開出二分地來，這二分地一直保存下來，作為我們對先人的紀念。不只我家如此，當年各村貧民來到化平，所謂『老婆把犁人曳地』是很普通的。」〔註17〕平涼買家灣耆老買德明的講述更為生動，他說：「左宮保給回民發了農具紡線車。家裏沒有案板，婦女就在石板上擀麵。原來這道溝裏滿是黑刺，男人每日砍下當柴去城裏賣掉。有的樹木可當柱子，就賣給城裏人蓋房子。進城賣柴的回民，守城人要給臉上蓋戳子，出城時也得驗過。賣柴所得用以換買口糧。口糧吃不飽，還得一鐝頭一鐝頭的開地。當時的日子真難過！」〔註18〕買德明的講述細節部分尤其具體，顯然不是道聽途說之語，應該是祖輩當年的親身經歷，口耳相傳得來。從這段講述，可以想像到安民之初普通小民篳路藍縷開荒墾種的艱難場景。也正是在如此艱難的情況下，當年被安置在各處的陝甘回民，不但頑強的生存下來，而且開枝散葉，日益壯大。

〔註15〕馬長壽主編：《同治年間陝西回民起義歷史調查記錄》，西安：陝西人民出版社，1993年，第445頁。

〔註16〕馬長壽主編：《同治年間陝西回民起義歷史調查記錄》，西安：陝西人民出版社，1993年，第422頁。

〔註17〕馬長壽主編：《同治年間陝西回民起義歷史調查記錄》，西安：陝西人民出版社，1993年，第444頁。

〔註18〕馬長壽主編：《同治年間陝西回民起義歷史調查記錄》，西安：陝西人民出版社，1993年，第402頁。

二、新矛盾的產生與多樣化的管理措施

隨著安置區域內回民生產、生活的開展，一方面，社會財富和基層權力在官方主導下被重新分配，回民社會中原有的等級體系被逐漸打破，回民內部的貧富差距也被逐漸拉大，社會各階層開始不斷分化；另一方面，在日常生活中，被安置回民與周邊相鄰區域的人口又不可避免的發生接觸與聯繫，並且呈日益增多的趨勢。在這種變化、接觸與聯繫中，新的矛盾和爭鬥也開始逐漸產生和累積。這在一定程度上是官方有意而為之的產物，但更多的則是安置區域社會經濟發展的必然結果。

回民社會歷來以手握宗教權柄的掌教、阿訇等精英人群為首。這些宗教人物，比如馬化龍、馬占鰲、馬桂源、鄒保和、陳林、赫明堂、閻興春、劉秉信以等馬壽清等，戰時成為回民自然的核心與精神指歸。除此之外，在戰爭期間還有相當一部分能力出眾的強人，比如白彥虎、禹彥祿、馬文祿、馬生彥、藍明泰、崔偉等憑藉個人傑出卓越的領導才能，也成為各部回民的領袖，從而獲得了不亞於宗教精英人物的權力和威信。安民之初，為重建基層管理體系，官方指定十家長、百家長人選，掌管基層事務。舉凡劃撥土地、發給口糧、農具、耕牛等物資，大都是按村的編制由各百家長、十家長負責報領下發。「每個村裏，十家有什長，百家有百長。什長管打糧，百長管村中各事。」〔註19〕除此之外，凡申報號簽、路票以及緝拿不法等事務，亦由其負責。因此，其權力較大。左宗棠這一安民策略有削奪阿訇、頭目等原有精英人群權力，把對回民基層社會管理權重新收歸官方的意圖。因此，雖然這些戰前、戰中在回民中真正有權威的精英人群，在戰後同樣也是十家長、百家長的主要人選，但兩者並不完全重疊。新、舊勢力之間在權力的分配上存在一定矛盾和衝突，爭鬥由此發生。而最先被安置的回民，因為初到之時人少地廣，由此占得先機，比後到者佔有較多土地。因此，新、舊領導階層之間，阿訇、頭目與普通回民之間，前到回民與後到回民之間，多因為現實的利益而引發衝突。

安民之後，相當一部分宗教權威和地位沒有受到動搖的阿訇、頭目以及個別戰後成功躋身基層管理體系的能人和強人，憑藉這一特殊身份和地位，謀求到較多個人私利和財富。從而共同構成戰後安置區域內回民社會新的精

〔註19〕馬長壽主編：《同治年間陝西回民起義歷史調查記錄》，西安：陝西人民出版社，1993年，第429頁。

英人群。這其中最有名的要屬河州回首馬占鼇，自同治十一年（1872）正月就撫之後，左宗棠委託其管理河州事務，並親自奏請賞給五品頂戴花翎，授「勒而津巴圖魯」名號。正是在官方的極力培植之下，河州回族精英群體後來發展成爲統治中國西北半個世紀的回族軍閥集團。〔註 20〕又比如作爲「十八大營」元帥之一的禹得彥，在西寧就撫後被授予都司之職，並賜二品花翎武顯將之銜，授「阿巴圖魯」的稱號。部眾被安置在華亭縣十二堡子一帶後，禹得彥創辦「德盛福」商號，不久就成了集官、商於一身的著名士紳，佔有 500 百餘畝田地，兩處山莊。十二堡子一時商賈雲集，人稱西北「小上海」。此外，在華亭城內，禹家也有不少田地、商店和房產。民國五年（1916）禹得彥無常 10 週年之時，時任涇源（即清之化平廳）道尹的周務學攜平涼近百名流鉅子集體贈送「遺徽宛在」的匾額，其巨額財富與社會影響由此可見一斑。〔註 21〕

　　陳林與閻興春兩位阿訇的經歷更具代表性，兩人均在金積堡投誠，是陝西回民中較早就撫者，也是較早被安置在化平川的回民。因此，「各地的好田野大部分被此兩股人所佔有。」〔註 22〕作爲回民中少有的經、漢皆通的知識分子，陳林同樣受到左宗棠的重用，曾前往西寧參與處理陝西回民就撫事宜。安置化平後，陳林居澇池村。經過努力，同治十年（1871）獲得官批准，他在園子村籌建化平川第一座清眞寺，並任開學阿訇。〔註 23〕因此，在被安置回民之中，陳林的個人財富與宗教權威均較著名。但光緒三十四年（1908）陳林被一名叫伍七的回民刺殺，死於非命。事情緣由，有兩種不同說法：大園子村耆老伍天祥稱：「我們伍家有個名叫伍七的財東，平時與陳阿訇不睦。伍七要開磚瓦窯，被陳阿訇力阻。結果，陳阿訇在路上被伍七殺害了。」〔註 24〕陳林阿訇後人持此說法。〔註 25〕但冶家村的于建功則稱：「陳林阿訇在

〔註 20〕　許憲隆：《「聖戰」與「受撫」的困惑——反清首領馬占鼇的評價問題》，《中南民族大學學報（人文社會科學版）》2005 年第 5 期。

〔註 21〕　樊瑩：《族群如何記憶——六盤山涇河上游「陝回」族群的民族學研究》，蘭州：蘭州大學博士學位論文，2014 年，第 131～132 頁。

〔註 22〕　馬長壽主編：《同治年間陝西回民起義歷史調查記錄》，西安：陝西人民出版社，1993 年，第 415 頁。

〔註 23〕　〔清〕左宗棠：《平涼善後局馮道邦棟稟民陳林等請建清眞寺由》，見左宗棠著，劉泱泱、廖運蘭校點《左宗棠全集・札件》，長沙：嶽麓書社，1996 年，第 272 頁。

〔註 24〕　馬長壽主編：《同治年間陝西回民起義歷史調查記錄》，西安：陝西人民出版

金積堡投誠後，來到涇源開北伍家十三營的學，他把涇源的好地占得不少，因此有人不服，後來終被一教徒所殺，肚子都被人挖了。閻阿訇也是在金積堡投誠的，後來活到九十多歲，善終。」〔註26〕因爲相關文獻太少，此事曲直究竟如何，後人無法做出明確判斷。但拋開個體間的私人恩怨，從整個被安置回族群體的角度看，這種具有強烈財產標籤的命案至少表明，在被安置區域絕大多數回民都接近赤貧的情況下，這些擁有巨額個人財富的宗教特權人物，其威信和地位都受到一定程度的挑戰和置疑。因爲被安回民之間貧富差距懸殊的現實，導致彼此之間因經濟原因而產生的糾紛，並不鮮見。

安民之初，左宗棠刻意選擇那些成段連片、荒絕無人的安置區域，以便於管理，避免與周圍漢民再起衝突。但人不只是鮮活的生物有機體，更是具有主觀能動性的社會個體。因此，試圖把這些被安置人口限定在特定的地理空間裏進行圈養是不現實的，只單純解決基本的生理需求也是遠遠不夠的。這樣的一群人，必然要參與到各種各樣的社會活動之中，與周邊的人和組織發生關係。實際上，哪怕是安民之初，完全空白的大片荒絕之區也並不容易找尋。涇源（即清之化平廳）民間有左宮保向化平漢民借地十年之說，〔註27〕由此可見，即便是化平川這樣由左宗棠親自選中的最理想的主要安置之地，其實也已有部分漢人聚居。又比如安置禹得彥的華亭十二堡一帶最初是漢人居住的，「這裡有漢人的墳墓，每過年節縣裏的漢人來上墳。村裏還有『廟樓子』、『廟底下』這類地名，證明是曾經有漢人的廟宇。」〔註28〕爲了保證在地理空間上彼此互不混雜，安民之時這些原本居住於安置中心區的漢人都被官府強令遷移到其他地方。但是，對於相鄰區域的漢民來講，就不可能全部遷移，回、漢之間也不可能完全隔絕開來。同治十二年（1873），西寧各撫回被安置在清水、秦安兩縣交界處的大、小楊家川，與漢民所居松樹鎮相鄰，

　　社，1993年，第423頁。
〔註25〕 樊寶：《族群如何記憶——六盤山涇河上游「陝回」族群的民族學研究》，蘭州：蘭州大學博士學位論文，2014年，第142～143頁。
〔註26〕 馬長壽主編：《同治年間陝西回民起義歷史調查記錄》，西安：陝西人民出版社，1993年，第416～417頁。
〔註27〕 馬長壽主編：《同治年間陝西回民起義歷史調查記錄》，西安：陝西人民出版社，1993年，第432頁。
〔註28〕 馬長壽主編：《同治年間陝西回民起義歷史調查記錄》，西安：陝西人民出版社，1993年，第453頁。

雙方就曾因爭地發生糾鬥。〔註 29〕事發之後，左宗棠嚴厲斥責清水與秦安兩縣縣令辦事不力，勒令其盡快妥善處理。

　　碾伯縣屬米拉溝、巴州溝一帶〔註 30〕地處蘭州至西寧的官道旁邊，與蘭州府屬平番縣相鄰，戰前是河湟回民重要的聚居之處，人口數量相當多。同治四年（1865）正月，米拉溝回眾曾襲擾平番縣境，「屢撲平番縣城，勾通南關土著回民作爲內應，欲占城池，扼制西路門戶。」〔註 31〕該處回民人數之眾，由此可見一斑。河州戰事期間，部分就撫陝西回民及其家屬又暫居其間，〔註 32〕土客相雜，人數更眾，氣勢也更勝。西寧戰事結束後，劉錦堂以該處漢人多於回民、客回多於土回以及外逃漢民要求復歸原業爲由，奏請將土、客回民全部外遷。〔註 33〕此事得到左宗棠准許，令擇平番縣地方進行安置。但是，此事遭到安置地漢民的強烈反對，安置工作直到同治十三年（1874）仍未完成。左宗棠接獲碾伯縣令稟陳後，對平番縣令陳觀鞦進行了嚴厲地訓斥，稱：「松山、平城兩處本非該遷回舊居之所，荒絕地畝又多，安插此起回民既屬相宜，該令自不應遽准漢民所控，另撥安插。既准另撥，自應仍遵定章，踩擇妥地，又何必定擇該回原住之大小川地方安插，致令漢民有所藉口。」〔註 34〕陳觀鞦稟稱安置回民與漢民處處爲鄰一由，顯然與左宗棠所稱松山等處荒絕地畝頗多兩相矛盾。左宗棠統領西北一切軍地事務，手握生殺大權，地方官員膽敢拖延不辦的可能性不大。而對於地方情形，左宗棠顯然沒有縣令清楚，兩者相較，陳令所說法應該比較可靠。因此，安置回民的實際困難遠比想像的要多。回民舊居之地經過戰亂已有漢民居住，而官方用來

〔註 29〕　〔清〕左宗棠：《秦安縣程令履豐稟安插撫回悉在屬境並無推諉情形由》，見左宗棠著，劉泱泱、廖運蘭校點《左宗棠全集·札件》，長沙：嶽麓書社，1996年，第 325 頁。

〔註 30〕　今青海民和回族土族自治縣李二堡鎮與核桃莊鄉境內。

〔註 31〕　同治四年（1865）六月初七日（庚子）熙麟陶茂林奏，見〔清〕奕訢等編修《欽定平定陝甘新疆回匪方略》卷一〇五。

〔註 32〕　同治十年（1871）七月十六日（甲辰）成祿奏，見〔清〕奕訢等編修《欽定平定陝甘新疆回匪方略》卷二四七。

〔註 33〕　〔清〕左宗棠：《劉京卿稟米拉各溝漢多於回請遷移土客各回由》，見左宗棠著，劉泱泱、廖運蘭校點《左宗棠全集·札件》，長沙：嶽麓書社，1996年，第 331～332 頁。

〔註 34〕　〔清〕左宗棠：《平番縣陳令觀鞦稟安插回民與漢民處處爲鄰究應如何辦理請示由》，見左宗棠著，劉泱泱、廖運蘭校點《左宗棠全集·札件》，長沙：嶽麓書社，1996年，第 343 頁。

安置回民的荒絕之區，亦非盡爲空地。遷移與安置之間，因爲爭地等原因，又多有衝突與矛盾產生。

狄道馬榮一起甘籍土回，地方官曾三次上書稟陳原因，左宗棠對相關問題的處置，也很有代表性。馬榮別名牟佛諦，居狄道州北莊村，大概是該村回民頭面人物，在地方上有一定的影響力。北莊村在狄道州城東南，距城三里許，是個回民巨堡，「樓堞高聳，崇墉屹立。前此雖克州城，而北莊未能攻拔，致爲厲階。」〔註 35〕同治九年（1870）六月初清軍攻克狄道州城後，以馬榮爲首的北莊數百數民開門乞撫，後被安置在本州境荓臺一帶復業。同治十二年（1873），馬榮請求返回原村，左宗棠以原村早飭平毀爲由，飭令狄道州牧另外擇地，妥爲安置。另外，「其原籍祖墳，准其自行抛踩丈尺，釘立界石，由該署牧出示禁止侵佔平毀，具結備案。」〔註 36〕馬榮等人在本州境內安置，離故土應該不遠。左宗棠飭地方官妥善保護回民祖宗墳塋，處理較爲人性化。但對其返回原住處之請，則堅決拒絕，其首要原因當然不是北村已盡平毀，而是對當初該村堡堅深鑿攻取不易心存忌憚。同治十三年（1874），馬榮因私自修築圍牆被人告發，左宗棠雖然認爲「漢人藉詞謂其意存叵測，妄思傾陷，殊屬可惡。」但因爲馬榮「從前築立堅堡，與城並峙」等因，對其新築圍牆之舉相當警覺，飭令州牧喻光容詳細查訪，並予以拆毀。〔註 37〕光緒二年（1876）喻光容就此事又復稟陳，稱所築圍牆僅平毀一半，左宗棠慮其築屋所處係屬荒野「准稍留餘牆，安門啓閉。此後倘敢私將牆身加高及加築牆院，應即稟請從重治罪。」此外，對藉端誣告漢民亦予以嚴斥，對於沒有及時稟報並代爲求免的回目馬致高，則摘去頂戴，嚴加議處。〔註 38〕

〔註 35〕 〔清〕左宗棠：《南路官軍克復渭源狄道兩城並牟佛諦堅堡摺》，見左宗棠著，劉泱泱、廖運蘭校點《左宗棠全集·奏稿四》，長沙：嶽麓書社，1996 年，第 341 頁。

〔註 36〕 〔清〕左宗棠：《狄道州喻牧光容稟撫回馬榮請歸故土情節由》，見左宗棠著，劉泱泱、廖運蘭校點《左宗棠全集·札件》，長沙：嶽麓書社，1996 年，第 318 頁。

〔註 37〕 〔清〕左宗棠：《狄道州喻牧光容稟回民馬榮所築圍牆情形由》，見左宗棠著，劉泱泱、廖運蘭校點《左宗棠全集·札件》，長沙：嶽麓書社，1996 年，第 345 頁。

〔註 38〕 〔清〕左宗棠：《狄道州喻牧光容稟回民馬榮等擅修牆院取結永不違犯由》，見左宗棠著，劉泱泱、廖運蘭校點《左宗棠全集·札件》，長沙：嶽麓書社，1996 年，第 382 頁。

同治十三年（1874）底，西寧大通發生回民馬福壽、馬祿二人挾私仇互誣案，後經審訊查明事實。按例二人均應以「誣告之人擬斬監候，秋審應入情實。」但在具體處理中，左宗棠認爲此二人到案後照實供述案由，且均爲新就撫回民，又同以謀叛誣告，與一般惡意設端陷害者不同。因此，奏請「從寬減等，議擬發往煙瘴地方充軍。」至具體流徙地點，照例應發往雲、貴地方。考慮到此二處回族人口眾多，爲免日所滋生事端，左宗棠奏請權爲變通，照安置回民親屬章程，將二人分別發往福建和廣東兩省極邊地方安置。〔註39〕

從此類事件的處理來看，左宗棠對不同人員採取了不同的處置方法：對回民的總體原則是強調遵章守法，禁令不可違，但又稍兼及人情；對藉端生事的漢民雖嚴加斥責，但更側重於訓誡，一般並不追究實際責任；對負有管理職責的地方官員，則處罰相當嚴厲，毫不留情。總體上來看，這些針對不同人群的不同處置方式，既堅持既定的章程原則，又多有法外關照之處。可謂情法兼備，寬嚴相濟，靈活變通，講究實用。其目的當然是要安撫土、客各回和與之鄰近的漢民，以減少事端，盡快平息時局。趙維璽認爲，左宗棠在涉及民族糾紛問題上，「採取了較爲審慎的態度，尤其是戰爭甫息之時，民族關係始終是影響西北穩定的重要因素，對就撫回民而言尤爲如此。」〔註40〕這一判斷是相當有見地的。

作爲最高執事者，左宗棠當然知曉善後處置的複雜性，很多問題顯然不是，或者至少不完全是地方官員拖延所致。但彼此西北戰事未平，軍地事務皆從亂如麻，只有鐵腕高壓手段效率最高，可以在規定時間內完成相關工作。遇有問題，尤其是涉及民族關係的棘手問題，既不能對回民過於苛責，又無法對漢民過於嚴厲。唯一可以做的就是一切事由皆問責地方官員，強令解決所遇問題，不許推諉拖延。或許也正因爲如此，很多情況下，表面形式的完成並不代表問題真正得到妥善的解決。隨著安置區域生產生活的展開，原來被強行壓制的矛盾仍會慢慢現露出來。

〔註39〕〔清〕左宗棠：《狄道州喻牧光容稟回民馬榮等擅修牆院取結永不違犯由》，見左宗棠著，劉泱泱、廖運蘭校點《左宗棠全集·札件》，長沙：嶽麓書社，1996年，第382頁。

〔註40〕趙維璽：《湘軍集團與西北回民大起義之善後研究》，上海：上海古籍出版社，2014年，第95頁。

三、制度層面的調整與國家管控的延伸

戰後遷民安置工作雖然涉及人員眾多，頭緒煩瑣而複雜，但這些所有人都可以看到的表面工作，只不過是全部安置工作中的一小部分。爲了加強對安置人口的管理和控制，防範日後出現新的糾紛和爭鬥，並確保國家權力在地方的實現和執行，移民安置的同時，左宗棠又在行政建置、軍隊佈防及基礎設施等方面，進行了較多的籌謀與調整。這些制度層面的改變，雖然有些屬戰時應急措施，因矯枉過正，清末民初即遭到廢改。但更多的則一直持續到今天，對後世產生相當重要的影響。

與內地相比，甘肅控制遐遠，地域遼闊，而行政建置稀疏。很多州縣，邊遠地方距離各行政中心過於懸遠，由此導致官府政令難行，管控乏力。左宗棠認爲入清以來，新教廣爲傳播並與官方在基層爭奪對小民的控制權，與此有直接的關係。對此他有極爲精闢地論述，稱：「建置太疏，多留罅隙，民間堡寨團莊距州縣治所近者百數十里，遠或數百里，又且犬羊交錯，經界難明，漢與回既氣類攸殊，回與回亦良匪互異，治理乏員，鎮壓無具，奸宄萌蘖，莫拔其芽，遂爾變亂滋生，浸淫彌廣。」〔註41〕如隴東三府二州（寧夏、平涼、慶陽三府與秦、涇二州）面積廣至 11 萬平方千米，州縣一級建置僅有 24 個。與之相比，關中三府二州（西安府、同州府、鳳翔府、乾州和邠州）僅 5.7 萬平方千米，州縣級行建置卻有 42 個，兩者相比極爲懸殊。〔註42〕隴東作爲戰後西北客回最主要的安置地點，在行政建置上進行相關調整，以加強管控，是與移民安置同時進行的重要工作。

在所有這些調整之中，最重要的是在化平川這一核心的安置區增設化平直隸廳，對安置回民進行集中管理。同時，對周邊行政建置作相應調整。比如，提升固原州爲直隸州、析置平遠、海城二縣，在金積堡增設寧靈撫民同知，在下馬關增設知縣，將鞏秦階道駐地由岷州改爲秦州以及新增固原硝河城分州、安化董志原分縣、海城打拉池分縣等數個分徵佐貳轄區等。通過設置新的直轄政區、增加新的管理職位、提升原有政區的行政級別、遷改行政治所等手段，客觀上起到了減小行政轄區範圍，增加行政區劃密度，縮短管

〔註41〕〔清〕左宗棠：《升固原州爲直隸州添設下馬關知縣並改鹽茶廳同知爲知縣摺》，見左宗棠著，劉泱泱、廖運蘭校點《左宗棠全集·奏稿五》，長沙：嶽麓書社，1996 年，第 420 頁。

〔註42〕面積數據來源於中國歷史地理信息系統（CHGIS）V4 1820 年府級邊界圖層。

理距離和層級的效果，從而使得皇權對基層直接管控的能力得到下沉和空前加強。現分述如下：

（一）在平涼府轄境南部析置化平直隸廳

化平川作為戰後回民最集中和最主要的安置區域，雖然基本符合左宗棠的安置要求，但是，其地偏僻，距離周圍各州縣治所均較懸遠。又地勢高亢，為眾水發源之所，這給管控帶來極大不便。〔註43〕同治十年（1871）十一月，左宗棠奏請劃平涼、固原、隆德、華亭四州縣交界之地，分設化平直隸廳。其轄境「東南擬自四溝嶺起，至羊套梁、老虎崖、黃家瓦山一帶分界，向係平涼、化亭舊界；東北擬自土窯子石起，至錢家窯、董家川、鹽池河一帶分界，向係華亭、固原舊界；西北擬自鹽池河起，至香水庵、龍江峽、關山一帶分界，向係華亭、隆德舊界，其鹽井一眼，擬劃歸化平廳管轄；西南擬自關山至後麥子坪、龍台山、石嘴子河一帶，與華亭縣分界。」並奏請將原化平通判一缺，作為化平廳撫民通判，統管全廳大小事務。復照成例，添設照磨一缺，作為要缺，〔註44〕訓導一缺，內外揀調。新設化平營都司一職，亦屬要缺。〔註45〕除此之外，舉凡廳屬錢糧賦稅、〔註46〕科舉學額〔註47〕等一應事務亦妥議報批。所奏經吏部議准後執行，其撫民通判定為「繁疲難」三字要缺，歸平慶涇道管轄。

按清代成例，凡要缺人選，均應在外揀選，不得由內指派。〔註48〕其用意在於選調才技優長，有實際管理經驗，諳練地方事務的人員擔任。新置化平廳所轄盡為被安置客回，非一般地方可比，職責人選尤為緊要。即使照磨

〔註43〕 化平廳城北距固原州城約 80 千米，東距平涼府城約 45 千米，南距華亭縣城約 62 千米，西距隆德縣城約 44 千米。涇源縣志編纂委員會編，李子傑主編：《涇源縣志》，銀川：寧夏人民出版社，1995 年，第 35 頁。

〔註44〕 照磨即「照刷磨勘」的簡稱，隨置於元朝，掌管磨勘和審計工作。清代為省、府之中均有照磨一職，秩從正八品到從九品不等，職責相似。

〔註45〕 〔清〕左宗棠：《奏為籌備新設化平廳各項事宜事》，同治十年（1871）十一月十八日，檔案號：03-5090-002，中國第一歷史檔案館藏。

〔註46〕 左壽崑：《稟請劃撥錢糧細數變通辦理》，見光緒《化平直隸撫民廳遵章採訪編輯全帙》。

〔註47〕 《吏部等部會議陝甘總督左奏勘定分撥新設化平廳轄境擬定文武缺次擬添設文武屬員摺》，光緒《化平直隸撫民廳遵章採訪編輯全帙》。

〔註48〕 〔清〕左宗棠：《請以周錫文補授化平川直隸撫民通判摺》，見左宗棠著，劉泱泱、廖運蘭校點《左宗棠全集·奏稿七》，長沙：嶽麓書社，1996 年，第 107 頁。

這種完全不入流的從九品小官，左宗棠亦極爲謹慎，所有人選均親自過問。首任化平通判經左宗棠舉薦後由候補知縣湖南長沙縣人左壽崑署理，掌權篆四年，民國縣志稱其「於時榛莽初闢，教養方興，除暴安良，政平訟，理瘡痍，小民常樂永康，承平致福，功莫大焉。至今士民歌頌弗衰，稱爲名宦。」〔註49〕由此可見，地方士紳對左壽崑的評價頗高。但是，在左宗棠的眼中，「左壽崑在平化毫無政績，一聽撫回出外，濫給路票。」令摘其頂戴。〔註50〕光緒二年（1876），揀派候補知縣湖南寧鄉人周錫文代理其職。縣志成書於民國二十八年（1939），由本縣回紳張逢泰等主持纂修。此時改朝既久，左壽崑又非本籍，修志者當然沒有必要刻意阿諛奉承。由此推測，左壽崑主政期間，即使沒有太多功績，至少沒有留下惡名。大亂之初，既定的地方政令原則以高壓爲主，左宗棠之所以對其不滿，大概是因爲左壽篆爲政，對寬嚴尺度把握地不夠到位。化平前兩任通判，均由左宗棠親自選定，且均爲湘籍，由此可見，左宗棠對安置回民後續管理的重視和審愼。

（二）在平涼府轄境北部析置固原直隸州，並在固原州內做相關調整

平涼府轄境呈豎條狀，南北長約 230 千米，東西寬僅 130 餘千米。該府府治及所屬州縣，除固原州與鹽茶廳兩處外，其他均集中於僅占府轄境 1／4 的南部一隅。自府城往北直達寧夏境內，中間廣袤八九百里，山谷複沓，人煙稀少。左宗棠認爲，在這樣一個廣大區域內，僅有固原州與鹽茶廳兩個行政建置，「轄地太寬，漢、回錯處，審理詞訟，則人證難於拘傳，徵收錢糧，則地丁無從按核，諸務叢脞，職此之由。」而且，回俗向重阿訇，日久地方事務轉由阿訇把持，回民不復知有地方官。因此，「欲籌平、慶、寧夏久遠之規，非添設縣治，更易建置不可。」這一地區面積廣闊，原有建置較少。爲安置回民，政區調整較多，也比較複雜。現將主要變動簡述如下：〔註51〕

1、昇平涼府屬固原州爲直隸州，隸平慶涇道管轄，不受平涼節制，轄有原平涼府中北部區域；

〔註49〕民國《新編化平縣志》卷二《職官志》。

〔註50〕〔清〕左宗棠：《與劉克庵（1244）》，見左宗棠著，劉泱泱、廖運蘭校點《左宗棠全集·書信三》，長沙：嶽麓書社，1996 年，第 52 頁。

〔註51〕〔清〕左宗棠：《升固原州爲直隸州添設下馬關知縣並改鹽茶廳同知爲知縣摺》，見左宗棠著，劉泱泱、廖運蘭校點《左宗棠全集·奏稿五》，長沙：嶽麓書社，1996 年，第 420 頁。

2、在固原城北 240 里下馬關增設平遠縣，由知縣統管轄境事務，同城設
　訓導、典史各一員，營汛沿襲舊制。

3、原靈州屬回民巨堡同心城設巡檢分駐，司緝捕，歸平遠縣管轄；

4、在固原西南硝河城要隘設固原直隸州判分駐，劃明界址，專城分治，
　負責轄境命盜、詞訟、錢糧、賦役等事務；

5、撤銷原平涼府鹽茶同知一缺，改設海城知縣。撤所屬照磨一缺，改設
　典史，並添設訓導一員，專司教化；

6、原鹽茶同知轄境迤西打拉池地方，添設縣丞一員，劃分界址，負責轄
　境命盜、詞訟、錢糧、賦役等事務。

在實地勘察的基礎上，固原知州會同委員陳日新等對所轄地界進行了明
確的劃分。比如硝河城州判轄地：自東而北，由張家莊起至下哈馬溝、楊芳
城、大岔山分界；自西而南，由東崖窪起，至陳家堡、新店子、單家集分
界；自南而東，由韓溝堡起，至馬家大岔、黑虎溝、馬家陽坳分界。東西自
黑虎溝至陳家堡止，約距 90 里；南北自楊芳城至單家集止，約距 65 里，計
四圍約 250 里。又如平遠縣北界與寧靈接壤處，「因寧靈轄地較蹙，劃同心城
北界，同心城、新莊子集、韋州堡等處，均撥歸平遠縣管轄。」〔註 52〕這一
調整，除在原平涼府北部劃分出固原直隸州外，又由原來固原州和鹽茶兩
個行政建置增加至固原直隸州、平遠縣、海城縣、硝河城州判、打拉池縣
丞以及同心城巡檢司 6 個建置。同時，還把寧夏靈州所屬同心城劃入固原直
隸屬，以分其勢。經過這一系列的調整，極大地增加了平涼、寧夏兩府交
界地帶的建置密度，明確劃分了管轄區域和職責，有效增強了對原來偏遠之
區的管控。

（三）在寧夏府靈州轄境西南金積堡析置寧靈廳

金積堡地屬靈州，東達花馬池，南達固原，迤北毗連中衛，襟帶黃河，
雄踞邊要，地屬形勝，戰略位置極其重要。左宗棠認為，馬化龍之所以能在
金積堡形成氣候，長期與官府相抗衡，和該堡的地理位置有直接關係。金積
堡與州城相距遠至百餘里，鞭長莫及，地方政令通行不暢。由是，基層治權
逐漸被回民首領侵奪，而回民畏其所管頭目甚於畏官。因此，戰後金積堡一

〔註52〕　〔清〕左宗棠：《鹽茶固原新設州縣籌辦各事宜疏》，見左宗棠著，劉泱泱、
　　　　　廖運蘭校點《左宗棠全集・奏稿五》，長沙：嶽麓書社，1996 年，第 518 頁。

帶政區調整策略是設官駐兵進行管控。同治十一年（1872）二月，左宗棠奏請將原來專司寧夏水利一職的水利同知，改為寧靈廳撫民同知，賦予管理所有漢、回民人盜命重案及一切戶婚田產詞訟等民政和行政事務的權限，駐紮金積堡；同時，添設靈武營參將一員，掌管軍政事務，附駐彈壓。所有事務，「由寧夏府核轉申詳，以專責成而一統紀，回目不准與聞……其寧夏水利一節，原地方官應辦之事，即歸府縣經理。新設靈武營，應歸寧夏鎮總兵管轄。」〔註53〕寧靈撫民同知直接受寧夏府管轄，靈武營則直接聽從於寧夏鎮。這一職官設置，實際上是在金積堡增設了寧靈廳這樣一個新的建置，轄有原靈州西南部區域。宣統《寧靈廳地理調查表》顯示，該廳下轄40個城鄉聚落，共5,245戶，41,735人。其中金積堡即為附城，在廳城東北。「堡內有方廟一所，井八口」〔註54〕

（四）在慶陽府轄境內析置董志原縣丞

董志原即唐之彭原，在慶陽府馬蓮河西岸，安化縣城西南，延袤數百里，地沃民豐，號隴東糧倉。當地民諺稱：「八百里秦川，還不敵董志原邊邊」。〔註55〕董志原一帶，自漢迄宋歷有彭陽縣建置，但自元代廢棄後，就再未曾設縣級建置。其地由安化、寧州、鎮源三州縣分轄。董志原核心地帶自北宋始設有董志鎮，清道光後雖設巡司與把總，但因與三州縣治所均相距懸遠，管控不易。

陝西回民西遷進入甘肅後，曾長期屯聚董志原，號稱「十八大營」。〔註56〕因為人口陡增，期間曾發生嚴重糧荒。如同治七年（1868）麥熟後，回軍搶先刈割，民人僅「撿拾遺穗餘粒，少延殘喘，遂致斗粟賣錢八串，後至十二串亦無可買之處，餓殍載道，人獸相食，其慘不可勝言。」〔註57〕董志原爭奪戰是同治西北戰爭中甘肅戰區第一場硬仗，雙方死傷慘重，左宗棠對此印象極為深刻。戰後反思，他認為董志原「因向未設官吏，故錢糧詞訟，一切

〔註53〕〔清〕左宗棠：《籌辦金積堡善後事宜摺》，見左宗棠著，劉泱泱、廖運蘭校點《左宗棠全集·奏稿五》，長沙：嶽麓書社，1996年，第207～208頁。

〔註54〕〔清〕饒守謙編：《寧靈廳地理調查表》，甘肅省圖書館藏，索書號：675.75／117.79。

〔註55〕單化普：《陝甘劫餘錄》，見中國史學會編，白壽彝主編《回民起義》第4冊，上海：神州國光社，1952年，第314頁。

〔註56〕韓敏：《董志原十八營元帥事蹟考》，《回族研究》1993年第2期。

〔註57〕民國《重修靈臺縣志》卷三《風土志·武備》。

經理乏人，民多不便；且政教不行，奸宄易於藏匿，關係非小。」因此奏於舊有經制外委一員外，添設董志縣丞繁要一缺，會同巡緝，並負責徵收錢糧刑名等民政事務。復設訓導一員，俾資化育。其他應募書役等人及官俸按例支取。其轄境及錢糧額數亦均有詳確劃分。〔註58〕

（五）其他相關調整

1、平慶涇道衙署從固原州城移駐平涼府城

平慶涇道初爲整飭固原道，設於順治二年（1645）。〔註59〕駐固原，轄靜寧、隆德等處，兼管屯田、驛傳等事務。其名稱先後多有變化，乾隆四十二年（1777）升涇州爲直隸州後改爲整飭平慶涇等處驛鹽兵備道。〔註60〕同治戰後，左宗棠認爲固原地勢居中扼要，已有陝西提鎮駐此，「倘平慶涇道亦駐固原，則北路偏重而東西路轉輕，於局勢似有未合，應將平慶涇道仍建平涼爲道所，爲常駐之所，庶幾左提右挈，如有攸宜，而北距固原二百餘里，南距陝西各邊二百餘里，均資鎮壓，無鞭長莫及之患。」〔註61〕名稱亦改爲平慶涇固化道。

2、鞏秦階道衙署從岷州城移駐秦州城

鞏秦階道初爲整飭洮岷兵備道，與整飭固原道一樣，同爲順治二年（1645）五月置。駐岷州衛，管洮、岷二衛及漳、成兩縣屯糧和驛傳。〔註62〕其後名稱亦多有變化，乾隆二十八年（1763）九月，改名爲鞏秦階道，全稱分巡鞏秦階道兼理茶馬屯田事務，兼管驛務。〔註63〕該道轄境之內「自安定迤南逾漳縣以達洮、岷，袤延數百里，山徑紛歧，」所在皆爲狄河回民出沒之區。〔註64〕而北部清水、秦安等處，回族人口尤多。同治西北戰爭爆發後不久，清水縣張家川與秦安縣蓮花城等處的回民就群起響應。鞏秦階道即由岷州移駐秦州，以資彈壓。戰後秦州北部與平涼交界處爲回民主要安置區域，「人稠地密，彈壓稽查，較往昔倍形吃重。加以秦、清一帶撫回遠出貿易定

〔註58〕〔清〕左宗棠：《會勘董志原地方擬設縣丞駐紮摺》，見左宗棠著，劉泱泱、廖運蘭校點《左宗棠全集・奏稿五》，長沙：嶽麓書社，1996 年，第 245 頁。

〔註59〕《清世祖實錄》卷一六，「順治二年五月丁亥」條。

〔註60〕《清高宗實錄》卷一○八九，「乾隆四十四年八月戊寅」條。

〔註61〕〔清〕左宗棠：《奏請平慶涇道員衙署仍建平涼以資鎮壓事》，同治十一年（1872）二月十五日，檔案號：03-4777-006，中國第一歷史檔案館藏。

〔註62〕《清聖祖實錄》卷三一，「康熙八年十二月庚午」條。

〔註63〕《清高宗實錄》卷六九五，「乾隆二十八年九月癸丑」條。

〔註64〕同治九年（1870）四月十七日（癸丑）左宗棠穆圖善奏，見〔清〕奕訢等編修《欽定平定陝甘新疆回匪方略》卷二一九。

章，責成道員給發護照，隨時稽察。」〔註65〕基於此，陝甘總督楊昌濬於光緒十四年（1888）奏請，將鞏秦階道駐地援照平慶涇道成案，改駐秦州。此事經部議後，照准施行。〔註66〕

　　圖7.2是用泰森多邊形模擬的戰後行政區劃，該示意圖比較直觀地展現了戰後地方管轄區域縮小加密的情況。

圖7.2　泰森多邊形表達的戰後隴東政區調整

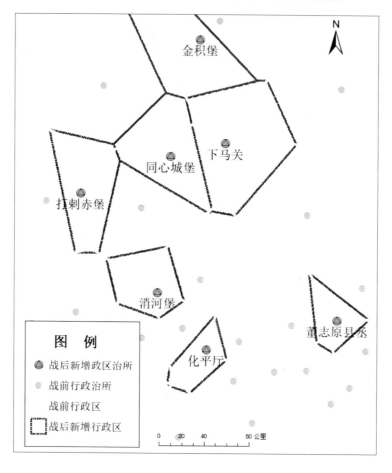

　　清代重建分守道、分巡道體系後，守、巡道員在法律上屬於省級行政機構官員群體中的一部分，並沒有自己獨立的行政機構和行政層級，實際上只

〔註65〕中國第一歷史檔案館：《光緒朝朱批奏摺》，北京：中華書局，1995年，第115輯，第785頁。

〔註66〕《清德宗實錄》卷二七五，「光緒十五年十月庚寅」條。

是省行政機構的派出官員，管理區域也僅是監察區。與地方府州廳縣相比，道屬所有事務均由道員個人掌管，除了書吏、幕僚等有限輔助人員外，並無佐貳等官協助。〔註67〕儘管如此，道員是省的正四品派出官員，其級別要比從四品的知府略高。另外，道員所轄區域也涵蓋了多個州府級地方政區。戰時緊急狀態下，「道」這樣一個建置就成為在一個較大區域內協調處理相關事務的重要平臺，道員也由此獲得了較平時更多的職責和權力。

　　從陝甘總督楊昌濬所奏來看，同治西北戰爭期間及戰後較長一段時間內，給發護照這種雖非定規但卻極為重要的工作就由道員承擔，顯然其權力較平時有所擴大。個別人物更是因為軍功等原因，以道員為任途進階，這在一定程度上也提高了「道」的地位。比如，湖南邵陽人魏光燾，早年投在曾國荃營中，後隨左宗棠入甘，負責辦理營務，因軍功加二品頂戴，擢平慶涇固化道員。後累官至新疆巡撫、兩江總督以及及總理各國事務衙門大臣等職。同治戰後道駐所地在空間上趨往安置區域的遷移，是官方在制度層面上對地方加強管控的關鍵一環。更為重要的是，平慶涇固化道與鞏秦階道的實際運作經驗也擴大了道的職能，提升了道的地位，可能為晚清以後道成為真正的地方行政建置，即省－道－府廳州縣三級制的形成，起到了一定的促進作用。

　　除了行政建置方面的調整，左宗棠還對各緊要之處駐防軍隊進行了極為系統和周密的布置，對早已腐敗不堪的兵制進行了較為有效的變革。同時，在軍事要區整修池垣、道路、橋樑、關隘等基礎設施，強化防禦依託。〔註68〕所有這些制度層面的調整和相關變革，是戰後特定時段內官方高壓強制政策的具體體現。這些變革極大地增強了國家對地方的管控能力，對大亂之後官方政令有效推行，盡快穩定人心，迅速恢復社會秩序等起到了積極的作用。比如，以固原直隸州及所屬行政建置為核心，通過北部於金積堡新置的寧靈廳和南部於化平川新增的化平廳、董志原新增的董志原縣丞等，把整個隴東三府二州回民聚居及安置之區完整地聯繫在一起。與此同時，行政的格網又與平慶涇道和鞏秦階道等的監察格網，以及軍隊佈防的格網錯雜交織在一起，共同形成了一個立體的分層交叉的大格網。並且，這樣的格網又與「十家

〔註67〕　傅林祥：《清康熙六年後守巡道性質探析》，《社會科學》2010年第8期。
〔註68〕　趙維璽：《湘軍集團與西北回民大起義之善後研究》，上海：上海古籍出版社，2014年，第131～173頁。

長和百家長」基層管理體系鉸合在一起，官方的權力由此得以深入到最基層的每一家、每一戶和每一個人，最終形成對安置區全體人口的完全管控。

以上制度層面的調整，尤其是行政建置的調整，作爲戰時應急措施，從清廷立場看，還是相當有效的，基本上達到了預期的目的。但是，這些調整多過偏重於地理空間要素的考量，有意無意忽略了自然環境與人文環境的制約，長期的效果比較有限。一個地區行政建置趨於完善和穩定，是這一區域的開發基本成熟的重要體現。〔註69〕因此，行政區劃的設置和區域開發尤其是和「人口」這一區域開發的主體，有直接關係。一般情況下，人們總喜歡集聚在那些自然條件優越，人文環境適宜的區域，厭棄並遠離那些條件相反的區域。自然環境和人文條件的差異造成了人口在空間分佈上必然是極不均衡的。以平涼府爲例，同治以前絕大多數的行政建置都集中在該府轄境南部1／4 處，造成這一現象的原因主要是北部自然環境惡劣，人口稀少。戰後左宗棠在這一區域內添設平遠縣、同心城巡檢、打拉池縣丞，復改鹽茶廳爲海城縣，其建置密集程度不亞於平涼府南部。

添設、提升行政建置，意味著需要增加一定數量的官員、幕吏及書役等公雜人員，需要修建城堡、衙署、監獄以及倉庫、祠廟等公用設施。而所需費用絕大部分都要由當地支出，這對於這些原本地瘠民貧，人口稀少的地區來講，是極爲沉重的負擔。除此之外，在具體選址上，部分地方也迫於戰局，過於倉促，缺乏長遠考慮。這些背離實際的建置，後多遭廢棄。比如，打拉池縣光緒年間曾發生驛站驛夫違例請人代送公文案，該縣丞自述原委時有，「卑縣丞地處偏小，山多田少，加之去歲歉收，實在勸借維艱」〔註70〕諸語，由此可見其辦公經費的緊張狀況。民國元年（1912），因管糧不多，地面狹小，歸併靖遠縣；〔註71〕董志原縣丞的情況類似，分駐縣丞之後，董志原北十餘里的西峰鎮臨近溝頭，不但取水方便，而且水質更優，商賈輻輳，日趨繁華，遂成慶陽中心。而董志原鎮則日趨衰落，最終於民國二年（1913）

〔註69〕 譚其驤先生在浙江的研究實踐已經充分證了這一點。請參見譚其驤撰《浙江省歷代行政區域——兼論浙江各地區的開發過程》，《長水集》（上），北京：人民出版社，1987 年，第 403～404 頁。

〔註70〕 西寧府正堂兼護西寧兵備道：《爲嚴緝打拉池縣驛夫遺失股票印收文件事致循化廳》，光緒二十五年七月十九日，檔案號：07-3866，青海省檔案館藏。

〔註71〕 《海原縣志》編纂委員會編著：《海原縣志》，銀川：寧夏人民教育出版社，1999 年，第 2 頁。

裁撤，歸併入安化縣。〔註 72〕平遠縣的案例更有代表性，該縣治所初置於下馬關，在金積堡南偏東甜水河最上源，是明長城固原鎮重要關隘，雖然戰略位置重要，但其地不論自然環境還是交通條件，都遠沒有西南方位於清水河邊的同心城（半個城）優越。當初於此置縣僅僅因爲下馬關城池保存較爲完整，不必另外修築城池衙署，所需費用較低。〔註 73〕該縣民國年間曾先後改爲鎮戎縣、預旺縣等，及至民國二十七年（1938）四月，縣治終遷同心堡，改名同心縣，〔註 74〕下馬關遂被徹底廢棄。〔註 75〕

第二節　官方對歷史的書寫與不同群體的社會記憶

歷史從來都是勝利者的歷史，對於同治年間的西北戰爭來講，唯一的勝利者只有皇權與朝廷。其他捲入戰爭的任何人，不論地方官僚士紳、軍人平民、回民漢人這種抽象的群體，還是張芾、劉松山、馬正和、白彥虎、余彥祿以及更多普普通通鮮活的個體，不論是所謂的勝利者還是失敗者，最終，實際上都是戰爭的受害者。在戰後重建過程中，只有作爲勝利者的朝廷才有權力表述自己，其他任何人都是被表述的對象。在這樣一個過程中，勝利者的標準是確定某一類人群或個體在表述中存在或者消失、突出或者弱化以及褒揚或貶抑的唯一標準。而勝利者對歷史書寫的管控，不僅僅只是權力的體現，而且也是權力的運作，其最終目的是通過「重建權力的歷史記憶而使之成爲社會控制的手段」。〔註 76〕所以，在戰後複雜與漫長的重建過程中，作爲唯一勝利者的朝廷，除了通過繁雜嚴苛的律令、規章和層級分明的管理體系對失敗者的人身進行管控外，它還力圖通過文化重建的方式，宣揚和灌輸自

〔註 72〕　姚自昌：《董志原今昔考》，《西峰文史資料》第 2 輯，1996 年，第 33～38
　　　　頁。

〔註 73〕　〔清〕左宗棠：《升固原州爲直隸州添設下馬關知縣並改鹽茶廳同知爲知縣
　　　　摺》，見左宗棠著，劉泱泱、廖運蘭校點《左宗棠全集·奏稿五》，長沙：嶽
　　　　麓書社，1996 年，第 420 頁。

〔註 74〕　《民國政府公報》渝字第 64 號（1938 年 7 月 9 日），第 15 頁。

〔註 75〕　晏波這一時期隴東南的政區調整問題做過系統全面的論述，尤其對董志原縣
　　　　丞的廢置經過、原因及相關問題，論述頗詳，爲我們展現了政區調整背後多
　　　　方博弈的複雜過程。詳請參見晏波《近代甘肅東南地區政治地區研究》，上海：
　　　　復旦大學博士學位論文，2012 年，第 45～94 頁。

〔註 76〕　樊瑩：《族群如何記憶——六盤山涇河上游「陝回」族群的民族學研究》，蘭
　　　　州：蘭州大學博士學位論文，2014 年，第 93 頁。

己的正統價值體系，重新塑造所有戰爭參與者的群體社會記憶，並按照自己意願重新詮釋和書寫歷史，維繫政權合法性，最終達到強化統治的目的。

一、官方的文化重建與歷史書寫

　　文本敘事是歷史書寫的主要載體，也是文化重建的主要內容。而由官方主導的正史、官書以及地方史志則是文本敘事的主要組成部分。正史、官書由朝廷主持進行編纂，既是官方歷史敘事的標準範式，也是國家意志和正統觀點的集中體現。地方史志作為地方精英群體話語權的物化，雖然僅是記述某一地方自然、社會等方面歷史和現狀的資料性著述，但同樣也是宣揚正統價值觀念的重要載體。〔註77〕陝甘督總楊昌濬在光緒《重修皋蘭縣志》的序言中寫到：「雖志一邑之志，而通省之典章、文物，胥於是乎在。窺一斑可見全豹焉，足以徵信何疑。夫一方之政治，關係一省之坊表，非即風之自近而及遠者耶？予服比部之敏贍，而樂觀厥成也，促付乎民，將來登之國史，於以觀風徵俗，益欽聖化之漸被無涯，不慕懿歟！」〔註78〕由此可見，官修志書雖然以記載典章、文物等邑內諸事為主，但記事的最終目的和指向極其明確，那就是要觀風徵俗、益欽聖化。大戰之後，地方史志在這方面的作用更為突出。西寧知府鄧承偉戰後組織幕僚編纂府志時，對修志目的講得更為直白，他在書序稱：「若夫陣亡將弁，與難官紳，捐軀士民，殉節婦女，浩氣英風，忠肝義膽，皆足為郡邑生色，倘不及時採入，勒為成書，恐其後久而無聞。此續志之修，所以不容已也。」〔註79〕因此，同治西北戰爭結束後，編修正史志書成為官方文化重建與歷史書寫工作中最重要組成部分。

　　官方文本中，《欽定平定陝甘新疆回匪方略》、《平定關隴紀略》、《平定回疆剿擒逆裔方略》等官書與《左宗棠奏稿》、《劉松山手札》等半官方個人著述，是記錄西北戰爭的綱領式文件。在這些文本中，內容凡涉及回民之處大都以「回匪」、「回賊」、「回寇」、「逆回」等污名相稱。這些被打上歷史罪名標籤的稱謂，也成為晚清及民國早期的他者記敘中，有關西北回族群體臉譜化的歷史形象和標準化的敘事範式。污名和貶損之外，文本敘事的另一個重要功能是安撫與旌表。在戰後各地重修的方志中，篇幅最多者往往是人物

〔註77〕　歷來官方對私人修志這種侵奪自己話語權的行為，極為忌憚。乾隆三十年，
　　　　　福康安等奏請嚴禁私人修志，得到皇帝認可。乾隆《常昭合志》序。
〔註78〕　〔清〕楊昌濬：《重修皋蘭縣志序》，見光緒《重修皋蘭縣志》卷首。
〔註79〕　〔清〕鄧承偉：《西寧府續志序》，見光緒《西寧府續志》卷首。

－372－

志，舉凡師官、宦績、武功、孝友、處士、義行、烈士、烈婦、烈女等，門類煩多，無所不包。其中關於戰時陣亡將弁、死難官紳以及殉節女性的記載更是比比皆是。以極爲典型的光緒《臨潼縣續志》爲例，全書上、下兩卷 127 頁，分建置、祠祀、田賦、官師、選舉、孝義、人物、列女與補遺等 9 個目類。其中建置、田賦兩項僅有 3 頁半，其他幾乎全部與人物有關，整個下卷 68 頁更是完全記同治戰時貞節烈女。通觀全書，幾乎就是一本同治西北戰爭地方殉難人員名錄。

總之，塑造忠君成仁、節烈孝義的倫理樣本，爲符合官方價值判斷標準的戰爭死難者樹碑立傳，是這一時期地方史志的重要內容。史志所宣揚的，大都是現實中較爲鮮見者。對於絕大多數的地方官紳和普通小民來講，戰時慷慨赴死者雖有，但恐怕爲數不多。大戰之下，保全個人及家人性命是人的本能，逃徙避難是幾乎唯一選擇。史志刻意忽略歷史中那些眞實細節，人爲虛構或者刻意誇大那些所謂忠孝與節烈的事蹟，最終目的是要向全體小民宣揚和灌輸那些符合正統價值道德觀念，打上歷史書寫者的認可的文化印記。

除了正史、官書和地方史志等文本記事，那些矗立於城鄉之中爲數眾多的祠廟、學宮以及碑刻等，是更爲具象的地理實體，也是更加直觀的官方正統價值觀念的載體。對普通小民來講不但更容易接近，更容易接受，而且實際上也是民間信仰與現實生活的有機組成部分，其影響是潛移默化的，往往發揮著比文本記事更爲重要的作用。「通過建立儀式表達——典禮和舉行典禮的場所，官方將自身的意志植入了民眾的信仰體系。建立代表官方意志的信仰『符號』，並通過祀典與禮儀，使之成爲一種『集體記憶』。」〔註80〕因此，修建祠廟、學宮以及碑刻等具有強烈文化意象的標誌物，同樣也是同治戰後官方文化重建與歷史書寫的重要組成部分。

這其中，爲戰爭死難的統兵將領和地方官員建立忠義祠和昭忠祠是最重要的工作之一。同治三年（1864）多隆阿在陝西盩厔戰死後，清廷以其在西北戰爭中厥功甚偉，加「忠勇」諡號，「准入祀京師昭忠祠，並在其曾經作戰立功的省份，令各督撫查明建立專祠。」〔註81〕由是關中各縣遂廣建「多公祠」、「多公廟」，陝西省志稱：「公念切拯秦，兼程銳進，數年狂寇一鼓蕩平，

〔註80〕 孟文科：《同治回民戰爭後的民眾信仰、記憶與社會整合》，《貴州民族研究》 2015 年第 5 期。
〔註81〕 《清穆宗實錄》卷一〇〇，「同治三年（1864）四月庚寅」條。

殉節蟊屋，故陝人德公甚深，偏郡下邑，率建公祠，省垣廟宇較他祠尤壯麗焉。」〔註82〕直到戰爭結束 80 餘年後，馬長壽等人對同治年間的這場戰爭調查進行時，「多公祠」在關中各州縣仍然可以看到，民間奉祀不斷，而蟊屋人更是以其爲城隍老爺。由此可見，當年官方意志通過民間信仰方式植入後，在普通小民之中產生的持久影響力。圖 7.3 展示的是就 20 世紀 50 年代仍然可在關眾所見的當年眾多多公廟中的一個。

圖 7.3　曾經改爲節義祠的清眞寺與遍佈關中的多公廟

資源來源：馬長壽主編：《同治年間陝西回民起義歷史調查記錄》，西安：陝西人民出版社，1993年，書前附圖。圖左清眞寺在大荔縣城內，圖右多公廟在大荔陽村東南城頭上。

　　甘肅各處戰爭結束後，官方更是展開大規模的祠廟建設。同治九年（1870）正月劉松山戰死金積堡後，清廷追加「忠勇」諡號，亦准入祀京師昭忠祠，並在其陝甘等省及本籍各建祠廟予以表彰，後又於榆林府城建立專祠；〔註83〕同治十一年（1872）正月徐文秀戰死河州新路坡後，清廷亦准請在死事地方建立專祠，並附祀從亡諸人，本地殉難紳民亦附列其間。〔註84〕光緒二年（1876）湘軍將領李良穆稟請於會寧縣城修建忠義祠，並購民田三百畝作爲祭產，將「楚軍中路迭次陣亡傷故文武員弁以及會寧縣屬隨同官軍

〔註82〕民國《續修陝西通志稿》卷一二四《祠祀》。
〔註83〕《清穆宗實錄》卷二九四，「同治九年（1870）閏十月丙子」條。
〔註84〕〔清〕李日乾：《敕建昭忠祠記》，見〔清〕張思溫《積石錄》甲編。

擊賊陣亡官紳鄉團人等，分別正祀、附祀，一併入祠，隨時由地方官致祭，以妥忠魂。」此事經左宗棠奏請後照准施行；〔註85〕光緒六年（1880），護理陝甘總督楊昌濬在蘭州省城設忠義祠，奉祀全省同治死難者，其「死事文武大員，列位正殿，紳耆士庶，婦女兵勇，分列左右，且各按州郡以定次序。」〔註86〕除了戰歿的將弁，罹難地方官員亦有專祠，如同治十一年（1872），靈州知州王鶴卿設「三忠祠」奉祀此前先後戰歿的訥本阿敦阿力、尹泗和鍾蘭等三位知州。〔註87〕關中咸、長等處，「同治以後，大亂初定，典隆崇報，專祠多至八九。」〔註88〕由此可見，當年地方專祠建設的盛況。

除了廣建奉祀祠廟外，大修學宮、遍設義學並調整地方科舉考試制度也是戰後文化重建的重要組成部分。同治西北戰爭起於釁隙之間，但卻迅速擴大並形成長期的對抗，與西北地區這種特殊的民族、宗教及文化環境有一定關係。西北地區信奉伊斯蘭教的穆斯林人口數量龐大，在這些基層民眾之中，以伊斯蘭經典為核心的經堂教育對以儒家典籍為核心的漢地主流文化教育形成了一定的衝擊和挑戰。而掌教、阿訇等宗教精英人物對於普通民眾的管控能力，對官方基層管理體系和統治秩序的滲透與侵奪，尤其是戰爭期間所表現出來的高度的組織性和嚴明的紀律性，讓整個統治階層深感震驚。左宗棠認為，要改變這種狀況，應該從加強社會教化入手，明正學而勵人心。簡單地講，就是動用官方的力量培植和強化漢文化的正統地位，在思想上對西北穆斯林民眾進行控制和約束。因此，行軍所及之處，左宗棠在各府廳廣泛散發四書、五經等儒家經典，「飭設漢、回義塾，分司訓課。」〔註89〕

除此之外，在西北各處大修學宮、文廟等宣教場所，是更為重要的舉措。戰後貴德首任知縣在稟請重修地方學宮時稱：「從來天下之風俗，繫乎人心，天下之人心，繫乎教化。學宮為教化之首，所以正人心而維風俗也。」左宗棠對此請極為贊同，在隨後的批札中稱：「貴德雖居戎索，回番雜處，聖教不

〔註85〕　〔清〕左宗棠：《提督李良穆請在會寧縣城捐建忠義祠片》，見左宗棠著，劉泱泱、廖運蘭校點《左宗棠全集·奏稿六》，長沙：嶽麓書社，1996年，第522頁。

〔註86〕　〔清〕升允、安維峻：《護總督楊昌濬忠義祠記》，見宣統《甘肅全省新通志》卷二九《祠祀志》。

〔註87〕　〔清〕孫承弼：《重修三忠祠記》，見光緒《靈州志·藝文》。

〔註88〕　民國《咸寧長安兩縣續志》卷七《祠祀考》。

〔註89〕　〔清〕左宗棠：《請分甘肅鄉闈並分設學政摺》，見左宗棠著，劉泱泱、廖運蘭校點《左宗棠全集·奏稿五》，長沙：嶽麓書社，1996年，第511頁。

可不明，修茸學宮是本古者立學之意，准照辦。」〔註90〕這一案例大概可以代表戰後官方對於修建學宮的態度。學宮俸祀孔孟聖賢，是宣揚漢地主體文化的典型標誌物，其建築是各治所之內與衙署並列的最高等級建築之一，一般都修建地氣勢恢宏，規模龐大。比如戰後重修的固原州文廟就是一處集祭祀、教育、試院（考棚）和辦公於一體的龐大建築群。「地基廣闊十餘畝，前爲萬仞宮牆照壁。建東角門曰『禮門』，西角門曰『義路』。入門第一級，中建牌坊、泮池，左右翼之忠孝祠和節烈祠。第二級，中建櫺星門，左右翼之名宦祠和鄉賢祠。第三級，中建大成殿，左右翼之廊房。第四級爲學正署，左有尊經閣和崇聖祠。」〔註91〕

宏大建築是典型的權力符號的表達，也是遮蔽權利的隱喻，具有很強的壓迫感和威懾力。官方喜歡使用高大雄偉的建築作爲工具，迷惑、感召以及恐嚇普通民衆。同治戰後，清廷在西北地區倡修的祠寺學宮等建築，大多宏偉壯麗，矗立城鄉之中，與普通廬舍相比，極爲醒目，具有強烈的視覺衝擊力，這爲塑造忠君成仁的「英雄楷模」提供了有力的支撐。而制度性祭祀活動，則增加了典禮的神秘感、儀式感與榮譽感，並最終把這些英雄楷模提升到民衆信仰的層面，從而實現了官方意志主導的地方信仰體系重建。這些憑藉強權產生的公共信仰空間，反過來又成爲官方權力運作的容器和形塑社會民衆記憶的模具。與史志等文本記事宣揚的主題需要借助於士紳等精英階層間接向普通民衆傳導不同，以祠廟、學宮以及碑刻爲載體披著民間信仰外衣的至高皇權，則直接與普通小民的日常生活連接在一起，成爲他們精神生活的有機組成部分，並持續不斷地加深著民衆對於戰爭的官方記憶與是非善惡的道德標準，其影響也更加深遠和持久。

二、地方民衆不同的群體記憶

歷史雖然是由勝利者書寫的，但卻不是由勝利者決定的。相對於勝利者，戰爭失敗者的處境極爲悲慘，他們不但失去了生命和人身的自由，同時也失去了書寫歷史的權力，甚至連對於戰爭和歷史的群體記憶，都被無情的抹殺和毀禁。然而，不只是失敗者，實際上，除了勝利者之外的其他所有

〔註90〕〔清〕甘時化：《重修文廟碑記》，見民國《貴德縣志稿》卷四《藝文志·碑文》。

〔註91〕胡迅雷：《清代寧夏教育述略》，見寧夏回族自治區文史研究館編《寧夏文史》第 11 輯，1995 年，第 118～140 頁。

民眾，都是被書寫、被表述和被塑造的對象，他們的群體記憶幾乎無一例外都受到官方正統價值觀念的影響，甚至是主導。在社會生活的公共空間中，民眾受到國家權力的嚴格控制。但是，除了被權力操縱的這些社會公共空間外，構成社會的鮮活的個體和特定的群體，仍然保留著屬於他們自己的專有的生活空間和想像空間。這些在國家權力無法完全擺佈的空間裏，哪怕沒有敘事文本和其他符號表達，民眾仍然可以通過口耳相傳的形式，在群體內部傳承他們對於自己的群體記憶，並用以表達他們自己的價值判斷標準。

華州是同治西北戰爭的發源地之一，起手之初，回軍從渭北殺至渭南，營盤紮在華州的南沙村，該村大部分沒來行及逃脫的漢民，全部投降，戰後大部分也沒有受到傷害。但直到 20 世紀 50 年代初，南沙村百姓仍然對當年降回情形諱莫如深。〔註 92〕村民的這種態度表明，不論在他者還是自身的角度來看，當年的避難求生之舉，都深以爲恥。鄠縣牛東村（與長安交界處）降回事件更有代表性。該村村民賈七率眾投降回首孫玉寶，〔註 93〕並自獻其女爲孫妻，村民遂得全活。孫玉寶兵敗西退之後，村人復以其率眾降回而殺之。孫娘娘（孫玉寶之妻，賈七之女）出面質問鄉人，其父率眾投降，保全村民性命，對地方有什麼壞處，鄉人理屈，因之就爲其父立碑稱功。〔註 94〕民國年間，縣人段光世等編撰的縣志稱，賈七「時以俠聞，察賊勢張甚，官軍不能禦，乃說鄰村十數里降賊，計全人命。」〔註 95〕這一評價基本是比較正面的。通過村民前後不同態度與文本表述，我們可以清晰地看到，當面對戰爭巨大的生命威脅時，升斗小民在官方正統價值體系、傳統道德觀念與現實的利益之間的那種糾結與反側。對於同一事件或人物，在不同的歷史語境和敘事框架中，不同的人可能會有不同的，甚至完全相反的解讀。而對於官方樹立的精神典型，普通民眾也有自己的理解。比如，對於官方指定的鰲屋縣城隍老爺多隆阿，民間諺講就傳稱：「州有州城隍，縣有縣城隍，鰲屋縣有

〔註 92〕馬長壽主編：《同治年間陝西回民起義歷史調查記錄》，西安：陝西人民出版社，1993 年，第 72、74 頁。

〔註 93〕孫玉寶長安縣喬村人，爲西安一帶回軍主要統帥之一。詳請參見〔清〕中田吉信撰、張和平、周忠瑜譯《對同治年間西北回民起義領導者的評價》，《青海民族研究（社會科學版）》1993 年第 1 期。

〔註 94〕馬長壽主編：《同治年間陝西回民起義歷史調查記錄》，西安：陝西人民出版社，1993 年，第 195 頁。

〔註 95〕民國《重修鄠縣志》卷九《紀事》。

個瞎城隍。」〔註96〕細細讀來，其中頗多戲謔的味道。所以，儘管朝廷以祠廟、碑刻以及志書等權力符號和載體，不斷宣示著過去的經歷與「忠逆善惡」的標準，但是，對於普通民眾，尤其是事件當事人，他們有自己的是非標準和集體記憶。

　　20世紀50年代初，馬長壽等人在當年陝西回民主要的安置地涇源縣（即清之化平廳）調查時，大多數被剿撫回民的後人，均以「左宮保」這一敬語來稱呼當年的剿撫者左宗棠，言語之中看不到太多的怨恨、苦難和不滿，更多的則是隱忍、堅守和平淡。一直以來，我對通過這種層層轉述的口述史料來推斷當事人內心真實記憶的做法，頗感恐懼。因為，歷史學的基本素養告訴我，這一做法存在較大風險：首先，在民族起義史觀的影響下，當年的被調查者是否做了真實的表述；其次，當年的調查者，是否做了如實的記錄，記錄本身是否受到特定歷史語境的影響；其三，當年的調查記錄，歷經30餘年磨難才得以出版時，刪減部分是否影響對整體的判斷。但是，在與回族學者馬強教授的交談中，聽到他講述的回民對於親人離世的態度時，我對這一問題有了更深一層的理解。回民認為他們來自於真主，也將歸於真主。因此，親人的離世是真主的召喚。這使得回民在面對死亡時，相對於漢民，更多一份接受和平靜，少了許些恐懼與不安。這或許就是，為什麼這樣一群人對於當年那場戰爭之後失去所有被安置在隴東荒絕之區的現狀，會多一份隱忍和承受。從這一點來看，馬長壽調查筆記中的回族群體記憶有其真實的一面。

　　君臣關係是傳統儒家倫常關係的核心，也是同治戰後官方極力想要在全體民眾之中反覆灌輸，並極力植入的正統價值理念。在普通民眾觀念之中，不論出於何種原因，反抗朝廷，即為匪類。而與匪為伍，不管主動還是被動，顯然也是一件並不十分光彩，甚至有可能引火上身的危險事情。在官方絕對的話語霸權和強大的宣傳能力下，這種判斷標準，深深紮根於整個社會價值體系之中，對一般民眾——不論回民還是漢人——群體記憶的塑造都造成了極其重要的影響。被安置回民以「左宮保」這一敬語稱呼曾經的剿撫者，也正是在君臣正統思想影響下，其內心真實記憶的一個側面。

　　儘管如此，在自己社會空間和記憶空間的夾縫中，他們仍然試圖保留自己對於族群歷史的書寫權力。命名是話語權的重要體現，戰後官方不斷通過命名的方式來宣示自己的規則和評判。比如，河州馬占鰲就撫後，其子馬七

〔註96〕馬霄石：《西北回族革命簡史》，上海：東方書社，1951年，第29頁。

十五被左宗棠改名爲馬安良。禹得彥部眾的安置地華亭縣十二堡，自同治十二年（1873）安置回民後，被改爲「安良堡」等，「安良」這一官方話語權的命名，明顯帶有歧視與羞辱的隱喻。因此，華亭回民不用此名，仍稱十二堡。〔註97〕對這類官方很難管控的小地名的命名是強烈的自我意願的最直觀表達。實際上，相較於普通漢民，在官方話語權中被完全污名化的戰後回民的群體記憶更加隱忍與晦澀，不眞正走進這樣一個群體，並且，不眞正被這樣一個群體所接受，研究根本無法瞭解他們內心最眞實的記憶到底是什麼樣的。

樊瑩博士在六盤山——涇河流域「陝回」村落的調查中，曾經看到過回民自己的歷史記錄《正大光明》，這種「『正史』權力之外的『野史』文本，不僅展現了『正史』之外的歷史的另一面——『陝回』集體記憶的自我構建，而且其命名決意要顛覆『正史』的『回匪』、『逆回』、『叛亂』的歷史書寫，呈現『正大光明』的回民歷史，還原和持有一種屬於自己的歷史記憶。」〔註98〕《正大光明》是普洱馬阿訇撰寫的有關同治西北戰爭的珍貴文獻。除封面四個漢字書名外，其內容全部用「小兒錦」這種非漢文閱讀的方式記錄，具有強烈的私密性和排他性。樊博士當年在調查時，僅看到該書的封面，在試圖拍攝具體內容時，被委婉的以安全和版權爲由加以婉拒。由此可見，即使像樊博士這樣一位曾經多次深入田野，走進回族群體，並且在思想上已經極爲接近於她的研究對象的學者，在試圖眞正接近這樣一個群體內心最眞實的記憶時，幾乎仍然被毫不客氣的拒之門外。由此引出的問題是，即使在回民內部，這些被嚴密包裹，並且幾乎從來都秘不示人的回族自己的歷史文本，在構建戰後回族群體記憶中到底所發揮了多大的作用，也值得思量。實際上，從晚清、民國、中華人民共和國成立到 20 世紀 70 年代末改革開放，文本中對於同一對象的描述和稱謂也從「回匪」、「反叛」到「回民起義」、「西北戰爭」等，從這樣一個從污名到褒揚，從滌除污名化到回歸歷史本質的過程來看，眞正對群體記憶產生重大影響的是特定的歷史語境。

除了普通小民，地方富賈士紳等精英群體也是根據官方意志和需要被書寫的對象。他們中的部分人物和部分事蹟，在經過層層包裝和美化，甚至僞

〔註97〕馬長壽主編：《同治年間陝西回民起義歷史調查記錄》，西安：陝西人民出版社，1993 年，第 452 頁。

〔註98〕樊瑩：《族群如何記憶——六盤山涇河上游「陝回」族群的民族學研究》，蘭州：蘭州大學博士學位論文，2014 年，第 99 頁。

造或篡改之後，成為官方塑造「道德權威」的絕佳素材。比如，大荔縣八女井村李氏窖銀被盜一事就是極為典型的一個案例。大荔民間傳聞稱，多隆阿當年曾在該縣八女井村，盜掘李氏百萬窖銀。多隆阿戰死之後，大荔縣各處皆建多公祠，而八女井獨無。究其原因乃八女井李氏大財東私家窖銀被多軍所挖，多隆阿強迫金主李春源捐為軍餉，李氏不服，但又不敢反抗。因此，對多隆阿極為不滿；〔註 99〕民國《續修大荔縣志》對於此事亦有記載，但說法卻與民間傳聞完全不同，書稱：「李春源，字蓮舫，八女井人……花門之變，家窖金百萬，為盜竊發，肩金過多帥營門，被軍士查獲，拘見將軍，多公根究得實。時軍正乏食，叱盜謂之曰：『爾輩鼠竊狗偷，目無法紀，竟敢發人金穴，罪無可逭。然吾為國討賊，餉適缺乏，此正危急存亡之秋，若輩奸謀適露於此，天其或者以此佐軍需乎？姑貰爾命，其導兵士往取。吾當請金主曉以大義。』去後，隨請春源至，優以上賓，具白盜發金事，拘盜證之……春源甫十四齡，大義激發，即慷慨答曰：『……大軍天降，本思輸餉助殄凶醜，今願全數奉上。』……多帥大加獎諭，仍奏請獎官階」；〔註 100〕然而，在多隆阿的奏報中，卻對李氏窖銀隻字未提，只是聲稱窖銀乃是攻入回民巨堡王閣村後掘獲，其具體數額僅 23.3 萬餘兩，且其中兩萬餘兩，已分賞給各軍士。〔註 101〕事發後，地方督撫多有就此事上奏者，稱其所獲多至「銀三百餘萬量，黃金六萬兩。」〔註 102〕在隨後的奏摺中多隆阿辯稱傳聞不實，「仰懇聖恩簡派親信大員前來查驗」等。〔註 103〕

　　以上數種說法相對照，可見其中疑竇重重，與理不合之處頗多：其一，李家百萬窖銀不是紙幣，而是金屬，分量極重，轉運需數十輛大車，一般竊匪不可能有這樣的能力。即使果有此種盜匪，得手後不遠遁他鄉，居然還敢在多軍大營門口閒逛，不合情理；其二，金主李春源年僅 14 歲，尚未成年。面對自家百萬窖銀被盜，在多軍營帳內居然可以大義激發，慷慨捐銀助餉，

〔註 99〕馬長壽主編：《同治年間陝西回民起義歷史調查記錄》，西安：陝西人民出版社，1993 年，第 102、125 頁。

〔註 100〕民國《續修大荔縣舊志存稿》卷一一《耆舊傳·李春源傳》。

〔註 101〕同治二年（1863）二月十四日（庚寅）、二十四日（庚子）多隆阿奏，見〔清〕奕訢等編修《欽定平定陝甘新疆回匪方略》卷三六。

〔註 102〕同治二年（1863）三月初八日（甲寅）上命，見〔清〕奕訢等編修《欽定平定陝甘新疆回匪方略》卷三七。

〔註 103〕同治二年（1863）三月二十一日（戊辰）多隆阿奏，見〔清〕奕訢等編修《欽定平定陝甘新疆回匪方略》卷三八。

這顯然不是這個年齡孩子應該有的舉動，也不合情理；其三，縣志稱多帥大加獎諭，並奏請獎官階。然在多隆阿奏報中，則對此事隻字未提，只稱窖銀是自回村繳獲，兩者完全不符。

大荔八惡村（即八女井村）李家是關中有名的「川客家」，自明代以來就是財東，家資極為豐厚。陝商素有鄉居窖藏的傳統，在川貿易者，多將資本運回原籍，時人稱：「每年運回陝西之數，莫可限量。」〔註104〕因此，戰前陝西省鄉間有大量窖藏金銀，而李家有百萬窖銀一點也不奇怪。李氏家長李樹本咸豐三年（1853）亡故，僅有一子春源，年僅4歲，妾高氏21歲。〔註105〕孤兒寡母，人弱而家富，錢財當然就很難守得住。同治西北戰爭爆發後，西北兵員驟增，物價又連年高漲，所需餉銀遠勝於平日。自勝保入關，多、左繼之，軍餉一直捉襟見肘，從未寬裕。如據戶部同治二年（1863）二月中旬的統計顯示，各省欠解甘肅一省協餉，僅山西、山東、河南三省及河東鹽課四處項下就高達1,000餘萬兩。〔註106〕多隆阿入關後，錢糧一切行軍所需更是困頓不堪。在此情況下，多隆阿盜掘李氏窖金，即強烈的作案動機也有足夠的作案能力和作案時間。故完全在情理之中，應無疑問。而朝廷對於此事，既無心深究，亦無力深究，最後只能不了了之。

志書中掩蓋事實，把苦主李春源塑造成忠孝節義的精神楷模和道德權威，與李氏在大荔縣的財富、聲望與地位有關。李家窖銀雖然被盜掘，但作為關中著名的「川客家」，戰後仍然相當富有。同治八年（1869），李春源曾捐資修葺大荔文廟的圍牆和忠義孝悌祠，後又捐建義學一所。光緒初年陝西大旱期間，李春源亦曾積極捐錢、捐糧參與地方保賑局及義倉的籌建，其中，省局委員到大荔縣勸捐，李氏一次就捐糧千石。對於地方來講，頗有功德。縣志及同州府志有大量關於李氏一族的記載。〔註107〕官修志書，當然不便言

〔註104〕民國《三臺縣志》卷一二《食貨志》。

〔註105〕光緒《大荔縣續志》卷一二《烈女傳》。

〔註106〕同治二年（1863）二月十八日（甲午）戶部奏，「內地省份與甘肅附近者，惟陝西、山西四川等省，現在陝西辦理軍務，勢難籌措。山西一省，除應解京餉以及各營協餉外，亦無專款可以指撥。查臣部節次所撥協餉，山西欠解二百五萬餘兩，河東鹽課項下欠解八十四萬餘兩，均屬該省應解之項……山東欠解甘餉三百七十餘萬兩，河南欠解甘餉四百餘萬兩。」見〔清〕奕訢等編修《欽定平定陝甘新疆回匪方略》卷三六。

〔註107〕光緒《大荔縣續志》卷六《祠祀志》、卷七《學校志》、《足徵錄》卷一；光緒《同治府續志》卷八《祠祀志》、《學校志》。

明多隆阿盜掘窖銀一事，亦不能記錄李氏不滿與八女井不建多公祠的事實。唯一可以做的就是篡改事實，把被強迫捐銀說成主動捐獻助餉，從而把苦主塑造成道德權威的形象。

民國《續修大荔縣舊志存稿》中關於大荔縣羌白鎮青池村回族大財東溫紀泰的記載，也頗耐人尋味。據該志書稱：「溫紀泰，青池村回民，家口數十。同治壬戌，回民將叛，邀紀泰倡首，泰不從，且曉以大義，眾洶洶指責之。泰退，毒死全家，已後殉之。」〔註108〕在這段文本中，溫紀泰的形象也頗為正面，完全符合官方樹立的道德權威和精神楷模，毒死全家後自殉的結局讓人讀來也頗感悲壯。但民間口述史料中對於此事的說法，卻完全不同，如據原大荔縣文衛科一位樂姓的科長講：「溫家在當時是縣裏著名的大地主，回民起義了，他不願參加。後因回眾脅迫，始隨回軍而去，住在甘肅化平。」〔註109〕化平地方回民中，亦有相似說法，如據北山根禹克勳阿訇講，當年安民之初，耕牛極缺。「只有富戶溫紀泰家裏有三條牛，自己用了以後，拴在門口，任憑誰家使用。」〔註110〕20 世紀 50 年代初，禹克勳 81 歲，〔註111〕按此推算，他是 19 世紀 70 年代初生人，此時正是安民之初，溫紀泰如真的遷居化平，他們在時間上是有交集的，因此，禹克勳的說法應該比較可信。由此可知縣志的記載應該是編造的，完全不可信。志書中美化溫紀泰這樣一個已經遷走的回族大地主的形象，可能和他當年樂善好施的行為有一定關係。

通過上述兩個案例來看，官方文本中作為道德楷模的地方士紳形象與真實的形象存在較大差距。當順著蛛絲馬蹟的線索與痕跡，逐漸揭開歷史的罩紗後，謊言底襯上的這些事實真象，就顯得尤為扎眼。而所有被精心粉飾的官方敘事，也都在轉瞬之間，隨之轟然倒塌。

三、官方政策的變通與伊斯蘭文化的安置

同治戰後，如何在漢地正統儒家文化之中妥善安置伊斯蘭文化，確保被

〔註108〕民國《續修大荔縣舊志存稿》卷一一《耆舊傳》。

〔註109〕馬長壽主編：《同治年間陝西回民起義歷史調查記錄》，西安：陝西人民出版社，1993 年，第 99 頁。

〔註110〕馬長壽主編：《同治年間陝西回民起義歷史調查記錄》，西安：陝西人民出版社，1993 年，第 422 頁。

〔註111〕馬長壽主編：《同治年間陝西回民起義歷史調查記錄》，西安：陝西人民出版社，1993 年，第 420 頁。

安置回民既可以遵循內心真主至上的伊斯蘭信仰，又能夠順從君臣倫常的封建皇權統治秩序，是保證被安置區域可以長治久安的重要前提，也是文化重建的重要組成部分。戰後現實問題的複雜性，決定了官方政策的多樣性。在文化重建中，清廷處置問題的態度比較務實，體現在政策上就是靈活變通，不拘一格。不但漢、回不同，即回民內部，如新教、舊教之間，陝、甘、新不同區域之間，亦均有所差別。實際上，這種政策上的靈活變通，除了現實問題的複雜性之外，背後更真實的原因是，清廷文化重建的標準和原則具有極高的統一性，即：在朝廷的視野裏只有順從與反叛，沒有漢人與回民。不論何人，不論是屬於哪一族群，還是處於什麼社會階層，只要危及皇權，衝擊統治秩序，都會受到嚴厲的打擊和無情的懲罰。官方文化重建與歷史書寫完全是從叛逆的角度出發，進行旌表或者貶損。從這一角度出發，就很容易理解官方戰後在處理正統儒家文化與伊斯蘭文化中的權衡與拿捏。

關中是同治西北戰爭的發源地，關中回民則是戰爭最初的事件當事人和利益攸關方。回民盡族西遷後，關中田地荒絕，寺廬焚棄，殘餘者盡被收歸官有。對於其中尚較完整的房產和清真寺等，或改為多公祠、節義祠，或改為義學校舍等。比如，位於大荔縣城內東南部的清真寺，就曾在同治四年（1865）被官府改為節義祠，直到中華人民共和國成立後始改回為清真寺。〔註112〕城內回民馬官府的屋宇院落戰後保存地比較完整，在東街原拖拉機站的西邊，被改為多公祠。〔註113〕直到20世紀50年代初，在渭河流域的若干城郊和鄉鎮，這樣的「節義祠」、「好漢廟」還普遍存在。〔註114〕

關中之外，甘肅各處地方亦有類似情況。比如，光緒三年（1877），西寧道員張宗翰稟請將大東關禮拜寺改為湟中學院，左宗棠認為：「書院既為闔郡公建……漢、回子弟之願入院讀書者，均得一律甄別課試，以廣教思而育英材，尤於地方士習文風大有裨益。應准如請辦理，並傳諭回紳等，毋准復持異議，顯違教令，致干究詰。」〔註115〕這一事件的處理方法充分說明命名、

〔註112〕馬長壽主編：《同治年間陝西回民起義歷史調查記錄》，西安：陝西人民出版社，1993年，第90頁。

〔註113〕馬長壽主編：《同治年間陝西回民起義歷史調查記錄》，西安：陝西人民出版社，1993年，第106頁。

〔註114〕馬長壽主編：《同治年間陝西回民起義歷史調查記錄》，西安：陝西人民出版社，1993年，《序言》，第4頁。

〔註115〕〔清〕左宗棠：《西寧張道宗翰詳西寧禮拜寺士民改建生祠及書院情形由》，見左宗棠著，劉泱泱、廖運蘭校點《左宗棠全集·札批》，長沙：嶽麓書社，

改名是權力的體現，把散佈城鄉散發著濃厚伊斯蘭宗教氣息的清眞寺改爲節義祠或者學校，彰顯了國家權力對地方控制的絕對霸權，也是對地方伊斯蘭文化的完全否定和取代。但是，如果從全域進行審視就會發現，官方對待伊斯蘭的這種態度，具有極強的地域性。關中和西寧的處置方法在其他地區並不具有代表性。實際上，即使是在處於關中核心的西安城內，回民之中伊斯蘭信仰的基本體系，不論作爲禮拜場所的清眞寺建築，還是附加其上的宗教儀軌、飲食禁忌，以及喪葬習俗等，儘管受到嚴密監管，但大都仍然得以保留。

在部分地區摧毀，或者改變清眞寺用途的同時，在另一些地區，也仍然允許回民建設新的清眞寺。比如，同治十年（1871）安置平涼的陳林一起回民，請求建設清眞寺進行禮拜，在批札中左宗棠稱：「回教之建清眞寺，例所不禁。據稟回民陳林等求轉稟請立清眞寺宣講聖諭，尚是向善之意，自可准行。如能恪守古教，不失爲鄉里善人，亦回民之福也。惟所稟專爲年老讀書不成者設，至年幼能讀書者仍當飭入義學，以期讀書明理，同爲聖賢之徒，即將來人物科名亦未可量，不可任其終於愚蒙。是爲至要。清眞寺規制，高廣准照各神廟祠宇之式，高不得過二丈四尺，長寬不得逾十丈。頭進爲大門，兩旁爲廂房；二進爲神堂，供奉穆罕默德神位；三進爲經堂，以藏經典。二進至三進兩旁爲長廊，以居守廟之人。牆厚不得過二尺五寸，寺內外不得修建高樓，以示限制。」〔註116〕從這段文字來看，同治戰後官方並無禁絕伊斯蘭教，徹底搗毀清眞寺的意圖、政策和措施。

關中地區改寺爲祠的做法，大概源於回民盡族西遷與官方不許其返陝的禁令，而西寧等處改寺爲學院則因爲其寺屬於新教，清廷自乾隆朝以來即嚴令禁絕，不許私相教授。河州地區雖與西寧臨近，但因其眾屬於舊教，處境完全不同。同治戰後不但馬占鰲父子及其他回族上層精英被清廷優待，本籍土回亦多就地安置，並未外遷，清眞寺則幾乎全部保留，並日益壯大，日後更是取代關中成爲整個西北地區的伊斯蘭文化中心。陝西回眾無新、舊教之分，清廷允許其在安置之地新建清眞寺，並對建築形制進行嚴格限定，則是希望把清眞寺所承載的宣教功能納入到國家監管的地方社會教化之中來。作

1996 年，第 418 頁。

〔註116〕 〔清〕左宗棠：《平涼善後局馮道邦棟稟回民陳林等請建清眞寺由》，見左宗棠著，劉泱泱、廖運蘭校點《左宗棠全集・札批》，長沙：嶽麓書社，1996年，第 272 頁。

爲戰後回民最核心安置區的化平廳，至宣統年間人口調查時共 67 個城鄉聚落，除城內和關莊外，每個聚落有一座清眞寺，合計共 65 座。

在傳統回民社區中，清眞寺向來承擔幼童蒙學的職能，講授內容以小兒錦爲主，部分宗教精英人物由此獲得對普通民眾的思想控制，並逐步侵奪地方官員行政權力，挑戰地方統治秩序。對於皇權至上的統治者來講，這是絕對不可以容忍和接受的。清廷自蘇四十三事件後嚴厲禁絕新教，其原因概出於此。自乾隆朝後期以來，官府在回民聚居之區廣設義學，植入正統儒學價值體系，在回民之中從小就施行儒化教育，其目的就是要通過教育這一權力工具，削弱伊斯蘭宗教精英人物對小民的控制權，從而強化對回民社會的管控。左宗棠在批札中飭令年幼者入義學讀書，不許禮拜寺授學，顯然是出於此種考慮。實際上，同治戰後，除了興建學宮、調整科舉制度外，廣設義學也是文化重建的重要組成部分。但是，傳統農業時代，讀書對普通小民來講，是一件比較奢侈的事情。而能夠通過讀書成功入仕登科，則完全是一件小概率的事件。官方文化建設最終指向的人群，是回民之中的富裕階層和上層精英。對於其他絕大多數的普通小民來講，只要安心做朝廷的順民，並把對伊斯蘭的信仰蜷縮在不對皇權和統治秩序形成挑戰和威脅的群體或個體內心角落之中，朝廷就根本無暇，也不屑於顧及。

綜上所述，同治西北戰爭以後，西北地區伊斯蘭的文化地位並未受到官方的廣泛質疑和徹底否定，絕大多數普通回族民眾對於伊斯蘭教的信仰亦未受到完全的禁止，唯一改變的只是在不同的回族群體之中的重新分配與再平衡。美國學者芮瑪麗認爲「即使在左宗棠非常溫和的政策中也沒有伊斯蘭文化的地位，他信奉漢化主張。他剝奪了穆斯林首領們的權威，把他們的權力自然地轉移到地方官手中。」〔註 117〕這一觀點在西方學術界有一定的影響力，但是很顯然，這樣的指責完全出於個人的想像，而並非基於對於這段歷史的正確解讀和認知，並不符合史實。

同治十三年（1874），開封善義堂清眞寺的建設就是一個很典型的案例。同治西北戰爭爆發後，滯留開封的陝西回商與其後陸續逃難而來的西北回民，聚居在開封鵓鴿市一帶，這批回民多以販馬爲業，開封人稱其爲「馬夥客」，經濟實力比較雄厚。至同治末其人已有三百餘戶，遂有建寺之議。但當

〔註117〕〔美〕芮瑪麗著、房德鄰等譯：《同治中興：中國保守主義的最後抵抗（1862～1874）》，北京：中國社會科學出版社，2001 年，第 152 頁。

時西北戰事剛結束，不論官方還是民間對於回民興建禮拜寺均多有忌憚。建寺的過程亦因此頗多波折，從同治十三年（1874）開始籌建，直至光緒十三年（1888）始建成，前後長達 14 年之久。〔註118〕寺成之後，只能命名為「善義堂」，其意善者國之珍，義者事之幹，聖賢以此訓人，而不能帶「清眞寺」三個字。光緒二十七年（1901）慈禧逃難返京途中路過開封，地方回紳通過隨行官員馬安良上遞萬民冊，申明善義堂用意是禮拜祈禱，決無謀反之不軌企圖。後經核查，慈禧認為民眾捐錢建寺，勸化愚民，設塾辦學，教化頑童，事屬善舉。批准用清眞寺名，並親筆題詞「善義堂清眞寺」。自此之後，善義堂始改名為「善義堂清眞寺」。〔註119〕慈禧親臨善義堂並題寫寺名的經過雖然頗具傳奇色彩，寺內碑刻文字可能也存在一定虛構的成分。並且整個事件中間，回族官員馬安良發揮了核心作用，也使得這一事件有一定的偶然性。但是，從善義堂的籌建、命名及改名經歷可見，這批逃難開封的陝西回民社會處境，顯然比關中和隴東地區的被安置回民的社會處境要好很多。不同省區間的這種明顯差異說明，同治戰後，清廷對於各省回民並沒有增加新的統一性的高壓政策。包裹在儒家正統價值觀念中的伊斯蘭文化，在基層實際運作中，仍然得到了默許和承認。

第三節　戰爭造成的心理創傷與長遠影響

戰爭是人類非理性的群體性行為，大規模戰爭是造成自西漢以來兩千餘年間中國人口劇烈波動的主要原因之一。在這樣的歷史過程中，歷經數十年、上百年，甚至幾百年時間才慢慢累積起來的人口，往往因為一場戰爭，在十數年、數年甚至更短的時間內就損失殆盡。其殘酷程度，遠非久處和平年代從未經歷過戰爭蹂躪的人們可以想像。相對於軀體的損傷，戰爭造成的心理創傷影響更加深遠。一戰以來的心理學研究表明，許多曾經捲入戰爭混亂狀態的人，在戰後數月甚至數年之內，都會經歷破壞性的心理困擾。〔註120〕古今戰爭雖有諸多不同，但對相關人群造成的心理創傷，則頗有相似之處。本

〔註118〕李尊傑主編：《河南百坊清眞寺》，北京：民族出版社，2009 年，第 31 頁。

〔註119〕穆德全、胡雲生：《開封市伊斯蘭清眞寺》，《開封市文史資料》第 10 輯，1990年，第 284～303 頁。

〔註120〕〔美〕布徹、〔美〕米內克、〔美〕胡利著，耿文秀等譯：《異常心理學》，上海：上海人民出版社，2014 年，第 181 頁。

節僅根據有限史料，對此問題做初步探討。

一、歷史文獻中關於同治西北戰爭的殘酷記憶

　　同治西北戰爭源起於回、漢瑣碎細故，回民與官軍之外，半官方的地方團練亦參與其間，彼此利害糾葛，關係錯綜複雜，屠戮焚掠極其殘烈。戰事所及之處田廬多被焚棄，沃野盡為焦土，幾乎無人可以置身事外。對於升斗小民來講，戰時唯一的選擇就是逃命。但是，由於缺乏足夠的財力和社會關係網絡，他們中的絕大多數根本無力遠徙避禍，只能就近躲藏求生。然事前既無籌謀，遇事亦無良策。兵從東來則西行，兵從北來則南突；兵從陸地來則下水，兵從平原來則上山。總之，如何逃？往哪逃？逃多久？沒任何的計劃性和前瞻性。小民除了麇聚於治城堡寨外，更多則是臨時就近棲身於村中窨窖、窯洞、樓塔、廟宇之中或村外原峁溝壑之間。

　　面對殘酷的戰爭，普通小民從眾心理相當突出，多數人深信人口集聚的堡寨比一般鄉村聚落更安全。而地方精英群體則認為，築堡練團既可保家安命，也能效力朝廷。基於這樣的普遍共識，大量人口麇集於堡寨之中，趨之若鶩。然而，堡寨所處多為戰略要衝，利害攸關，參戰各方往往反覆爭奪。同時，人聚之處亦是財聚之處，為搶奪糧餉兵馬等戰略資源，各方攻伐極其慘烈。更危險的是，堡寨作為團練依託，把樞紐型治所城市與散點型的鄉村聚落串聯起來，成為官方防衛體系中的一環。所有躲避其間只求自保的小民，在地方團練的慫恿、裹挾和君臣正統觀念與價值標準的洗腦、誤導下，往往主動或被動地捲入到戰爭的泥潭，最終死於非命，淪為戰爭的犧牲品。

　　如長安民團據點六村堡，位於省城西北 10 餘千米處，彼此互成犄角之勢，又地當蘇家溝南渡要衝，正卡在渭南孫玉寶回部與渭北回軍聯絡的咽喉之處，戰略位置極其重要。附近小民前往避難者相當多。亦有傳聞西安城內官員因擔心城內外回民裏應外合，多送家眷於此堡避難。〔註121〕但最後該堡被攻破，堡民及四周逃難之人數萬，盡被屠戮。〔註122〕直至光緒初，殉難

〔註121〕根據馬長壽先生當年調查，當年官眷避難六村堡內可能僅繫傳聞，並不可靠。見馬長壽主編《同治年間陝西回民起義歷史調查記錄》，西安：陝西人民出版社，1993 年，第 204 頁。

〔註122〕時人稱，六村堡「著名富足，居民萬餘，避難之民附之，又添數千餘口……盡被屠戮殆盡。」〔清〕易孔昭：《平定關隴紀略》卷一，見中國史學會編，

者屍骨才被收集掩埋於村東南角外，光緒九年（1983）六月二十五日大祭。
〔註123〕淳化谷口鎮地處涇、淳咽喉，戰略位置亦極其重要。城堅壕深，又有
兩縣民團把守，附近小民來此避難者道路如蟻，城中肩摩股擊，人口甚多，
最終也被攻破。「平復後，檢封谷口骸骨，除房屋焚燒，狼犬食失外，計頭
顱一萬九千有奇。」〔註124〕大荔縣東北劉官營同樣如此，被攻破之後，各
村男女老幼集於寨中者皆「死於同日同時，所以子孫們就以此日為『總忌
日』，到時集體祭奠死者。」〔註125〕史書中諸如此類破堡屠村的記載，多不
勝數。

　　藏匿窖窨作為小民戰時最普遍的就近逃生方式，防衛功能其實很弱。這
類避難處所一般只有一個出入口，一旦暴露基本上就意味著滅頂之災。渭南
西南三里的張村，村頭設有警鐘，派專人職守。有警鳴鐘，村民便躲入窖窨。
後被回軍找到窖口，用辣椒麵燃薰，窖內老少被薰死的很多。〔註126〕同治元
年（1862）九月，華州姖家莊地窖被薰，死 40 餘人。同年十月初五、初六兩
日，野狐溝、李家坡天窖又先後被薰，「人膏直流至崖下」，其慘狀簡直不忍
訴於筆端。〔註127〕因此，小民避亂救生的途徑雖然多種多樣，但最終可以活
命的機會卻比較有限。

　　戰火波及之處普遍發生飢饉與瘟疫，往往造成更嚴重的人口損失。三原
縣同治三年（1864）統計損失人口 9 萬人，其中戰時直接死亡者 2.3 萬，病故
高達 4.8 萬，失蹤者 1.9 萬，合計超過戰前人口的半數以上。〔註128〕戰後北門
外建六個大大冢用以埋葬附近屍體。〔註129〕戰時青壯勞力銳減，導致土地拋
荒，貽誤農時無法正常下種收穫，同時正常的糧食流通亦被打斷，極易造成

　　　　白壽彝主編《回民起義》第 3 冊，上海：神州國光社，1952 年，第 253 頁。
〔註123〕馬長壽主編：《同治年間陝西回民起義歷史調查記錄》，西安：陝西人民出版
　　　　社，1993 年，203、204 頁。
〔註124〕〔清〕何鳴皋：《述冶峪焚殺之慘》，見柏堃編《涇獻文存》卷一二《雜著》。
〔註125〕馬長壽主編：《同治年間陝西回民起義歷史調查記錄》，西安：陝西人民出版
　　　　社，1993 年，第 107 頁。
〔註126〕馬長壽主編：《同治年間陝西回民起義歷史調查記錄》，西安：陝西人民出版
　　　　社，1993 年，第 35 頁。
〔註127〕〔清〕劉東野：《壬戌華州回變記》，見馬長壽主編《同治年間陝西回民起義
　　　　歷史調查記錄》，西安：陝西人民出版社，1993 年，第 81、82 頁。
〔註128〕光緒《三原縣新志》卷三《田賦·戶口》。
〔註129〕馬長壽主編：《同治年間陝西回民起義歷史調查記錄》，西安：陝西人民出版
　　　　社，1993 年，第 231 頁。

嚴重的饑荒。比如，同治元年（1862）臨潼被圍後，城中乏食「難民徒手入城者，數日相繼餓死。」〔註130〕同治三年（1864）夏，省城蘭州饑荒，「饑民割死人肉食之，繼乃殺人而食。攜持男女赴河者，官至不能禁。城中生靈存者十不能一二。」〔註131〕就連號稱隴東糧倉的董志原在同治六、七年間也發生嚴重饑荒，斗麥「十二串亦無可買之處，餓殍載道，人獸相食。」〔註132〕隆德縣同治十年（1871）「大歉，斗米二十五六千文不等，人相食，死者塞路。」同治戰後平復時，全縣尚無二三十家。〔註133〕

戰時瘟疫普遍發生，僅甘肅一省，戰爭期間，就至少有 18 個州縣發生過較為嚴重的瘟疫。〔註134〕瘟疫流行與飢饉和緊張、驚恐等心理應激反應導致的機體免疫力下降有關，也與大量屍體無法及時妥善處置以及飲用水受到污染等原因有關。戰時小民，尤其是老弱婦孺自我了斷的主要方式除了仰藥、自縊、跳崖外，就是投井。官私史料中此類小民跳井的記載極多，不可勝數，如臨潼姚家堡被圍七晝夜不克，民如驚弓之鳥，聞縣城被攻破，即跳崖投井死者有千餘人。〔註135〕西安圍城期間，洗回消息日夕數警，城內回婦皆持剪蹲守井口隨時準備自盡。〔註136〕勝保兵入陝西省城附近「井中皆有積屍，求水亦不可得。」〔註137〕此時戰事方起不久，大量井泉已因小民投井而遭到污染。軍隊水源即已如此匱乏，小民飲水窘迫之形更毋庸言表。對屍體進行有效處理可以極大減少瘟疫發生概率。從戰後方志中大量旌表出資殮屍善行的記錄來看，戰爭期間，有太多的屍體無法得到及時掩埋。禮泉圍城期間，「生擒者俱戮於城門北牆下。時方炎暑，臭氣襲人，於是疫癘大作，日有死亡。」〔註138〕同治六年（1867），崇信縣「瘟疫流行，城鄉傳染殆遍，棺木

〔註130〕〔清〕謝恩誥：《再生記》，見馬長壽主編《同治年間陝西回民起義歷史調查記錄》，西安：陝西人民出版社，1993 年，第 156 頁。

〔註131〕〔清〕楊毓秀《平回志》卷三，見中國史學會編，白壽彝主編《回民起義》第 3 冊，上海：神州國光社，1952 年，第 126 頁。

〔註132〕民國《重修靈臺縣志》卷三《武備》。

〔註133〕民國《重修隆德縣志》卷四《拾遺》。

〔註134〕袁林：《西北災荒史》，蘭州：甘肅人民出版社，1994 年，第 1517～1518 頁。

〔註135〕光緒《臨潼縣續志》卷上《殉難士民》。

〔註136〕馬長壽主編：《同治年間陝西回民起義歷史調查記錄》，西安：陝西人民出版社，1993 年，第 178 頁。

〔註137〕〔清〕易孔昭：《平定關隴紀略》卷一，見中國史學會編，白壽彝主編《回民起義》第 3 冊，上海：神州國光社，1952 年，第 255 頁。

〔註138〕馬長壽主編：《同治年間陝西回民起義歷史調查記錄》，西安：陝西人民出版

俱窮，多以蘆席捲埋。」〔註139〕骸骨暴於野極易遭狼犬啃食，西北冬日苦寒，
黃沙白雪，尚無大礙。但夏日酷暑，暑氣薰蒸，屍體極易腐爛，對生者的影
響就極顯著。

以上種種慘相，凡戰爭所及幾乎每處皆同，「民不死於回，即死於勇，不
死於回與勇，即死於瘟疫、飢餓。」〔註140〕現有研究表明，戰爭持續短短十
餘年間，西北人口損失總數大概在兩千萬左右，損失比例可能超過總人口的
六成。〔註141〕同治西北戰爭是中國近代人口發展史上的重大歷史事件，更是
回族人口發展史上的重大歷史事件。這場戰爭不但徹底改變了西北人口發展
的歷史進程，造成了極其嚴重的人口損失，也對戰爭幸存者的心理造成了相
當嚴重的創傷，影響深遠，難以估量。

二、戰爭幸存者的心理創傷及長遠影響

個體親身遭遇、親眼目睹或者耳聽身邊熟人述說一個或多個涉及自身或
他人的死亡，或受到死亡的威脅，或者軀體完整性受到嚴重創傷後，往往導
致個體延遲出現和持續存在某種程度的精神障礙。現代心理學把這種心理問
題稱爲創傷後應激障礙（PTSD）。〔註142〕對於同治年間這樣一場導致整個西
北地區發生滄桑巨變的慘烈戰爭來講，凡戰火波及之處，整個社會都暴露於
這種嚴重的創傷事件之中，死亡與死亡的威脅隨時都有可能發生，幾乎無人
可以獨善其身，超然於事外。面對驚慌無措的頻繁逃生經歷、紛繁蕪雜的屠
戮焚掠信息、肆意橫行的瘟疫和糧食飲水短缺以及對個人和家人未來生命安

社，1993 年，第 310 頁。
〔註139〕民國《重修崇信縣志》卷四《志餘》。
〔註140〕光緒《洮州廳志》卷一八《雜錄》。
〔註141〕根據曹樹基的研究，1861 至 1880 年間，陝甘人口損失超過 2,000 萬，損失比例高達 63%。（曹樹基：《中國人口史》第五卷《清時期》，第 717～718 頁）此二十年間，陝西省還遭到了光緒大旱災的沉重打擊，人口損失較重。研究表明，這一時期，災荒造成的陝西省損失的人口大概接近 1 / 5。（路偉東：《同治光緒年間陝西人口的損失》，《歷史地理》第 19 輯，上海：上海人民出版社，2003 年，第 350～361 頁）
〔註142〕PTSD 是 Posttraumatic Stress Disorder 的簡稱，是指由異常威脅性或災難性心理創傷導致延遲出現和長期持續的精神障礙。其特徵性的症狀爲病理性重現創傷體驗、持續性警覺性增高、持續性迴避、對創傷性經歷的選擇性遺忘以及對未來失去信心等。中國精神障礙診斷與分類標準第三版（CCMD-3）才首次使用這一名稱，並把它納入反應性精神障礙以替換 CCMD-2-R 的延遲性應激障礙。

全不確定性的擔憂等，民眾時刻處於超負荷的精神高度緊張戒備狀態之中，極易造成創傷後應激障礙。

一份對當代 21,198 名中國軍人的流行病學調查顯示，PTSD 患病率平均為 4.85‰。其中陸、海、空軍和學員的 PTSD 患病率分為 4.84‰、5.80‰、8.40‰和 2.27‰。對特殊兵種或在執行抗災任務後的軍隊來說，PTSD 發病率顯著高於和平時期。〔註 143〕顯然，PSTD 的發病率和軍種危險程度存在正相關。現代醫學和心理學把 PTSD 視為一種需要進行必要人工干預的精神疾病，而非可以自愈的反應性精神障礙。中國傳統社會中特別強調國家、集體和家族利益，漠視和忽略個體訴求，尤其缺乏對個體心理層面的人文關懷；另一方面，個體亦往往把精神痛苦視為肉體痛苦的副產品，傾向於將精神痛苦內斂和隱藏，而不是表達和宣洩出來。〔註 144〕所以，傳統文獻中缺乏對個體心理創傷的相關記載。在這種文化氛圍中，歷史時期戰爭導致的創傷後應激障礙，其真正內涵就與現代心理學和醫學的定義有所不同，只能定義為一種比較寬泛的長久存在的精神和心理層面的創傷。

同治戰後各地新修方志及各類碑刻中記載了大量戰爭遇難者的個人信息。比如，光緒《三緒華州志》就用五卷共 492 頁的篇幅，分宦績、武功、孝友、處士、義行、烈士、烈女、烈婦等門類，記載大量的人物。這其中，篇幅最多的是登記所有戰爭遇難者姓名。行文格式見圖 7.4。

清人宋祐文在同治戰後著有《曠典闡幽錄》，書中詳細記載了大荔縣戰時死亡人口名單。馬長壽等人當年在大荔縣調查時也發現，縣城清真寺大殿牆壁上三面嵌有石碑，碑上刻有各村男女死亡者姓名一萬兩千多人。〔註 145〕圖 7.4 所展示的這種數量極其龐大死亡名單，對於後世讀者來講，可能不認識其中的任何一人，也不瞭解任何一個人的生平事蹟。但是，每一個姓名背後所代表的都是一個曾經鮮活的生命，其分量可想而知。看似簡單的名單，其實具有極強的視覺衝擊力，信手翻來讓人印象相當深刻。同治戰爭數十年，在關中鄉間仍然可以看到大量的殉節牌坊與石碑。見圖 7.5。

〔註 143〕 王煥林、崔庶、陳繼軍、梅桂森、鄒華根等：《中國軍人心理創傷後應激障礙的流行學調查》，《中華精神科雜誌》1996 年第 2 期。

〔註 144〕 王玉龍、謝偉、楊智輝、彭勃、王建平：《PTSD 在中國的研究進展》，《應用心理學》2005 年第 2 期。

〔註 145〕 馬長壽主編：《同治年間陝西回民起義歷史調查記錄》，西安：陝西人民出版社，1993 年，第 91 頁。

圖 7.4　方志中記載的同治戰時華州死亡人員名單（局部）

郭小牢 張開全 孫耀邦 田永義
孫貴生 孫發順 張文智 王茂林
柳子里
劉雲煥 陳福興 拓天祿 孫興會
孫文登 安紅燈 孫黑籃 孫經業
孫光宗 孫彥清 孫武苗 馮福狗
張維清 劉雲峯 劉石拴 劉永興
劉永智 劉鳳年 劉忠傑 武祥吉
李成有 安榮生 安景龍 姚作正
李 餘 李福元 李東元 劉鎮官
申文德 申長順 李來成 李存西
李小管 申德庫 李永昌 李庚金
李雨水 李小秋 李小隨 李小衡
李 建 李天義 李小新 武志忠
武小器 武官成 武良玉 武小喜
武興全 武小坤 武玉祥 武小順
楊小郎 武永生 武成懷 武興才
姬大魁 李進珍 張永富 魏克捷
張太安 張四維 趙天義 張 獨
魏福太 張致安 鄭王有 鄭似仁
党丁卯 党重義 党金聲 潘永才
武林清 武盛芝 武紹貴 武興順
武成章 孫鳳全 孫文信 孫發元
孫鳳興 宋全有 鄭保住 鄭新德
党小回 鄭老轉 鄭成俊 鄭萬興
張小五 郭札根 郭小棵 楊根雨
楊遇成 楊小忙 楊窩窩 郭三娃
郭慶望 郭小登 郭跟牢 郭太牢
黃長命 高雙成 高小庄 劉下雨
高包秩 高進庄 高猪頭 高觀成

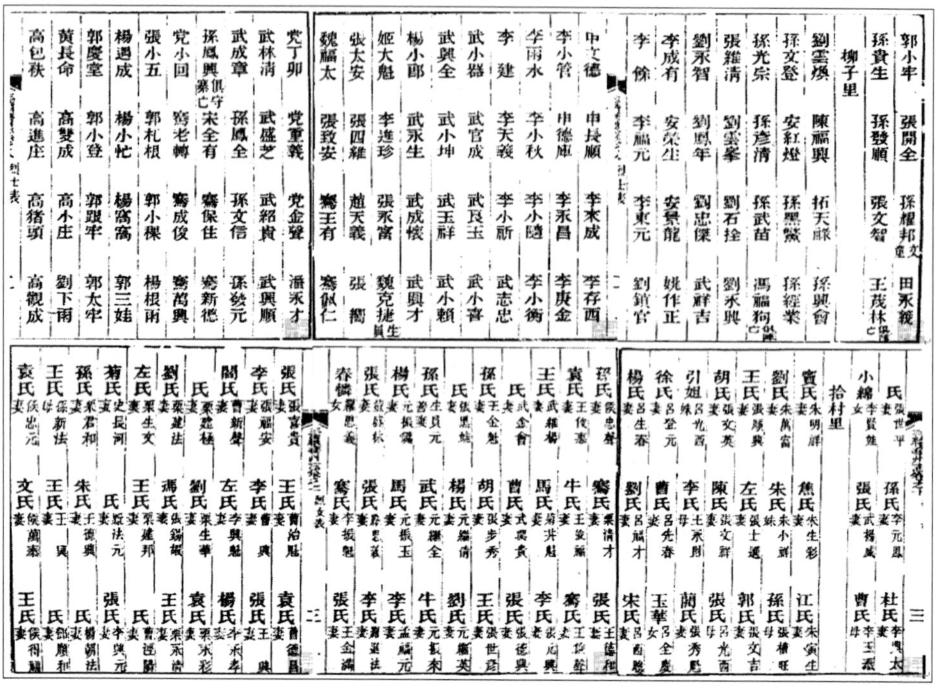

資料來源：光緒《三續華州志》卷八《人物志中》；卷一○《人物志下二》。

圖 7.5　散處鄉間的殉節牌坊與石碑

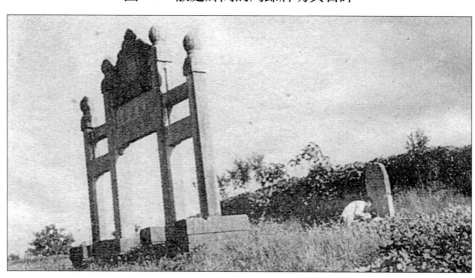

資源來源：馬長壽主編：《同治年間陝西回民起義歷史調查記錄》，西安：陝西人民出版社，1993 年，書前附圖。石碑位於渭南縣單家崖，爲鄭氏殉節所立。

　　修志、立祠以及刻碑等都是地方上的重大事件，一般都由官府主導，參與者大都是地方上具有官方或半官方背景的士紳代表，體現的是地方精英階層的集體意志。可以在其中留名者，一般非富即貴，正常情況下，普通小民很難躋身其間。同治戰後，西北方志和碑刻中，用大量篇幅記載那些戰爭遇難的普通小民姓名首先要表達的，大概不是對於每一個遇難者個體的尊重與紀念，而是作爲戰爭最終的勝利者，對戰爭中「敵對」一方面鞭撻和痛斥。這從一個側面也反映了這場戰爭對地方造成的嚴重衝擊和深刻影響。

　　除了對於戰爭的群體性記憶，個體的經歷更爲鮮活，也更爲具體。清代西北漢民雖多而勢弱，回民人少而力強。回民把漢人稱爲「呆迷」，其意所指大概爲呆傻癡迷，顯係輕蔑藐視之詞。看到持武器而抵抗的，就高喊「呆迷快跑，不丟干子不饒」。而漢民則認爲「煞星落在回回頭上了」，對回民非常害怕，見了就跑。〔註146〕20 世紀 50 年代馬長壽調查時就有漢人聲稱，當年戰時往往「一個回回一喝，許多漢人就爭相奔逃」。〔註147〕畏懼膽寒，倉皇逃命之相，躍然於紙上。20 世紀 30 年代中期，《大公報》記者范長江曾在西寧城目睹回民「開齋節」。當時，北風勁烈，重裘無溫。全體回民都席地而坐，靜聽宣講，沒有絲毫浮動現象，上萬人自動排班，有條不紊，無人喧嘩早退。其嚴密的組織性、紀律性與絕對服從性讓人震撼！〔註148〕從這一場景可見，漢民所言同治西北戰爭情形，雖繫傳聞，但可能並非毫無依據、信口雌黃之語。

　　舊時渭南民間常用「回回來了」之語來哄騙小娃，以使其停止哭鬧。這與內地他省制止孩子哭鬧的常用語「狼來了」相似。渭南縣耆老朱力齋稱：「我在少時常做回亂的夢，夢到在逃回亂。我所以有這種夢，並非我逃過回亂，是因爲年老逃過回亂的人，經常給我談起在回亂中逃命的事。不只我如此，年老的人做此夢者甚多。」〔註149〕夢到曾經可怕的創傷經歷，是 PTSD 中典型的再度經歷症狀，雖然不喜歡但仍會不自覺地想起，甚至變成噩夢。

〔註146〕馬長壽主編：《同治年間陝西回民起義歷史調查記錄》，西安：陝西人民出版社，1993 年，第 75 頁。

〔註147〕馬長壽主編：《同治年間陝西回民起義歷史調查記錄》，西安：陝西人民出版社，1993 年，第 197 頁。

〔註148〕范長江：《中國的西北角》，上海：大公報出版部，1937 年，第 101 頁。

〔註149〕馬長壽主編：《同治年間陝西回民起義歷史調查記錄》，西安：陝西人民出版社，1993 年，第 49 頁。

或者，像做白日夢一樣再度經歷，倒敘重現。這些戰後出生的人，僅僅是聽當年經過戰爭的老人講述就會產生這種再度經歷症狀，的確罕見。由此可以想像那些戰爭親歷者，在給子孫後代講述自己當年親身經歷的戰爭恐怖場景時，那種發自肺腑的聲情並茂的眞情流露。對於他們來講，戰爭造成的 PTSD 恐怕會伴隨終生，而無數次從噩夢中驚醒時的恐懼與折磨，也只有他們自己能夠切身體會。這種揮之不去的夢魘在幾代人心裏都打下了深刻的烙印，影響深遠。

除了個體心理上的創傷後應激障礙，有些地方風俗也被深深地打上了戰爭的烙印。比如，大荔縣八女井和王閣村一帶，有正月十五婦女回娘家的風俗。最初起因，據說是同治六年（1867）正月十五，逃往甘肅的回民又殺回來一次，當時漢人正忙著過十五元宵節，聽說回回來了，大爲恐懼，於是大家又紛紛逃散一次。此後，成爲習俗，一直持續到現在。〔註150〕鰲屖縣臨川寺一帶每年冬至日有集市，最初起因也和當年的戰爭有關。臨川寺是鰲屖東鄉巨堡，距縣城約 50 里，當年有漢民 1,500 餘戶，其中僅教師爺和會打拳的就有五六百人。又聯合附近各村組織兩大團練，輪流在縣東境把守，堡堅人眾，傲睨自若。同治二年（1863）正月，東府大批回軍西撤，此堡爲必經之路。回民深知此處教師爺眾多，而村民亦知東府打鬥之慘，故彼此皆不願生事。回軍自堡南平穩西行，初村中惡少以豬頭譏之，經耆老調停息爭。大軍過畢之際，堡內復以炮擊之。雙方遂發生打鬥，最後臨川寺被踏平，本村及外村避難小民多被屠戮。事後統計，不算村外來的難民，只本村住戶經此次屠殺而致絕戶的就有 1,200 多家，村裏留下來的漢民僅剩下二三百家。每逢冬至日，村裏各家和村外的被難家屬，共設案焚燃香蠟，懸掛死者的姓名單於壁間，叩頭祭祀。四城之外，都有義地，埋葬當年死者的屍骸。近幾十年來冬至的祭祀日慢慢變成了集市。附近十幾縣的農民、商民都來此上集，買賣各種貨物。〔註151〕

除了戰爭的殺戮，戰時造成創傷後應激障礙的原因還有很多。這其中，瘟疫與飢餓的影響就非常大。因爲這兩者持續的時間更長，造成的人口損失更多，對身體和精神造成的實際傷害也更大。對於普通小民來講，戰時的殺

〔註150〕 馬長壽主編：《同治年間陝西回民起義歷史調查記錄》，西安：陝西人民出版社，1993 年，第 120 頁。

〔註151〕 馬長壽主編：《同治年間陝西回民起義歷史調查記錄》，西安：陝西人民出版社，1993 年，第 323 頁。

戮與攻伐雖然最終逃無可逃，但至少可以有所應對。而瘟疫，則使人逃無可逃，大部分情況下只能被動承受，容易使人產生聽天由命，消極無為的心態，這種情緒低落也是 PSTD 的典型症狀之一。官私文獻中有關於戰時嚴重缺糧，大量人口飢餓而死，甚至人相食的案例。戰爭期間，這樣的事件頻繁發生，相關案例舉不勝舉。飢餓致死的過程相當煎熬與漫長，極易造成嚴重的心理創傷。而人獸相食，甚至人相食的慘劇，則是心理的完全變態。在食人者眼中，人只是行走的肉體，是充饑的食品。在被食者的眼中，食人者已完全變成人形野獸，沒有任何人性可言。這種完全喪失最基本人性的行為，除了滿足暫時的果腹之需，其實對食人者本身造成的心理創傷更大，而由此產生的負面影響更是極其深遠。〔註152〕很難想像，有過此種經歷的幸存者，在戰爭結束之後，內心會承受怎樣的恐懼感與負罪感。對於這些經過戰火蹂躪的人們來講，種種積澱於內心深處的負面情緒和心靈創傷，會不會演化成一種群體性的心理結構，在今後長期的行為方式中頑強地表現出來，並對下一代，甚至更多代的人們，產生直接或間接的影響呢？答案顯然是肯定的。

三、選擇性遺忘與戰後回民的群體性記憶

　　西北地區是回回先民最早的落居地，同治戰前，西北回族人口數量有七八百萬之巨，在全國回族人口總數中所佔比例超過 70%。其中陝西號稱中國回回教門之根，自唐宋以來即為回回聚居之地。僅關中三府二州繁華之區，其人口就有一百三四十萬之眾。在部分州縣之中，其人所佔比例高達三四成。同治戰後，陝西一百數十萬回眾，僅餘西安城中數萬，幾乎根株盡絕。甘肅回族人口則從戰前的六百萬口銳減至戰後的百餘萬，人口損失絕對數量更是驚人。歷經同治滄桑巨變後，當祖輩故土都變成遙遠的再也無法返回的過去時，回民對當年戰爭是如何記憶的呢？並且，這種記憶與漢民的記憶有何不同之處呢？

　　戰爭的殘酷性在於，戰火波及之處無人可以置身事外，每一個個體都是受害者。八里橋是距同州府城七八里的一個小村子，「原有二十餘戶人家，三分之一是回民。起義前兩族人民彼此相安，有認乾親的，有拜把兄弟的；起義之後，兩族父老相約，既不內訌，亦不干預外事。以後先來了漢民軍隊，

〔註152〕汪漢忠：《災害、社會與現代化：以蘇北民國時期為中心的考察》，北京：社會科學文獻出版社，2005 年，第 368 頁。

聲言糾察回、漢有無滋事，拉走了幾人；回軍來了，又拉走了回民若干；漢團又來，拉走了漢人若干。至此，外面軍隊來，婦女皆死。」〔註153〕八里橋村民最後的悲慘結局，是回、漢普通小民在同治年間巨大的人禍面前，萬般無助，無可奈何之間，逐步被動捲入戰爭之中，最終淪爲戰爭犧牲品的一個縮影。

這樣的例子其實還有很多。比如，據臨潼縣耆老劉靄如講：「臨潼的回民起義在同治元年（1862）約陰曆五月初的時候，當時春麥剛收完，正在種扁豆。我父親在一天早晨正要趕到地裏種扁豆，這時天還未亮，看見從八里坤那邊過來二百多個馬隊，見到路上行人便殺。我父親剛出村郭，沒有碰上。馬隊過後，父親在路上遇到八里坤回民叫銀城子者踦著馬跑來，銀和父親本相熟識，於是喊了一聲，銀城子回頭對父親說：『不要喊，一喊連我也得死，快往山上跑，要殺人了。我們到油房街去！』」〔註154〕劉靄如講述他父親的親身經歷，應該比較可信。戰爭迫近之際，小民完全沒有任何預防，仍然早起前往地裏種豆子。而從銀城子對話中驚慌失措的表現，可以切身體會到大難來臨之前，普通小民，不論回、漢，均被戰爭裏挾而無力反抗的惶恐處境。

當民間個體的衝突與矛盾，演化成回、漢兩個族之間的敵視與對立，最終以慘烈戰爭的形式爆發出來時，對於那些迷茫之中被裏挾的普通回民來講，在被迫捨棄所有財富與社會關係，踏上連性命都無法保證的西遷行程時，心中的無奈與悽惶只有他們自己最能體會，據說當年邠州井村的回民西遷時，曾引起各家回民大哭。〔註155〕沙苑三十六村的回民當年西遷之時，據說其中「有些回民和漢民無仇怨而相善者，皆不願遷。到非遷不可時，與漢族鄰友相遇於道，便對漢人說：『親家，不對啦！要分離啦！』」〔註156〕南王閣的回民起手後「回回老人們對我村的漢人說：『親家，我村人反了！』言下有顧念舊交之意。」〔註157〕兩段行文中的回民經歷雖然看似沒有井村回民悲

〔註153〕馬長壽主編：《同治年間陝西回民起義歷史調查記錄》，西安：陝西人民出版社，1993年，第192頁。

〔註154〕馬長壽主編：《同治年間陝西回民起義歷史調查記錄》，西安：陝西人民出版社，1993年，第137頁。

〔註155〕馬長壽主編：《同治年間陝西回民起義歷史調查記錄》，西安：陝西人民出版社，1993年，第233頁。

〔註156〕馬長壽主編：《同治年間陝西回民起義歷史調查記錄》，西安：陝西人民出版社，1993年，第105、106頁。

〔註157〕馬長壽主編：《同治年間陝西回民起義歷史調查記錄》，西安：陝西人民出版

慘，但估計文字背後隱含的眞實的情形，可能也不會相差太多。

回民口述史料中還有多個版本的起手之前主動釋放個別漢人的故事，大意是說：某一漢民在某一回民家中教書或傭工，因爲人老實，對回民較好，起手時回民主動放其逃生。比如，原大荔縣羗白鄉完全小學教員宋之人講述的故事就非常生動，他說：「赫阿訇的威信很高，對窮人照顧周到，很得回眾的擁護。對人不主張亂殺。南王閣有個漢人教書先生，書教的很好。起手之初，對於其他漢人都殺了，對此先生，赫阿訇主張不殺。在殺人的前夕，對教書先生談起，先生嚇的半死。阿訇爲其設法，在第二天早上，把先生攔在車上，蓋以乾草，運到漢人地區，放之歸里。」〔註158〕這些多個版本內容大同小異的故事，眞實性已無法考證，其實也根本沒有必要考證。因爲，這些故事的語境裏所要表達的眞實意思是回民自視的對於同治年間這場戰爭起因的解釋與無奈，那就是這場戰爭是被逼無奈，是不得已才動手的。

馬長壽等人當年調查時，祖籍同州東丁家村的85歲耆老伍明義自稱十幾年前曾到陝西西安和大荔探望，他很感慨地說：「我們在那裡有鄰家，有朋友，也還有親戚。相見之下，問長道短，好不親熱。」〔註159〕這樣的講述和內容相當鮮活生動，不但聲情並茂，而且言之鑿鑿，相信落居西北的戰後劫餘回民讀來會感動地熱淚盈眶。然而，實際上，這類事件的眞實性頗值得思量。戰後陝西，尤其是回族人口原來最爲密集的關中一帶，除西安城內外，回民已經絕跡。光緒初年，官府令西安城內 6 家回民出外爲他們販馬，回民才算出了城。「據說在東關亢家堡子有些婦女、小孩爭著看回回，稱說和他們一樣，無甚異處，爲何那樣可怕？」〔註160〕婦孺以看到傳說中的回民爲稀奇之事，可見西安回民被禁錮城內的 18 年間，城外四鄉，已無回民蹤跡。戰前關中回人密集，回、漢同村共井的地理分佈格局，戰後已發生了根本性的改變。

黃口小兒，年幼無知，顯然無法體會當年戰爭的殘酷。但對於戰爭親歷者來講，這場戰爭造成心理上的創傷和現實中的損失，恐怕在相當長的時間

社，1993 年，第 127 頁。

〔註158〕馬長壽主編：《同治年間陝西回民起義歷史調查記錄》，西安：陝西人民出版社，1993 年，第 123、124、105、211 頁。

〔註159〕馬長壽主編：《同治年間陝西回民起義歷史調查記錄》，西安：陝西人民出版社，1993 年，第 423 頁。

〔註160〕馬長壽主編：《同治年間陝西回民起義歷史調查記錄》，西安：陝西人民出版社，1993 年，第 201 頁。

之內都無法彌合。戰後各地漢人對回民相當忌憚，三原縣戰後禁止回民入境，把城中戰前回民聚居的興和巷改爲太平巷。一直到民國初年，才漸有回民小販前來三原城內以經營牛羊肉爲生。〔註161〕同治戰後西北人口銳減，很多聚落焚掠之後成爲廢墟，雖然部分可能仍有人居住，但居民很多已盡是外來移民，與原來聚落之間，除了僅有的相同的村名之外，實際已沒有任何關係。馬長壽等人當年調查時，原北王閣小學的校長樊濤就稱：「凡從前回回所在的村落，現在多是外省人，對於同治年間的事多不清楚，反而不如詢問回村鄰村的漢人子孫所知爲多。」〔註162〕這些話是很有道理的。在這種情況下，至民國末年，流落甘肅的關中回民回到原來的老家，恐怕早就已經物非人非。伍明義講述的親身經歷，即使是眞的，那估計也是比較特殊的一個個案而已。很多情況下，類似描述背後反映的眞實情感是劫後餘生的關中回人，對於當年曾經如此繁華的那些祖輩所居故土的無奈想像，而在最眞實的內心深處，那些距離上不太遙遠的故鄉，實際上已經變成相當陌生，再也回不去了。

　　除了散居甘肅、新疆各地，陝西回民中還有一小部分在白彥虎的帶領下，於光緒三年（1877）冬天，撤退至俄國境內，當年被迫西遷的上百萬陝西回民至此所剩不過萬餘口。這萬餘人就是現代中亞東幹人的最初源頭。在此後的一百多年間，東幹人在物理上完全隔斷了與故鄉的一切聯繫，成爲清代關中回民的活化石。這批人生活狀態中的諸多片段，仍然停留在同治年間出走的那一刻。對這些人集體記憶的解讀，是瞭解同治年間關中地區回族社會眞實場景的鑰匙。

　　最初移居中亞的東幹人皆是百戰之餘，歷盡千難萬險始得死裏逃生。而在近乎赤貧狀態下，重新開始新的生活，其所經歷的艱難與困苦，後世局外之人很難眞正體會。對這批人來講，戰爭造成的創傷和驚恐過於強烈，而最終付出的代價尤難承受。王國傑在東幹人中調查時曾記錄到：「第一代東幹人裏有哭瞎了雙眼的，有凍壞了雙腳的，還有氣瘋了的……第一、二代東幹人心灰了，不願也不可能回陝西看看。」〔註163〕這是最早一批東幹人對自己曾

〔註161〕馬長壽主編：《同治年間陝西回民起義歷史調查記錄》，西安：陝西人民出版社，1993 年，第 232、236 頁。

〔註162〕馬長壽主編：《同治年間陝西回民起義歷史調查記錄》，西安：陝西人民出版社，1993 年，第 129 頁。

〔註163〕王國傑：《東幹族形成發展史——中亞西北回族移民研究》，西安：陝西人民出版社，1997 年，第 376 頁。

經眞實生活過但同時又遭受過巨大打擊的遙遠故土的最眞實感受。但曾經生活的記憶很難被徹底抹去，尤其是祖宗墳塋所在，根本無法完全割捨。白彥虎臨終時就留下口話，說：「以後等滿清完了，你們一定要回去。我們老爺的肚帶子在那邊呢！」〔註164〕隨著時間的推移和物理上的徹底隔絕，當所有痛苦的記憶被刻意選擇性地遺忘之後，東幹人對於遠方曾經眞實存在的祖輩故土的想像，就發生了徹底的改變。

東幹人把陝西叫作「我爺的省」，因為那裡是祖輩千百年來曾經一直生活的家園，這一稱謂應該是遷居中亞之後才有的。東幹人把漢人叫作「老舅」，因為回族人的母系祖先是漢地的婦女，老舅是母親的兄弟，是至親的人。這一稱呼大概是同治以前關中回民對漢人比較親切的一種習慣說法。東幹人中流傳的諺語稱：「人離鄉賤，物離鄉貴」、「寧戀本鄉一撚土，不愛他鄉萬兩銀」、「鄉黨遇鄉黨，兩眼淚汪汪」。〔註165〕新渠鄉莊大吳·索阿訇諾夫稱，百年來我們就像失群的羊，不知何日才能回到大羊群裏去。該鄉莊還有個叫馬茲涅夫的東幹人，曾於 1959 年在莫斯科買到一幅《老鷹抓小雞》的中國年畫，整整保存了 30 多年。〔註166〕薩里爾是東幹詩人什娃子的第三個兒子，父親去世後留下了一棟小樓和大筆的稿費，薩里爾的生活條件相當好。但他自認為生活地並不幸福，稱：「我一生最不理想的事是我沒去過中國，我一生最大的不幸是不識漢字，只能講陝甘方言。我最痛苦的事是我這輩子是用別人的語言來思維。」〔註167〕薩里爾的話比較傳神地刻畫了當代東幹人對於內心想像中的那個遙遠故鄉的思念。在流落甘肅的陝西回民之中，也有相似的表述。當年馬長壽等人調查時，渭南新城村的漢人李元興就稱：「走後的回回對漢民仍然是很好的。光緒年間倉頭有人到平涼、涇川，遇到回民，回民說：『鄰家來了。』三四天吃飯都不要錢。」〔註168〕漢人民間這種口口相傳的對於回民

〔註164〕 王國傑：《東幹族形成發展史——中亞西北回族移民研究》，西安：陝西人民出版社，1997 年，第 375 頁。

〔註165〕 王國傑：《東幹族形成發展史——中亞西北回族移民研究》，西安：陝西人民出版社，1997 年，第 382 頁。

〔註166〕 王國傑：《東幹族形成發展史——中亞西北回族移民研究》，西安：陝西人民出版社，1997 年，第 375～376 頁。

〔註167〕 王國傑：《東幹族形成發展史——中亞西北回族移民研究》，西安：陝西人民出版社，1997 年，第 344 頁。

〔註168〕 馬長壽主編：《同治年間陝西回民起義歷史調查記錄》，西安：陝西人民出版社，1993 年，第 57 頁。

比較正面的記憶，可靠性應該是比較高的。從所有這些回民自己或他者有關回民的講述中，沒有任何當年戰爭的影子，似乎所有與戰爭有關的痛苦記憶已經消失的無影無蹤，剩下的只對於祖輩故土的無盡想像。

選擇性遺忘和選擇性記憶一樣，都是 PSTD 的重要特徵。迴避與創傷性事件有關的活動，對創傷性經歷的選擇性遺忘或記憶，是內心在受到創傷之後的自我保護。祖籍涇陽塔底下的楊生福老人講：「這些故事，近年來不談了。從前，老輩人們經常談，而且到傷心處，無不痛哭流淚！」〔註169〕在戰後回民最主要的安置區甘肅涇源（即清之化平廳）一帶，回民中流傳著「秦家是惹事的根子」、「禍從秦家起」的說法。當這些經過戰爭百般蹂躪的劫後餘生者，失去所有，被安置在遠離故土的西北荒地時，他們把心中對戰爭的不滿或多或少地轉移到同樣是戰爭受害者的「秦家灘」人頭上，背後真實反映的，其實多少有一點因戰爭而內心受到極度創傷後斯德哥爾摩綜合症候群。實際上，作爲西北戰爭的導火索之一，在團練火燒秦家灘事件中，秦家灘人並不是該事件的主動發起者，而是被動受害者。但自此而始的西北戰爭，對陝西回族造成了太大的衝擊，自唐宋以來，歷經千百年積累，包括人口在內的幾乎所有一切，都損失殆盡。這種幾乎是完全根株盡絕的戰爭後果，是任何回民都無力承擔的，也很難接受的。

1990 年，王國傑前往中亞東幹人聚居的營盤鄉莊進行實地調查，幾個東幹小夥子抬著他在村子裏轉了一圈，並喊：「老舅家來人了！」這一場景讓他十分感動，終身難忘。〔註170〕實際上，當這樣一個生活在東幹人祖輩的土地上，操著與東幹人近乎一樣陝西土話的漢人，在完全隔絕百餘年後，突然出現時，他對東幹人情感上的衝擊，要遠比他感受到的來自於東幹人的難忘和感動強烈得多。由此，完全可以想像，當年西遷陝西回民的後人，在百餘年後的 1991 年 10 月 3 日，終於踏上那片曾經無數次想像的祖輩故土，根據白彥虎的口話拍打西安城門，完成他的遺願時，〔註171〕是怎樣難以名狀的複雜情感。

〔註169〕馬長壽主編：《同治年間陝西回民起義歷史調查記錄》，西安：陝西人民出版社，1993 年，第 406 頁。

〔註170〕王國傑：《東幹族形成發展史——中亞西北回族移民研究》，西安：陝西人民出版社，1997 年，第 377 頁。

〔註171〕馮富寬：《尋根記——記宋國公馮勝和他的後代》，見中國回族學學會編《回族學研究文集》（下），北京：中央民族大學出版社，2008 年，第 399 頁。

第四節　本章小結

　　戰爭是人類最不理性的群體性行爲，但戰爭造成的損失，卻往往超出當事人最初的想像和承受能力。這種損失不僅僅局限於人口死亡，財產損失等表面要素，還包括心理層面的創傷以及社會制度方面的變革等，其影響是極其深遠的。同治戰後左宗棠主導的善後處理，在諸多具體事件的運作及制度層面的調整方面，都顯示了其極高的全域政治視野和極強的戰略謀劃能力，實現了國家權力觸角向最基層延伸的最初設想，但是，「欲圖數十百年之安」的善後目標，卻遠沒有實現。

　　如果認眞檢討這一時期官方對歷史的書寫過程和對不同群體的記憶整形和塑造，就會發現，官方最初的政策、意圖、目的與最終的結果發生了較爲嚴重的背離。不分回、漢，只分順逆，是戰後官方一些處置措施的核心和底線，也是大亂之後，妥善安置全體小民，盡快恢復社會秩序的重要保障。但是在具體的執行過程中，卻逐漸變成了一個群體的血淚聲討與另一個群體的隱忍退縮。戰前因爲瑣碎細故而引發的衝突與械鬥，發展成爲族群間的割裂與對立，並最終以戰爭的形式爆發出來。在戰爭後官方極力平息與安撫之下，兩者間的鴻溝非但沒有減弱，反而隨著居住空間上物理性的隔絕，變得更爲寬深。從這一點來看，清廷的善後政策顯然是存在問題的，其中原因值得深思。馬元章就任教主後，在教派內部改革了歷史上強調「舍西德」的做法，極力主張愛惜民力，和平興教。〔註172〕這可以看作自乾隆朝以來西北穆斯林中最旗幟鮮明的教派對於自身歷史的反思。而作爲事件當事人的其他各方，也應該做出應有的反思。

　　當歷史照進現實的時候，尤其是涉及到當下人的切身利益時，就會發現，歷史不再只是記載於泛黃書本之上冰冷的文字，而是鮮活的現實。這也恰恰是歷史複雜性的一面，不瞭解現實就讀不懂歷史。同樣，不認眞反思歷史，也無法眞正瞭解現實背後的邏輯。

〔註172〕何兆國：《伊斯蘭教哲合忍耶教派概述》，《寧夏文史資料》第 18 輯，1987 年，第 132～161 頁。